Helena Petrovna Blavatsky
Der Schlüssel zur Theosophie

H. P. BLAVATSKY

DER SCHLÜSSEL ZUR THEOSOPHIE

Eine Darstellung der ethischen, wissenschaftlichen und philosophischen Lehren der Theosophie, für deren Studium die Theosophische Gesellschaft gegründet wurde.

Aquamarin Verlag

4. überarbeitete Auflage 2015

Voglherd 1
85567 Grafing

Druck: C.H. Beck • Nördlingen
ISBN 978-3-89427-691-1

Inhalt

Zu dieser Ausgabe

Wassily Kandinsky, der Anfang des 20. Jahrhunderts die gegenstandslose Malerei ins Leben rief, erwähnt in seinem grundlegenden Werk *Über das Geistige in der Kunst* (1912) den *Schlüssel zur Theosophie* als ein Werk, das »dem Schüler auf seine Fragen konkrete Antworten gibt«. Für den Komponisten Alexander Skrjabin, dem der große Pianist Wladimir Horowitz »einen meisterhaften Sinn für Form, für eine Logik des musischen Denkens auf großer Ebene« nachsagte, der den berühmten »mystischen« oder »Prometheus-Akkord« erfand und als »mystischer Avantgardist« in seinen Etüden ein »esoterisches Vokabular« entwickelte – für diesen wegweisenden Komponisten war *Der Schlüssel zur Theosophie* »ein bemerkenswertes Buch«, das sein »Denken genau ausdrückte«. Mahatma Gandhi schrieb: »Madame Blavatskys *Schlüssel zur Theosophie* ... entfachte den Wunsch in mir, Bücher über den Hinduismus zu lesen und befreite mich von der durch Missionare genährten Vorstellung, der Hinduismus sei voller Aberglaube.« Boris de Zirkoff nannte den *Schlüssel zur Theosophie* »ein zugleich tiefes und großartiges Vermächtnis an die gesamte Menschheit«. Worin lag der Wert dieses Buches für den Maler, den Komponisten oder den Staatsmann – für geniale Menschen also, die das Erscheinungsbild unseres Jahrhunderts mitgeprägt haben? Worin liegt seine Bedeutung für unzählige andere Menschen, denen es zum lebenslangen Begleiter geworden ist? Zusammen mit der *Stimme der Stille* krönt *Der Schlüssel zur Theosophie* nicht nur »HPBs gesamtes Werk durch Gedanken und Ideale von zeitloser Spiritualität« (B. de Zirkoff), sondern er enthält das gesamte Spektrum ihrer Lehre in einer allgemein verständlichen Zusammenfassung in Form von Gesprächen zwischen einem westlich-christlichen »Fragesteller« und dem antwortenden »Theosophen« – oder besser der Theosophin, nämlich HPB selbst. Anders als die *Stimme*, die »für die Wenigen« ist, ist der *Schlüssel* ausdrücklich »allen ihren Schülern gewidmet, auf dass sie lernen und selbst lehren mögen«. Die Betonung der praktischen Aspekte der theosophischen Lehre macht das Werk zum gut geeigneten Anwenderhandbuch, denn es enthält u. a. folgende Themen: Ethik, Selbstverwirklichung, Gebet, Karma, nachtodliches Leben, Reinkarnation, Geist, politische und soziale Fragen, Barmherzigkeit, Asketentum und Ehe, Erziehung, die Mahatmas und andere mehr. Die besondere Qualität des Buches liegt also für alle ernsthaft um theoretisches Wissen und praktische Orientierung bemühten Leser in der Anwendbarkeit der dargestellten Lehren im täglichen Leben sowie in der Vermittlung einer theosophischen Weltsicht.

Ihre Erläuterungen zur Ethik und zur Philosophie der modernen Theosophie im *Schlüssel* beleuchten Blavatskys unermüdliche, oft mit kämpferischem Elan geführten Auseinandersetzungen mit den irdischen Mächten der Trennung, der Diffamierung des Fremden und Anderen, mit dogmatischer Engstirnigkeit und mit der Grausamkeit des Menschen gegenüber seinen Mitgeschöpfen und seiner Umwelt.

Ihrem idealistischen Monismus entsprechend, war Madame Blavatsky zutiefst überzeugt von einer geistbestimmten Lebensführung als einzig wahrem Daseinszweck der Menschen, dieser »Götter im Exil«, in dieser Welt. Heute, in einer von Kriegswirren und religiös motivierten Antagonismen heimgesuchten Welt, ist Blavatskys Lehre von hoher Aktualität. Am Ende des 19. Jahrhunderts schrieb sie: »Die Unterschiede in den religiösen Dogmen wurden nicht von Heiligen, sondern von sündhaften Sterblichen geschaffen. Sie trennen die Menschheit in feindliche Nationen und Rassen. Gäbe es keine Dogmen, dann gäbe es auch keine Protestanten, Katholiken, Buddhisten, Brahmanen etc. Alle würden an den Einen Gott glauben, … alle würden sich als Brüder sehen, … man würde sich vor seinen Brüdern schämen, zu töten und einander in Kriegen abzuschlachten, andere bestialisch zu foltern und sich gegenseitig die Hölle auf Erden zu bereiten.«

Die Theosophische Gesellschaft wurde 1875 mit dem erklärten Ziel gegründet, der Hölle auf Erden entgegenzutreten, eine Vorhut zu bilden bei dem Versuch, Brüderlichkeit in der modernen Welt zum bestimmenden gesellschaftlichen Faktor zu machen. Bisher ist ihr das nicht gelungen. Umso mehr ist zu beherzigen, wozu Madame Blavatsky ihre Schüler ermahnte: »Unverwandt das Ideal menschlichen Fortschritts und menschlicher Vervollkommnung im Blick zu haben, wie es die heiligen Lehren vorschreiben.«
Blavatskys Lebenswerk war die Weitergabe dieser heiligen Lehren. Der *Schlüssel* soll, so die Autorin in ihrem Vorwort, »die Tore zum tieferen Studium (der Theosophie) öffnen«. Obwohl die Dialoge des Buches insgesamt »die einfachste, umfassendste, grundlegendste, klarste und am besten gegliederte Präsentation der Theosophie, die HPB je geschrieben hat« (J. Algeo), enthalten, obwohl *Der Schlüssel zur Theosophie* eine Einführung ist, die wenig theosophische Vorbildung voraussetzt, verlangt er doch vom Leser ein gehöriges Maß an Konzentration und gedanklicher Mitarbeit. Denn, so HPB, »für geistig träge und stumpfsinnige Menschen wird die Theosophie immer ein Rätsel bleiben. In der Welt der Gedanken und der Spiritualität macht man Fortschritte nur durch eigene Anstrengungen. Die Autorin kann dem Leser nicht das Denken abnehmen, und er hätte auch nichts davon, selbst wenn ein solches stellvertretendes Denken möglich wäre.«
Herausgeber und Verlag hoffen, mit dieser Neuausgabe den von Madame Blavatsky betonten Zweck des Werkes zu unterstützen, zumal damit einem von deutschsprachigen Schülern der Theosophie vielseitig geäußerten Wunsch nach einer ungekürzten, mit einem Register als Orientierungshilfe versehenen Ausgabe entsprochen wird. Ansonsten entspricht unsere Ausgabe der 1889 erschienenen ersten Auflage der Originalausgabe. Eva Maas, Anneliese Stephan und Hansjörg Meyer gilt unser besonderer Dank für die freundschaftliche und selbstlose Mitarbeit.

Hank Troemel (Herausgeber)

Dedicated

by

»H.P.B«

To all her Pupils,

that

They may Learn and Teach

in their turn.

H.P.B.

widmet dieses Buch

allen ihren Schülern,

auf dass sie

lernen und

selbst lehren

mögen.

Vorwort

Der Zweck dieses Buches ist in seinem Titel genau ausgedrückt und bedarf nur weniger Worte der Erläuterung. Es handelt sich um kein vollständiges oder erschöpfendes Lehrbuch der Theosophie, sondern nur um einen Schlüssel, der die Tür zu tieferen Studien öffnen soll. Das Buch präsentiert die Weisheitsreligion in einem umfassenden Überblick und erläutert ihre grundlegenden Prinzipien. Es begegnet gleichzeitig den verschiedenen Einwänden, die der durchschnittliche westliche Studierende erhebt, und versucht, fremdartige Gedanken in möglichst einfacher Form und klarer Sprache darzulegen. Dass es darin erfolgreich sein könnte, dem Leser Theosophie ohne intellektuelle Anstrengung verständlich zu machen, wäre zu viel erwartet. Aber die Verfasserin hofft, dass das, was an Dunkel verbleibt, an den Gedanken liegt und nicht an der Ausdrucksweise, an der Tiefe des Gegenstandes und nicht an einer verworrenen Darstellung. Für geistig träge und stumpfsinnige Menschen wird die Theosophie immer ein Rätsel bleiben. In der Welt der Gedanken und der Spiritualität macht man Fortschritte nur durch eigene Anstrengungen. Die Autorin kann dem Leser nicht das Denken abnehmen, und er hätte auch nichts davon, selbst wenn ein solches stellvertretendes Denken möglich wäre. Die Notwendigkeit für eine Darlegung wie diese wurde seit langem von den an der Theosophischen Gesellschaft und ihrer Arbeit Interessierten empfunden. Es bleibt zu hoffen, dass diese Darlegung vielen, deren Aufmerksamkeit dafür erwacht ist, die aber noch etwas verwirrt und noch nicht überzeugt sind, eine von technischen Einzelheiten möglichst freie Information geben kann.

Besondere Mühe wurde auf die Entwirrung des Falschen vom Richtigen in den spiritistischen Lehren über das Leben nach dem Tode verwendet und darauf, die wahre Natur der spiritistischen Phänomene aufzuzeigen. Frühere Erklärungen ähnlicher Art haben viel Zorn auf das bescheidene Haupt der Verfasserin gezogen. Die Spiritisten ziehen es wie so viele andere vor, das, was angenehm ist, zu glauben, anstatt das, was wahr ist, und sie werden sehr böse auf jeden, der eine angenehme Täuschung zerstört. Seit einem Jahr ist die Theosophie Zielscheibe giftiger Pfeile vonseiten des Spiritismus; so wie die Besitzer einer Halbwahrheit den Besitzern der ganzen Wahrheit feindseliger gegenüberstehen als solche, die nichts Rühmenswertes besitzen.

Herzlichen Dank schuldet die Verfasserin den vielen Theosophen, die Anregungen gegeben und Fragen gesandt oder in anderer Weise während der Arbeit an diesem Buch Hilfe geleistet haben. Durch ihre Unterstützung ist es noch brauchbarer geworden, und dies wird ihr schönster Lohn sein.

H.P.B.

I

Die Theosophie und die Theosophische Gesellschaft

Die Bedeutung des Namens

Die Theosophie und ihre Lehren werden oft als eine neumodische Religion bezeichnet. Ist die Theosophie eine Religion?

Nein. Theosophie ist »göttliches Wissen, göttliche Wissenschaft«.

Was ist die eigentliche Bedeutung dieses Begriffes?

»Göttliche Weisheit« (Theosophia) oder Weisheit der Götter, so wie das Wort »Theogonia« die Genealogie der Götter bedeutet. Das Wort »Theos« bezeichnet im Griechischen einen Gott, eine der göttlichen Wesenheiten, gewiss nicht Gott in dem Sinne, der diesem Wort heute gegeben wird. Theosophie bedeutet daher nicht Gottesweisheit, wie es von manchen übersetzt wird, sondern göttliche Weisheit, eine Weisheit gleich jener, welche die Götter besitzen. Diese Bezeichnung ist viele tausend Jahre alt.

Welchen Ursprung hat der Begriff?

Er stammt von den alexandrinischen Philosophen, die als Freunde der Wahrheit, »Philaletheier«, von *phil* »lieben« und *aletheia* »Wahrheit«, bezeichnet werden. Der Name Theosophie stammt aus dem 3. Jahrhundert unserer Zeitrechnung, von Ammonios Sakkas und seinen Schülern,[1] durch die das eklektische theosophische System begründet wurde.

Was war das Ziel dieses Systems?

Vor allem, seinen Schülern und allen jenen, die »Freunde der Wahrheit« waren, bestimmte moralische Wahrheiten einzuprägen. Daher auch der Leitspruch, der von der Theosophischen Gesellschaft gewählt wurde: »Keine Religion ist höher als die Wahrheit.«[2] Das Hauptziel der Gründer der Eklektischen Theosophischen Schule war eines der drei Ziele ihrer Nachfolgerin in der heutigen Zeit, der Theosophischen Gesellschaft: Alle Religionen, Sekten und Nationen in einem gemeinsamen ethischen System, das sich auf ewige Wahrheiten gründet, zu versöhnen.

Wie können Sie zeigen, dass dies nicht nur ein unmöglicher Traum ist, sondern alle Weltreligionen wirklich auf ein und derselben Wahrheit gegründet sind?

Durch ihr vergleichendes Studium und durch Analyse. Die Weisheitsreligion war eine Einheit im Altertum, und die Gleichheit der ursprünglichen religiösen Philosophie wird uns durch die übereinstimmenden Lehren bewiesen, die den Eingeweihten in den Mysterien gelehrt werden, eine einst allgemein verbreitete Einrichtung. »Alle alten Kulte zeugen vom Bestehen einer einzigen ihnen vorausgehenden Theosophie. Der Schlüssel, der einen öffnen kann, muss alle öffnen, sonst kann es nicht der richtige Schlüssel sein.« (Wilder)

Die Leitlinien der Theosophischen Gesellschaft

Zur Zeit des Ammonios Sakkas gab es mehrere große alte Religionen, und allein in Ägypten und Palästina gab es unzählige Sekten. Wie konnte er sie in Einklang bringen?

Indem er das tat, was wir heute wieder zu tun versuchen. Die Neuplatoniker waren eine große Gemeinschaft, sie gehörten verschiedenen großen religiösen Philosophien an;[3] das Gleiche trifft heute auf unsere Theosophen zu. In jenen Tagen behauptete Aristobulus, dass die Ethik des Aristoteles die *esoterischen* Lehren des mosaischen Gesetzes darstelle. Philo Judäus bemühte sich, den Pentateuch mit der pythagoräischen und platonischen Philosophie in Einklang zu bringen; und Josephus bewies, dass die Essener vom Karmel einfach Nachahmer und Nachfolger der ägyptischen Therapeuten (der Heiler) waren. Genauso ist es heute. Wir können die Abstammungslinie jeder christlichen Religion und jeder kleinsten Sekte zeigen. Die letzteren sind die kleineren Zweige, die aus den größeren Ästen herausgewachsen sind, aber Zweige wie Äste kommen aus dem gleichen Stamm – der Weisheitsreligion. Dies zu beweisen, war das Ziel des Ammonios, der sich bemühte, Heiden und Christen, Juden und Götzenanbeter dazu zu bringen, ihren Streit und ihre Kämpfe aufzugeben und sich daran zu erinnern, dass sie alle die gleiche Wahrheit unter verschiedenen Gewändern besaßen und alle Kinder einer gemeinsamen Mutter waren.[4] Dies ist auch das Ziel der Theosophie.

Auf welchen Autoritäten beruhen Ihre Aussagen über die antiken alexandrinischen Theosophen?

Auf einer großen Anzahl von bekannten Autoren. Mosheim, einer von ihnen, sagt:

Ammonios lehrte: »Die Religion der Menge ging Hand in Hand mit der Philosophie, und sie teilte mit ihr das Schicksal, allmählich durch menschliche Vorstellungen, durch Aberglauben und Lügen verdorben und verdunkelt zu werden. Deshalb mussten sie wieder zu ihrer ursprünglichen Reinheit zurückgeführt werden durch Reinigung von ihren Schlacken und durch Herausarbeitung ihrer philosophischen Grundlagen. Christus hatte nichts anderes im Sinn gehabt, als die Weisheit der Alten in ihrer ursprünglichen Unversehrtheit wiederherzustellen und wieder einzusetzen, den überall herrschenden Aberglauben in Grenzen zu halten und die mannigfaltigen Irrtümer in den verschiedenen Volksreligionen auszumerzen beziehungsweise richtigzustellen.«

Genau das sagen die modernen Theosophen. Während aber der große »Weisheitslehrer« in seinen Zielen von zwei Kirchenvätern, Clemens und Athenagoras, unterstützt wurde, während ihm die gelehrten Rabbiner, die Philosophen der Akademien und Schulen beistanden, und während er eine Lehre für alle verkündete, bleiben wir, die Nachfolger, ohne Hilfe und ohne Anerkennung. Wir werden sogar verfolgt und geschmäht. Die Menschen vor 1500 Jahren waren toleranter als in diesem ›*erleuchteten*‹ Jahrhundert.

Wurde Ammonios von der Kirche ermutigt und unterstützt, da er trotz seiner Häresie das Christentum lehrte und ein Christ war?

Keineswegs. Er war zwar ein geborener Christ, aber er hat niemals das kirchliche Christentum akzeptiert. Mosheim schrieb darüber:

»Er trug seine Belehrungen gemäß den alten Lehren des Hermes vor, die vor ihm schon Platon und Pythagoras gekannt und auf welchen sie ihre Philosophie begründet hatten. Da er die gleichen Auffassungen im Prolog des Johannes-Evangeliums fand, nahm er berechtigterweise an, dass es die Absicht Jesu gewesen sei, die große Weisheitslehre in ihrer ursprünglichen Reinheit wiederherzustellen. Er war der Auffassung, dass die Erzählungen der Bibel und die Götterlegenden entweder Allegorien waren, die die Wahrheit bildlich darstellten, oder aber Märchen, die abgelehnt werden mussten.« Die *Edinburgh Encyclopaedia* schreibt darüber: »Ammonios anerkannte, dass Jesus Christus ein hervorragender Mensch und Freund Gottes war, aber er erklärte, dass es nicht Jesu Absicht gewesen sei, die Verehrung der Dämonen (der Götter) gänzlich abzuschaffen, sondern nur, die alte Religion zu reinigen.«

Die Weisheitsreligion war zu allen Zeiten esoterisch

Wie kann man, da Ammonios niemals etwas niederschrieb, sicher sein, dass dies seine Lehren waren?

Auch Buddha, Pythagoras, Konfuzius, Orpheus, Sokrates und selbst Jesus haben keinerlei Schriften hinterlassen. Die meisten von ihnen sind jedoch historische Persönlichkeiten, und ihre Lehren haben weitergelebt. Die Schüler des Ammonios, unter ihnen Origenes und Herrenius, verfassten Abhandlungen und erklärten seine ethischen Lehren. Sicherlich sind diese Abhandlungen zumindest ebenso, wenn nicht besser, historisch nachgewiesen wie die Schriften der Apostel. Darüber hinaus haben die Schüler des Ammonios, Origenes, Plotin und Longinus (der Berater der berühmten Königin Zenobia), alle umfangreiche Aufzeichnungen des philaletheiischen Systems hinterlassen, zumindest soweit ihr öffentliches Glaubensbekenntnis bekannt war, denn die Schule war geteilt, und es gab exoterische und *esoterische* Belehrungen.

Wie konnten diese Lehren unsere Zeit erreichen, da Sie ja der Auffassung sind, dass die Weisheitsreligion esoterisch war?

Die Weisheitsreligion war immer eine einzige. Da sie das Äußerste ist, was an menschlichem Wissen erreicht werden kann, wurde sie sorgfältig aufbewahrt. Sie bestand schon lange vor den alexandrinischen Theosophen und besteht auch heute noch; und sie wird auch jede andere Religion und Philosophie überleben.

Wo und durch wen wurde sie so bewahrt?

Durch die Eingeweihten jedes Landes und ihre Schüler, jene ernsten Wahrheitssuchenden in allen Teilen der Welt, in denen diese Wissensgebiete immer am meisten geschätzt und gepflegt wurden: In Indien, Zentralasien und Persien.

Können Sie mir einige Beweise für die Esoterik der Weisheitsreligion geben?

Der beste Beweis ist die Tatsache, dass jeder alte religiöse oder philosophische Kult aus einer esoterischen (geheimen) Lehre und exoterischen (äußeren, öffentlichen) Kulthandlungen bestand.

Außerdem ist es eine weltbekannte Tatsache, dass die Mysterien des Altertums in jeder Nation die »größeren« geheimen und die »kleineren« öffentlichen Mysterien umfassten – zum Beispiel die »Eleusinia« genannten berühmten Feierlichkeiten in Griechenland. Von den Hierophanten von Samothrake und Ägypten und den eingeweihten Brahmanen des alten Indien bis herab zu den späteren hebräischen Rabbinern hielten alle aus Furcht vor Entweihung ihre wirklichen Glaubensanschauungen geheim. Die Rabbiner nannten ihre weltlichen religiösen Lehren *Merkaba* (den äußeren Leib), »das Fahrzeug« oder *die Hülle, die die verborgene Seele verbirgt*, nämlich ihr höchstes geheimes Wissen. Nicht ein einziges der alten Völker hat je durch seine Priester seine wirklichen philosophischen Geheimnisse der Allgemeinheit mitgeteilt. Man überließ ihr immer nur die äußere Schale. Der nördliche Buddhismus hat sein »größeres« und sein »kleineres« Fahrzeug, bekannt als die esoterische *Mahayana*- und die exoterische *Hinayana*-Schule. Niemand kann sie für diese Geheimhaltung tadeln. Würden Sie Ihre Schafherde mit gelehrten Dissertationen über Botanik füttern wollen anstatt mit Gras? Pythagoras nannte seine *Gnosis* »die Erkenntnis der Dinge, die sind«, und bewahrte dieses Wissen für seine ihm durch Eid ergebenen Schüler, für jene, die solche mentale Nahrung zufriedenstellend verarbeiten konnten. Er verpflichtete sie zum Schweigen und zur Geheimhaltung. Aus den hieratischen Schriften der alten Ägypter entwickelten sich okkulte Alphabete und geheime Zeichen, deren Schlüssel in den alten Tagen nur die Hierophanten, die eingeweihten ägyptischen Priester, besaßen. Ammonios Sakkas verpflichtete – wie seine Biographen berichten – seine Schüler durch einen Eid, seine *höheren Lehren* nur an solche Personen weiterzugeben, die schon in den vorbereitenden Kenntnissen unterrichtet und gleichfalls durch ein Gelöbnis gebunden waren. Und finden wir schließlich nicht dasselbe in der frühen Christenheit, unter den Gnostikern und sogar in den Lehren Christi selbst? Sprach er nicht zu den Massen in Gleichnissen, die eine doppelte Bedeutung hatten, und erklärte seine Anschauungen nur seinen Jüngern? »Euch«, so sagte er, »ist es gegeben, die Geheimnisse des Himmelreiches zu empfangen, jenen draußen aber wird es nur in Gleichnissen gegeben.« (Markus 4, 11) Die Essener aus Judäa und vom Karmel machten ähnliche Unterscheidungen. Sie teilten ihre Anhänger in die Neophyten oder Brüder und in die Vollkommenen, die Eingeweihten. Beispiele dieser Art könnten aus jedem Land gebracht werden.

Kann man die »geheime Weisheit« durch bloßes Studium erlangen? Lexika definieren die Theosophie meist so wie Webster's Dictionary: *Als »vermeintliche Verbindung mit Gott und höheren Geistern, und als Folge davon das Erlangen übermenschlichen Wissens durch physikalische Mittel und chemische Prozesse«. Ist das richtig?*

Nein. Es ist auch kein Mitarbeiter an einem Lexikon in der Lage, sich oder anderen zu erklären, wie übermenschliches Wissen durch *physikalische* oder *chemische* Vorgänge erlangt werden kann. Wenn Webster gesagt hätte »durch *metaphysische* und *alchemistische* Prozesse«, dann würde diese Definition annähernd richtig sein, aber so, wie sie lautet, ist sie absurd. Die alten Theosophen erklärten, ebenso wie die modernen, dass das Unendliche nicht vom Endlichen erkannt, nicht vom begrenzten Selbst wahrgenommen werden kann, sondern dass das göttliche Sein dem höheren spirituellen Selbst in einem Zustand der Ekstase vermittelt werden kann. Dieser Zustand aber kann kaum, wie die *Hypnose*, durch »physikalische oder chemische Mittel« erreicht werden.

Wie lautet Ihre Erklärung?

Die echte Ekstase wurde von Plotin als die »Befreiung des Geistes von seinem begrenzten Bewusstsein« definiert, so dass er mit dem Unendlichen eins wird. Dies ist der höchste, aber nicht andauernde Zustand, der nur von sehr, *sehr* wenigen erreicht wird. In Indien ist er als *Samadhi* bekannt. Er wird von den Yogis praktiziert, die ihn physisch durch strenge Abstinenz in der Nahrung und im Trinken ermöglichen und mental durch ein unaufhörliches Streben, das Denken zu reinigen und zu erheben. Meditation ist ein stummes, unausgesprochenes Gebet oder, wie Platon es ausdrückte, »das glühende Hinwenden der Seele zum Göttlichen, nicht um ein besonderes Gutes zu erbitten (wie im gewöhnlichen Gebet), sondern für das Gute selbst, das universale höchste Gut«, von dem wir hier auf Erden ein Teil sind und aus dessen Wesen wir alle einst hervorgegangen sind. »Darum«, so fügt Platon hinzu, »schweige in der Gegenwart *der Göttlichen*, bis sie die Schleier von deinen Augen nehmen und dich befähigen, in dem Lichte, das von ihnen ausgeht, zu sehen, nicht was dir gut erscheint, sondern was in seinem innersten Wesen gut ist«.[5]

Die Theosophie ist also nicht, wie manche behaupten, ein neu erfundenes System?

Nur unwissende Menschen können sie so bezeichnen. Die *Theosophie* ist, wenn schon nicht dem Namen nach, so doch in ihren Lehren und ihrer Ethik, so alt wie die Welt, und sie ist auch das umfassendste und kat-holischste System, das es gibt.

Woher kommt es dann aber, dass die Theosophie den Völkern des Westens so unbekannt geblieben ist? Warum sollte sie den fortgeschrittensten und gebildetsten Völkern so verborgen geblieben sein?

Wir glauben, dass es in alten Zeiten Völker gab, die gebildeter und spirituell fortgeschrittener waren, als wir es sind. Aber es gibt verschiedene Ursachen für diese gewollte Unwissenheit. Eine davon wurde den gebildeten Athenern durch Paulus erklärt: Der jahrhundertelange Verlust wirklicher spiritueller Einsicht und das schwindende Interesse aufgrund zu großer Hinwendung zum Sinnlichen und die lange Unterwerfung gegenüber den toten Buchstaben der Dogmen und Rituale. Aber der Hauptgrund liegt in der Geheimhaltung der Theosophie.

Sie haben bewiesen, dass es diese Geheimhaltung gab, aber was war die wirkliche Ursache dafür?

Die Ursachen waren: 1. Die Verdorbenheit und Selbstsucht der menschlichen Natur, die stets nur die Befriedigung der *persönlichen* Wünsche sucht auf Kosten anderer. Solchen Menschen konnten niemals *göttliche* Geheimnisse anvertraut werden. 2. Die Unzuverlässigkeit der Menschen, das geheiligte göttliche Wissen vor Entweihung zu bewahren. Das letztere führt zur Verdrehung der erhabensten Wahrheiten und Symbole und zu einer allmählichen Umkehrung der spirituellen Dinge in vermenschlichtes, konkretes und grobes Bildwerk, mit anderen Worten, zur Profanierung der Gottesidee und zum Götzendienst.

Theosophie ist nicht Buddhismus

Sie werden oft als »esoterische Buddhisten« bezeichnet: Sind Sie denn Anhänger von Gautama Buddha?

Nicht mehr als etwa alle Musiker Anhänger Wagners sind. Es gibt unter uns Personen, die der buddhistischen Religion angehören; aber die Zahl der Hindus und Brahmanen unter uns ist weit größer. Auch haben wir weit mehr christlich erzogene Europäer und Amerikaner als *bekehrte* Buddhisten. Der Irrtum ist dadurch entstanden, dass man die wahre Bedeutung des Titels des ausgezeichneten Buches von A. P. Sinnett, *Esoteric Buddhism*, missverstand. Das zweite Wort darin sollte richtiger *mit einem* und *nicht mit zwei d* geschrieben werden; *Budhismus* würde dann das bedeutet haben, was es sollte, nämlich »Weisheitslehre« (*Bodha*, *bodhi* = Erkenntnis, Weisheit) anstatt Buddhismus, die religiöse Philosophie Gautamas. Theosophie ist, wie bereits erwähnt, die Weisheitsreligion.

Was ist der Unterschied zwischen dem Buddhismus, der durch den Prinzen von Kapilavastu gegründeten Religion, und dem Budhis-

mus, der Weisheitslehre, von der Sie sagen, dass sie gleichbedeutend mit Theosophie ist?

Es ist genau der gleiche Unterschied wie er zwischen den geheimen Lehren Christi, welche die »Geheimnisse des Himmelreiches« genannt werden, und dem späteren Ritualismus und der dogmatischen Theologie der Kirchen und Sekten besteht. *Buddha* bedeutet: Der Erleuchtete, von *Bodha*, Erkenntnis, Weisheit. Diese Weisheit lebt in den esoterischen Lehren weiter, die Gautama nur seinen erwählten *Arhats* mitteilte.

Aber einige Orientalisten bestreiten doch, dass Buddha überhaupt eine esoterische Lehre gegeben hat?

Sie können ebenso gut bestreiten, dass die Natur Geheimnisse hat, die den Wissenschaftlern verborgen sind. Es lässt sich dies aber auch durch Buddhas Unterredung mit seinem Schüler Ananda beweisen. Seine esoterischen Lehren waren nichts anderes als die *Gupta Vidya* (das geheime Wissen) der alten Brahmanen, deren Schlüssel ihre modernen Nachfahren mit wenigen Ausnahmen vollkommen verloren haben. Dieses Wissen ist in die *inneren* Belehrungen der *Mahayana*-Schule des nördlichen Buddhismus übergegangen. Diejenigen, die das bestreiten, sind nur unwissende sogenannte Orientalisten, die in Wirklichkeit nichts verstehen. Ich empfehle Ihnen, das Buch *Chinese Buddhism* von Edkins zu lesen, insbesondere die Kapitel über die exoterische und *esoterische* Schule und ihre Lehren, und dies dann mit dem Zeugnis der ganzen Alten Welt über diesen Gegenstand zu vergleichen.

Aber sind nicht die ethischen Lehren der Theosophie dieselben, die auch Buddha lehrte?

Sicherlich, denn diese Ethik ist das Herz der Weisheitsreligion und war einmal das gemeinsame Eigentum der Eingeweihten aller Völker. Aber Buddha war der Erste, der diese ethischen Prinzipien in seine Verkündigung aufnahm und sie zur Grundlage und zum eigentlichen Inhalt seiner öffentlichen Lehre machte. In diesem Punkt liegt der ungeheure Unterschied zwischen dem exoterischen Buddhismus und jeder anderen Religion. Denn während in den anderen Religionen Ritual und Dogma den ersten und wichtigsten Platz einnehmen, ist im Buddhismus immer am meisten Gewicht auf die Ethik gelegt worden. Darauf ist die Ähnlichkeit, ja beinahe Gleichheit der Ethik der Theosophie und jener der Religion Buddhas zurückzuführen.

Gibt es irgendwelche wesentlichen Unterscheidungspunkte?

Ein großer Unterschied zwischen der Theosophie und dem *exoterischen* Buddhismus besteht darin, dass der letztere, repräsentiert durch die südliche Kirche, sowohl a) die Existenz irgendeiner Gottheit als auch b) jegliches bewusste Leben *nach* dem Tod, ja sogar jede selbstbewusste überlebende Individualität im Menschen entschieden leugnet. In dieser Richtung bewegen sich zumindest die Lehren der siamesischen Schule, die heute als die *reinste* Form des exoterischen Buddhismus angesehen wird. Wenn wir nur die öffentlichen Lehren Buddhas untersuchen, so ist dies auch richtig; den Grund für seine Verschwiegenheit über diese Frage können wir später untersuchen. Die Schulen der nördlichen buddhistischen Kirche, die in jenen Ländern bestehen, in die sich die eingeweihten Arhats nach dem Tode ihres Meisters zurückzogen, lehren aber alles das, was jetzt als theosophische Lehre bekannt ist, denn diese bildete einen Teil des Wissens der Eingeweihten. Dies beweist, wie die Wahrheit durch die zu eifrige Orthodoxie des südlichen Buddhismus den toten Buchstaben geopfert wurde. Aber selbst in ihren toten Buchstaben ist diese Lehre erhabener, größer, philosophischer und wissenschaftlicher als die jeder anderen Kirche oder Religion. Dennoch: Theosophie ist nicht Buddhismus.

II

Exoterische und esoterische Theosophie

Was die moderne Theosophische Gesellschaft nicht ist

Ihre Lehren sind also weder eine Wiederbelebung des Buddhismus noch sind sie gänzlich von der neuplatonischen Theosophie übernommen?

Das sind sie nicht. Auf diese Frage kann ich Ihnen keine bessere Antwort geben, als einige Zitate aus einem Vortrag über Theosophie einzuführen, der von Dr. J. D. Buck bei der letzten Theosophischen Versammlung in Chicago gehalten wurde. Kein lebender Theosoph hat es besser verstanden auszudrücken, was Theosophie dem Wesen nach ist, als unser verehrter Freund Dr. Buck:

> Die Theosophische Gesellschaft ist gegründet worden, um die theosophischen Lehren zu verbreiten und um das theosophische Leben zu fördern. Die gegenwärtige Theosophische Gesellschaft ist nicht die erste ihrer Art. Ich besitze ein Buch mit dem Titel *Theosophical Transactions of the Philadelphian Society*, veröffentlicht in London 1697; und ein anderes mit dem Titel: *Einführung in die Theosophie oder die Wissenschaft vom Mysterium Christi, vom Göttlichen, von der Natur und der Schöpfung, die die Philosophie der schöpferischen Kräfte des Lebens umfasst sowohl der magischen wie der spirituellen; ein praktischer Führer zur erhabensten Reinheit, Heiligkeit und evangelischen Vollkommenheit; auch zur Erreichung des geistigen Schauens und*

heiliger engelgleicher Künste und Fähigkeiten und anderer Privilegien der Erneuerung – veröffentlicht in London 1855. Das Werk trägt folgende Widmung: »Allen Studenten der Universitäten, der Kollegien und Schulen des Christentums, den Professoren der Metaphysik, Mechanik und Naturwissenschaft aller Disziplinen; den Männern und Frauen im Bildungswesen sowohl des orthodoxen Glaubens als auch den Deisten, Arianern, Unitariern, Swedenborgianern und anderen unbestimmter und undogmatischer Glaubensrichtungen, den Rationalisten und Skeptikern jeder Art, den rechtdenkenden und erleuchteten Mohammedanern, Juden und östlichen orthodoxen Kirchenanhängern; besonders aber den Dienern des Evangeliums und Missionaren, sowohl der barbarischen wie der gebildeten Völker, sei diese Einführung in die Theosophie, d. h. die Wissenschaft vom Grunde oder Mysterium aller Dinge, ergebenst und liebevoll gewidmet.«

Im darauffolgenden Jahr (1856) ist ein anderes Buch erschienen, ein Großband mit 600 Seiten, *Theosophical Miscellanies*. Von diesem Werk sind nur 500 Exemplare gedruckt worden, die unentgeltlich an Bibliotheken und Universitäten verteilt wurden. Diese früheren Bewegungen, deren es viele gab, entstanden innerhalb der kirchlichen Kreise, durch Personen von großer Frömmigkeit und Sittenstrenge und von unanfechtbarem Charakter. Alle diese Schriften waren in einer orthodoxen Form gehalten; sie bedienten sich der christlichen Ausdrucksweise und wurden gleich den Schriften des ausgezeichneten Kirchenmannes William Law vom gewöhnlichen Leser wegen ihres großen Ernstes und wahren Frömmigkeit hoch geschätzt. Sie hatten alle nur das eine Ziel, die tieferen Lehren und ursprünglichen Absichten des christlichen Schrifttums zu erklären und eine Vorstellung sowie ein Gefühl theosophischen Lebens zu geben. Diese Werke waren bald vergessen und sind heute gänzlich unbekannt. Sie beabsichtigten, die Geistlichkeit zu reformieren und eine echte Frömmigkeit wiederherzustellen und waren darum nicht besonders beliebt. Es genügte das eine Wort »Ketzerei«, um sie in der Rumpelkammer der Utopien zu begraben. Zur Zeit der Reformation machte Johannes Reuchlin einen ähnlichen Versuch mit demselben Erfolg, obwohl er der Vertraute und gläubige Freund Luthers war. Die Orthodoxie wünschte niemals unterrichtet und erleuchtet zu werden. Diese Reformatoren erfuhren, wie schon Paulus Diaconus in seinem Kommentar zu Festus schrieb (im 8. Jhdt.), dass zu viel Gelehrsamkeit sie verrückt mache und es gefährlich sei, weiterzugehen. Übergehen wir den Wortschwall, der teilweise durch die Gewohnheiten und Bildung dieser Autoren und teilweise durch die von den weltlichen Mächten erzwungene religiöse Zurückhaltung bedingt war, und kommen wir zum Kern der Sache, so finden wir, dass diese Schriften im strengsten Sinne theosophisch sind und sich ausschließlich auf des Menschen Erkenntnis seiner höheren Natur und seines Seelenlebens beziehen. Die gegenwärtige theosophische Bewegung hat man zuweilen als einen Versuch bezeichnet, das Christentum in Buddhismus umzuwandeln, was zeigt, dass das Wort »Ketzerei« seinen Schrecken und seine Macht verloren hat. Einzelne Personen haben in jedem Zeitalter die theosophischen Lehren mehr oder weniger deutlich verstanden und sie in das Gewebe ihres Lebens eingearbeitet. Diese Lehren gehören keiner Religion an, noch sind sie auf eine Menschengruppe oder Zeit beschränkt. Sie sind das Geburtsrecht jeder menschlichen Seele. Die Orthodoxie muss von jedem Einzelnen, entsprechend seiner Natur, seinen Bedürfnissen und in Übereinstimmung mit seiner Erfahrung, verarbeitet werden. Das mag erklären, warum diejenigen, die in der Theosophie eine neue Religion sehen wollten, vergeblich nach ihrem Bekenntnis und Ritual suchten. Ihr Bekenntnis ist Loyalität gegenüber der Wahrheit; ihr Ritual, jede Wahrheit zu achten, indem man sie im Leben umsetzt.

Wie wenig von der großen Masse der Menschen vom Grundsatz der universalen Bruderschaft verstanden und wie selten seine transzendentale Wichtigkeit erfasst wurde, kann man aus der Verschiedenheit der Meinungen und den rein erfundenen Erklärungen über die Theosophische Gesellschaft entnehmen. Diese Gesellschaft, auf dem einzigen Grundsatz aufgebaut, eine wahre Bruderschaft der Menschheit zu schaffen, wie bereits kurz und unvollständig angedeutet worden ist, wurde als buddhistisch und antichristlich angeschwärzt, als ob sie beides auf einmal sein könnte, da sowohl der Buddhismus als auch das Christentum im Sinne ihrer Begründer die Brüderlichkeit zum Wesentlichen ihrer Lehre und des Lebens gemacht haben. Auch hat man Theosophie als etwas völlig Neues angesehen oder bestenfalls als alten Mystizismus unter der Maske eines neuen Namens. Während es wahr ist, dass einige Gesellschaften mit der Aufgabe gegründet wurden, die Selbstlosigkeit und wahre Brüderlichkeit zu pflegen und verschiedene Namen getragen haben, ist es ebenso wahr, dass viele theosophisch genannt worden sind, welche mit der gegenwärtigen Gesellschaft gleiche Ziele und Grundsätze hatten. Bei allen diesen Gesellschaften sind die grundlegenden Lehren die gleichen gewesen, abgesehen von Unwesentlichkeiten, obgleich nicht geleugnet werden kann, dass viele Menschen gerade vom Unwesentlichen angezogen werden und das Wesentliche übersehen.«

Es könnte keine bessere und deutlichere Antwort auf obige Frage gegeben werden, als die von dieser Persönlichkeit, die zu den geschätztesten und ernsthaftesten Theosophen zählt.

Welchem System folgen Sie außer der Ethik des Buddhismus?

Keinem und allen. Wir halten uns an keine Religion und Philosophie im Besonderen, wir suchen das Gute heraus, das wir in jeder finden. Doch muss hier wieder festgestellt werden, dass die

Theosophie gleich allen anderen alten Systemen in exoterische und esoterische Lehren unterteilt ist.

Wie unterscheiden sich diese?

Die Mitglieder der Theosophischen Gesellschaft sind im Allgemeinen frei, sich zu irgendeiner Religion oder Philosophie zu bekennen, die ihnen gefällt, oder auch zu keiner, wenn sie dies vorziehen, vorausgesetzt, dass sie mindestens mit einem der drei Ziele der Gesellschaft sympathisieren und bereit sind, für dasselbe zu arbeiten. Die Gesellschaft ist eine philanthropische und wissenschaftliche Körperschaft zur Verbreitung der Idee einer Bruderschaft in praktischer und nicht in *theoretischer* Hinsicht. Die Mitglieder können Christen oder Muslime, Juden oder Parsen, Buddhisten oder Brahmanen, Spiritisten oder Materialisten sein, dies ist ohne Bedeutung; aber jedes Mitglied muss entweder ein Philanthrop oder ein Forscher und Gelehrter auf dem Gebiete der alten Weisheitsliteratur oder ein Forscher auf dem Gebiet des Psychischen sein. Er muss also, so weit er es vermag, helfen, zumindest eines der drei Ziele der Gesellschaft auszuführen, sonst hat er keinen Grund, ein »Mitglied« zu werden. Dies gilt für die große Mehrheit der Mitglieder in der exoterischen Gesellschaft, die sich aus »angeschlossenen« und »Einzelmitgliedern« zusammensetzt.[6] Sie können wirkliche Theosophen werden oder auch nicht; Mitglieder sind sie vermöge der Tatsache, dass sie der Gesellschaft beigetreten sind. Die Gesellschaft aber vermag niemanden zu einem Theosophen zu machen, der keinen Sinn hat für die *göttliche* Eigenschaft der Dinge oder wenn er die Theosophie auf seine eigene sektiererische und egoistische Weise versteht. Man könnte in diesem Zusammenhang sagen, »edel ist der, der Edles tut«, und fortfahren, »ein Theosoph ist der, der Theosophie lebt«.

Theosophen und Mitglieder der Theosophischen Gesellschaft

Dies betrifft, wenn ich richtig verstehe, die Laienmitglieder. Aber was ist mit jenen, die das esoterische Studium der Theosophie betreiben? Sind diese die wirklichen Theosophen?

Nicht unbedingt, solange sie sich nicht als solche bewährt haben. Sie sind in die »Innere Gruppe« eingetreten und haben gelobt, die Regeln dieser esoterischen Körperschaft einzuhalten, so gut sie es vermögen. Dies ist ein schwieriges Unterfangen, da die wichtigste Regel die vollkommene Entsagung der eigenen Persönlichkeit ist. Das heißt Folgendes: Ein Mitglied dieser Gruppe, das ein Gelübde abgelegt hat, muss durch und durch ein Altruist werden, darf nie an sich selbst denken und muss seine eigene Eitelkeit und seinen Stolz vergessen im Gedenken an das Wohl seiner Mitgeschöpfe, nicht zu reden von dem seiner Mitbrüder im esoterischen Kreis. Wenn die esoterischen Belehrungen ihm nützen sollen, muss er in jeder Beziehung ein Leben der Enthaltsamkeit, der Selbstverleugnung und strengen Moral führen und allen Menschen gegenüber seine Pflicht erfüllen. Die wenigen wirklichen Theosophen innerhalb der Theosophischen Gesellschaft sind unter diesen Mitgliedern zu finden. Das bedeutet nicht, dass es etwa außerhalb der Theosophischen Gesellschaft und ihrem inneren Kreis keine Theosophen gibt; es gibt solche und mehr, als die Menschen wissen, sicherlich mehr, als unter den Laienmitgliedern der Theosophischen Gesellschaft zu finden sind.

Welchen Nutzen hat man davon, wenn man in die Theosophische Gesellschaft eintritt?

Nutzen hat man keinen, außer den, dass sich die Gelegenheit bietet, esoterische Belehrungen zu erhalten, die echten Lehren der Weisheitsreligion, und dass man, wenn man ernsthaft studiert, viel Hilfe aus der wechselseitigen Unterstützung und Sympathie empfängt. Vereinigung bedeutet Stärke und Harmonie, und wohlgeordnete, gemeinsame Anstrengungen bringen Wunder hervor. Dies ist das Geheimnis aller Gesellschaften gewesen, seit die Menschheit existiert.

Aber warum kann ein ausgeglichener und zielstrebiger Mensch, der über eine unbezähmbare Energie und Ausdauer verfügt, nicht ein Esoteriker und sogar ein Adept werden, auch wenn er allein arbeitet?

Er kann es, aber es steht zehntausend zu eins dafür, dass es ihm misslingen wird. Ein Grund unter vielen anderen ist der, dass es heutzutage keine Bücher über wahre Esoterik oder Theurgie gibt, welche die Geheimnisse der Alchemie und der mittelalterlichen Theosophie in offener Sprache darlegen. Alle sind symbolisch oder in Gleichnissen geschrieben, und da der Schlüssel im Westen schon seit langer Zeit verloren gegangen ist, wie soll da ein Mensch die richtige Bedeutung dessen, was er liest und was er studiert, erfassen können? Hierin liegt die größte Gefahr, eine Gefahr, die zu unbewusster Schwarzer Magie oder zu hilfloser Medialität führt. Wer nicht einen Eingeweihten zum Lehrer hat, sollte von diesem gefährlichen Studium lieber ablassen. Sehen Sie sich um und beobachten Sie. Während zwei Drittel der zivilisierten Welt schon allein die Vorstellung belächelt, dass an Theosophie, Esoterik, Spiritismus oder an der Kabbala etwas dran sei, setzt sich das andere Drittel aus ganz heterogenen und einander widersprechenden Elementen zusammen. Einige glauben an das Mystische und Übernatürliche (!), aber jeder glaubt es auf seine eigene Art und Weise. Andere wiederum stürzen sich ohne Hilfe in das Studium der Kabbala, des Psychismus, Mesmerismus, Spiritismus oder in die eine oder andere Art der Mystik. Das Ergebnis: Nicht zwei Menschen denken das Gleiche, nicht zwei stimmen in Bezug auf eines der esoterischen Prinzipien miteinander überein, und dennoch sind es zu viele, die behaupten, die letzten Wahrheiten zu besitzen und die andere glauben machen wollen, dass sie voll erwachte Adepten seien. Im Westen sind nicht nur keine genauen wissenschaftlichen Erkenntnisse über echte Esoterik zugänglich – nicht einmal über die wahre Astrologie, den einzigen esoterischen Zweig, der in seinen exoterischen Lehren bestimmte Gesetze und ein bestimmtes System besitzt – sondern es hat niemand eine Vorstellung, was wirkliche Esoterik überhaupt ist. Manche beschränken die uralte Weisheit auf die Kabbala und den jüdischen *Zohar*, dabei legen sie diese aber in ihrer eigenen Weise nach den an toten Buchstaben hängenden rabbinischen Methoden aus. Andere betrachten Swedenborg oder Böhme als den letzten Ausdruck der höchsten Weisheit, während wieder andere im Mesmerismus das große Geheimnis der alten Magie zu erkennen glauben. Sie alle aber treiben, sobald sie ihre Theorien in die Praxis umsetzen – infolge ihrer Unwissenheit – sehr bald in die Arme der Schwarzen Magie. Glücklich jene, die dem entrinnen, denn sie haben keinerlei Prüfungsmöglichkeiten, mittels welcher sie zwischen dem Wahren und dem Falschen unterscheiden können.

Ist dies so zu verstehen, dass die Innere Gruppe der Theosophischen Gesellschaft beansprucht, ihre Lehren von wirklichen Eingeweihten oder Meistern der esoterischen Weisheit zu erhalten?

Nicht unmittelbar. Die persönliche Gegenwart solcher Meister ist nicht erforderlich. Es genügt, wenn sie ihre Belehrungen einigen von jenen geben, die durch Jahre hindurch unter ihrer Anleitung studiert und ihr ganzes Leben ihrem Dienst geweiht haben. Dann können diese ihrerseits das so erhaltene Wissen den anderen weitergeben, die diese Gelegenheit nicht gehabt haben. Ein kleiner Teil des echten Wissens ist besser als eine große Menge unverdauter und missverstandener Gelehrsamkeit. Eine Unze Gold ist mehr wert als eine Tonne Staub.

Aber wie soll man erkennen, ob die Unze wirklich Gold oder eine Fälschung ist?

Man erkennt einen Baum an seinen Früchten, ein System an seinen Ergebnissen. Wenn unsere Gegner in der Lage sind, uns zu beweisen, dass in der ganzen Geschichte der Menschheit irgendein für sich allein stehender geistige Forscher ohne einen Meister und ohne Anleitung ein heiliger Adept gleich Ammonios Sakkas oder Plotin geworden ist, ein Theurg ist wie Jamblichus, oder Erfolge hat, wie sie von St. Germain behauptet werden, auch ohne die Führung eines Meisters, und all das, ohne Medium oder ein der Selbsttäuschung erlegener medialer Mensch oder Scharlatan zu sein, dann werden wir eingestehen, dass wir uns geirrt haben. Aber bis dahin ziehen es die Theosophen vor, dem wohlerprobten natürlichen Gesetz der Traditionen der Heiligen Wissenschaft zu folgen. Es gibt Mystiker, die große Entdeckungen in der chemischen und physikalischen Wissenschaft gemacht haben, die fast in die Alchemie und Esoterik übergreifen, und andere, die durch alleinige Hilfe ihres Genius Teile, wenn nicht das Ganze des verlorenen Alphabetes der »Mysteriensprache« wiederentdeckt haben, und die daher fähig sind, hebräische Schriftrollen richtig zu lesen; und wieder andere, die Seher sind und denen wundervolle Einblicke in die verborgenen Geheimnisse der Natur zuteil geworden sind. Aber sie alle sind Spezialisten. Der eine ist ein theoretischer Erfinder, ein anderer ein hebräischer Kabbalist, ein dritter ein Swedenborg unserer Zeit; sie alle sind Spezialisten und leugnen alles, was außerhalb ihrer eigenen speziellen Wissenschaft oder Religion liegt. Nicht einer von diesen kann behaupten, einen universalen oder wenigstens nationalen Nutzen gestiftet zu haben, ja kaum einen für sich selbst. Mit Ausnahme einiger »Heiler«, jener Klasse, die das Königliche Kollegium der Ärzte und Chirurgen Quacksalber nennen würde, hat keiner mit seiner Wissenschaft der Menschheit geholfen oder ist auch nur ein paar Menschen nützlich gewesen. Wo sind die Chaldäer aus alter Zeit, von denen uns wunderbare Heilungen berichtet wurden, nicht »durch Zauber, sondern durch Heilpflanzen«? Wo ist ein Apollonius von Tyana, der die Kranken heilte und die Toten in jedem Klima und unter allen Umständen erweckte? Man kennt einige *Spezialisten* der vorher erwähnten Art in Europa, aber keine von der letzteren, außer in Asien, wo sich das Geheimnis des Yogis bewahrt hat, der »im Tode lebt«.

Ist es das Ziel der Theosophie, heilende Adepten hervorzubringen?

Die Theosophie hat verschiedene Ziele: Die wichtigsten jedoch sind jene, die zu einer Erleichterung der Leiden der Menschen in jeglicher Form führen, sowohl der moralischen als auch der physischen Leiden. Und wir halten die ersteren für viel wichtiger als die letzteren. Die Theosophie hat die Aufgabe, ethisches Verhalten zu lehren. Sie muss die Seele läutern, wenn sie den Körper heilen will, dessen Krankheiten, von Unfällen abgesehen, alle ererbt sind. Der Okkultismus sollte nicht für egoistische Zwecke studiert werden, auch nicht zur Befriedigung von persönlichem Ehrgeiz, Hochmut und Eitelkeit, da dies niemals zum wahren Ziel führt, nämlich der leidenden Menschheit zu helfen. Auch kann man keineswegs durch das Studium eines einzelnen Zweiges der esoterischen Philosophie ein Esoteriker werden, sondern nur dadurch, dass man sie alle studiert, wenn auch nicht beherrscht.

Kommt nur denjenigen in der Erreichung dieses wichtigen Zieles Hilfe zu, welche die esoterischen Wissenschaften studieren?

Ganz und gar nicht. Jedes Laienmitglied ist zum Empfang der allgemeinen Unterweisungen berechtigt, wenn es das will; aber es sind nur wenige bereit, »arbeitende Mitglieder« zu werden, während es die meisten vorziehen, die »Drohnen« der Theosophie zu bleiben. Verstehen Sie es richtig, die Theosophische Gesellschaft ermutigt persönliche Forschungen, so weit diese nicht die Grenzen verwischen, die das Exoterische vom Esoterischen, das *Blinde* vom *Bewussten* trennt.

Der Unterschied zwischen Theosophie und Esoterik

Sie sprechen von Theosophie und Esoterik. Sind diese identisch?

Keineswegs. Ein Mensch kann durchaus ein sehr guter Theosoph sein, sei es innerhalb oder außerhalb der Theosophischen Gesellschaft, ohne dass er in irgendeiner Weise ein Esoteriker ist. Aber niemand kann ein wahrer Esoteriker sein, ohne dass er ein wirklicher Theosoph ist; sonst ist er ganz einfach, sei es bewusst oder unbewusst, ein Schwarzmagier.

Was meinen Sie damit?

Ein wahrer Theosoph muss die erhabensten moralischen Ideale in die Tat umsetzen. Er muss trachten, seine Einheit mit der ganzen Menschheit zu verwirklichen, und er muss unaufhörlich für andere arbeiten. Wenn nun ein Esoteriker all dies nicht tut, dann muss er selbstsüchtig für seinen eigenen Nutzen handeln, und wenn er tatsächlich mehr Kräfte erlangt als gewöhnliche Menschen, dann wird er dadurch ein viel gefährlicherer Feind für die Welt und seine persönliche Umgebung als ein gewöhnlicher Sterblicher. Daran kann es keinen Zweifel geben.

Dann ist ein Esoteriker also einfach ein Mensch, der mehr Kräfte besitzt als andere Menschen?

Er besitzt viel mehr Kräfte, wenn er ein *praktischer* und wirklich wissender Esoteriker ist und nicht nur einer dem Namen nach. Die esoterischen Wissenschaften sind *nicht*, wie in Enzyklopädien erklärt wird, »jene *eingebildeten Wissenschaften* des Mittelalters, die sich auf die *vermeintliche* Wirksamkeit übernatürlicher Kräfte beziehen, wie die Alchemie, Magie, Nekromantie und Astrologie«, sie sind vielmehr wirkliche und sehr gefährliche Wissenschaften. Sie lehren die geheime Kraft der Dinge in der Natur, sie entfalten und pflegen die verborgenen Kräfte, die »im Menschen ruhen«, und vermitteln ihm dadurch gewaltige Vorteile gegenüber unwissenden Sterblichen. Die Hypnose, die jetzt so allgemein bekannt geworden und Gegenstand ernster wissenschaftlicher Forschung ist, bietet hierfür ein gutes Beispiel. Die *hypnotischen* Kräfte sind fast durch einen Zufall entdeckt worden. Der Weg dazu ist durch den Mesmerismus vorbereitet worden, und heute kann ein fähiger Hypnotiseur nahezu alles damit tun. Er kann einen Menschen, ohne dass es diesem bewusst wird, zwingen, einen Narren zu spielen, ja sogar ein Verbrechen zu begehen, oft an Stelle des Hypnotiseurs und *zu dessen Nutzen*. Ist das nicht eine furchtbare Kraft, die da in die Hände skrupelloser Menschen gefallen ist? Und nun bedenken Sie, dass dies nur einer der geringeren Zweige der Esoterik ist.

Aber werden nicht alle diese esoterischen Wissenschaften – Magie und Zauberei – von den gebildetsten Menschen als Relikte vergangener Unwissenheit und des Aberglaubens betrachtet?

Diese Bemerkung ist sehr zweischneidig; denn die »gebildeten Menschen« betrachten auch das Christentum und jede andere Religion als Relikt der Unwissenheit und des Aberglaubens. Aber die Menschen beginnen immerhin jetzt, an die Hypnose zu glauben, und einige, selbst unter den *Gebildetsten*, auch an Theosophie und esoterische Phänomene. Wer von ihnen aber, ausgenommen Prediger und blinde Fanatiker, wird eingestehen, an *biblische Wunder* zu glauben? Und hier liegt der Unterschied. Es mag sehr gute und reine Theosophen geben, die an das Übernatürliche einschließlich *göttlicher Wunder* glauben, aber kein Esoteriker wird dies tun; denn ein Esoteriker übt praktische, *wissenschaftliche* Theosophie aus, die sich auf eine genaue Kenntnis der geheimen Wirkungsweise der Natur gründet. Ein Theosoph, der Kräfte anwendet, die man paranormal nennt, *ohne* das Licht der Esoterik zu haben, wird nur zu einer gefährlichen Form der Medialität neigen, da er, wenn er auch der Theosophie in den höchsten ethischen Vorschriften, die er fassen kann, die Treue hält, diese doch in dunklem, zwar aufrichtigem, aber *blindem* Glauben praktiziert. Jeder, sei er Theosoph oder Spiritist, der versucht, einen der Zweige der esoterischen Wissenschaft zu betreiben, z. B. Hypnose, Mesmerismus oder auch die Geheimnisse der Hervorbringung physikalischer Erscheinungen und dergleichen, ohne die Kenntnis des *philosophischen Hintergrundes* dieser Kräfte, gleicht einem ruderlosen Boot, das auf einem stürmischen Ozean ausgesetzt ist.

Der Unterschied zwischen Theosophie und Spiritismus

Aber glauben Sie nicht an den Spiritismus?

Wenn Sie unter »Spiritismus« die Erklärung meinen, welche die Spiritisten verschiedenen paranormalen Phänomenen geben, dann ein *entschiedenes Nein*! Die Spiritisten sind der Auffassung, dass alle diese Phänomene von den »Geistern« verstorbener Menschen hervorgerufen werden, meist von ihren Verwandten, von denen sie sagen, dass sie zur Erde zurückkehren, um mit jenen, die sie geliebt haben und denen sie ergeben sind, Verbindung aufzunehmen. Dies bestreiten wir entschieden. Wir behaupten, dass die Geister der Verstorbenen nicht zur Erde zurückkehren können, außer in seltenen Ausnahmefällen, über die ich später sprechen werde; sie können sich auch Menschen nicht mitteilen, außer auf eine *rein subjektive Weise*. Was *objektiv* erscheint, ist nur das Phantom des nicht mehr physischen Menschen. Aber an einen *psychischen* oder richtiger »spirituellen« Spiritismus glauben wir entschieden.

Lehnen Sie die Phänomene auch ab?

Keineswegs, die Fälle bewussten Betrugs ausgenommen.

Wie erklären Sie sie dann?

Auf verschiedene Weise. Die Ursachen für solche Manifestationen sind durchaus nicht so einfach, wie die Spiritisten es glauben möchten. Vor allem ist der *deus ex machina* der sogenannten »Materialisationen« gewöhnlich der Astralkörper oder »Doppelgänger« des Mediums oder irgendeines Anwesenden. Dieser *Astralkörper* ist auch der Erzeuger und die tätige Kraft in der Manifestation des astralen Schreibens, ähnlich der Davenport-Manifestationen.

Sie sagten »gewöhnlich«. Was ist es dann, das die übrigen Phänomene hervorruft?

Das hängt von der Natur der Manifestationen ab. Manchmal sind es die astralen Überbleibsel, die *Kamaloka*-»Hüllen« der dahingegangenen *Persönlichkeiten*; manchmal sind es auch Elementale. »Geist« ist ein Wort von vielfältiger und umfassender Bedeutung. Ich weiß wirklich nicht, was die Spiritisten damit meinen. Aber soweit wir es verstehen, meinen sie, dass die physischen Erscheinungen vom reinkarnierenden Ego, der *spirituellen* und unsterblichen »Individualität«, hervorgerufen werden. Diese Hypothese lehnen wir aber ganz und gar ab. Die bewusste *Individualität* des Entkörperten kann sich *nicht materialisieren*, und sie kann auch nicht aus ihrer eigenen mentalen Sphäre (Devachan) auf die Ebene irdischer Objektivität zurückkehren.

Aber viele Mitteilungen, die von »Geistern« empfangen werden, zeigen nicht nur Intelligenz, sondern auch die Kenntnis von Tatsachen, die dem Medium nicht bekannt sind und manchmal nicht einmal dem Fragesteller oder irgendjemandem in der Zuhörerschaft bewusst in Erinnerung sind.

Dies muss nicht beweisen, dass die Intelligenz und die Kenntnisse, von denen Sie sprechen, *Geistern* angehören oder von *entkörperten* Seelen ausgehen. Man weiß von Somnambulen, die komponierten, dichteten und mathematische Probleme lösten, während sie sich im Trance-Zustand befanden, ohne dass sie je Musik oder Mathematik studiert hatten. Andere antworteten intelligent auf Fragen, die man ihnen stellte, und sprachen in mehreren Fällen sogar Fremdsprachen, zum Beispiel Hebräisch und Latein, die ihnen im Wachzustand vollkommen unbekannt waren, und dies alles in einem Zustand tiefsten Schlafes. Wollen Sie behaupten, dass dies auch von »Geistern« verursacht war?

Aber wie würden Sie es erklären?

Wir behaupten Folgendes: Da der göttliche Funke im Menschen mit dem universalen Geist seinem Wesen nach eins und identisch ist, so ist unser »spirituelles Selbst« praktisch allwissend, aber es kann sein Wissen lediglich wegen der Hindernisse der Materie nicht manifestieren. Je mehr nun diese Hindernisse entfernt werden, oder mit anderen Worten, je mehr der physische Körper gelähmt wird, sofern es seine unabhängige Aktivität und sein unabhängiges Bewusstsein betrifft, wie zum Beispiel im Tiefschlaf, in tiefer Trance oder auch in der Krankheit, desto voller kann sich das *innere* Selbst auf dieser Ebene manifestieren. Das ist unsere Erklärung für diese wahrhaft wunderbaren Phänomene einer höheren Ordnung, in denen sich unleugbare Intelligenz und Erkenntnis zeigen. Was die Phänomene niederer Ordnung betrifft, zum Beispiel physikalische Phänomene oder die Plattheiten und Gemeinplätze, die von den durchschnittlichen »Geistern« kundgegeben werden, so würde es mehr Raum und Zeit erfordern, auch nur das Wesentlichste unserer Auffassungen darüber darzulegen, als uns hier zur Verfügung steht. Wir haben nicht den Wunsch, uns in den Glauben der Spiritisten einzumischen, ebenso wenig wie in irgendeinen anderen Glauben. Die *Beweislast* muss an diejenigen fallen, die an Geister glauben. Zum gegenwärtigen Zeitpunkt, da man immer noch überzeugt ist, dass die höheren Arten der Manifestationen von entkörperten Seelen verursacht werden, geben die Führenden, Intelligenten und Gebildeten in den spiritistischen Kreisen bereits zu, dass nicht alle Erscheinungen von Geistern hervorgerufen werden. Langsam werden sie die gesamte Wahrheit erkennen. Aber zwischenzeitlich haben wir kein Recht und auch nicht den Wunsch, sie zu unserem Glauben zu bekehren. Dies umso weniger, als wir im Falle *rein psychischer und spiritueller Manifestationen* an den wechselseitigen Verkehr des Geistes des lebenden Menschen mit dem Geist der entkörperten Persönlichkeiten glauben.[7]

Bedeutet dies, dass Sie die Philosophie des Spiritismus gänzlich ablehnen?

Wenn unter »Philosophie« die unreifen Theorien der Spiritisten verstanden werden, so ist dies der Fall. Aber in Wahrheit gibt es eine solche Philosophie gar nicht. Die besten, die intelligentesten und ehrlichsten Verteidiger des Spiritismus geben das zu. Ihre Grundwahrheit, die nicht anzuzweifeln ist, wonach sich Phänomene durch Medien ereignen, die von unsichtbaren Kräften und Intelligenzen geleitet werden, kann und will niemand leugnen, außer einem blinden Materialisten der Huxleyschen Schule. Was aber ihre Philosophie betrifft, so wollen wir anführen, was der Herausgeber des *Light* darüber sagt. Die Spiritisten könnten keinen intelligenteren und ergebeneren Verfechter anführen, der befähigt wäre, über sie und ihre Philosophie etwas zu sagen. Das Folgende schreibt »M. A. Oxon«, einer der wenigen *philosophischen* Spiritisten, in Bezug auf ihren Mangel an Organisation und die blinde Gläubigkeit der Spiritisten:

> Es ist wertvoll, diesen Punkt einmal ruhig zu betrachten, denn er ist besonders wichtig. Wir haben eine Erfahrung und ein Wissen, dem gegenüber alles andere Wissen verhältnismäßig unbedeutend ist. Der gewöhnliche Spiritist gerät außer sich, wenn irgendjemand seine sichere Kenntnis von der Zukunft und seine unbedingte Gewissheit eines kommenden Lebens anzweifelt. Wo sich andere Menschen mit tastenden Händen in die Zukunft bewegen, geht er kühn vor wie einer, der eine Landkarte hat und den Weg kennt. Wo sich andere Menschen mit einem frommen Sehnen begnügen oder mit dem überlieferten Glauben zufrieden sind, behauptet er, dass er weiß, was sie nur glauben, und aus seiner reichen Schatzkammer den schwankenden, nur auf Hoffnung begründeten Glauben ergänzen könne. Er geht großtuerisch um mit den am meisten gehegten Erwartungen der Menschen. »Ihr hofft«, scheint er zu sagen, »auf das, was ich demonstrieren kann! Ihr habt einen überlieferten Glauben an das, was ich

in Übereinstimmung mit der genauesten wissenschaftlichen Methode beweisen kann. Die alten Glaubensbekenntnisse kommen ins Wanken. Kommt los und trennt euch von ihnen, sie enthalten ebenso viel Falsches wie Wahres. Nur wenn es auf einem sicheren Grund von Beweisen aufgebaut wird, kann euer Gebäude bestehen. Das alte Glaubensgut wankt. Vermeidet den Zusammensturz und entfernt euch!«

Wenn sich jemand mit einer solch großtuerischen Persönlichkeit auseinandersetzt, was ist dann das Ergebnis? Ein sehr sonderbares und enttäuschendes. Dieser Mensch ist so sicher in Bezug auf seine Begründungen, dass er sich um die Erklärungen der Tatsachen durch andere nicht kümmert. Die Weisheit ganzer Zeitalter hat sich um die Erklärung dessen bemüht, was er für bewiesen hält. Er aber schenkt all dem keine Aufmerksamkeit. Er befindet sich nicht einmal mit seinen spiritistischen Brüdern in Übereinstimmung. So schütteln die ins Unendliche geteilten und wieder geteilten und abermals unterteilten Sekten der Spiritisten die Köpfe übereinander und sind sich nicht sicher. Aber die kollektive Erfahrung der Menschheit ist einmütig in jenem Punkt, dass Einigkeit stark macht und Uneinigkeit die Quelle von Schwäche und Fehlschlägen ist. Schulter an Schulter geschult und diszipliniert, wird eine ungeordnete Masse zur Armee, jeder Mann ein Gegner für hundert untrainierte, ihm entgegenkommende Männer. Organisation verbürgt auf jedem Gebiet menschlicher Tätigkeit den Erfolg, indem sie Zeit und Arbeit spart und Nutzen und Entfaltung möglich macht. Der Mangel an Methode, an Planung, das Treiben aufs Geratewohl, die Vergeudung von Kraft, undisziplinierte Anstrengungen, das alles bewirkt Fehlschläge. Die Erfahrung der Menschheit bestätigt diese Wahrheit. Berücksichtigt der Spiritist diese Erfahrung und handelt er danach? Wahrhaftig, er tut es nicht. Er lehnt es ab, sich zu organisieren. Er will sich selbst Gesetz sein und wird dadurch ein Dorn in der Seite des Nächsten (*Light*, Juni 1889).

Es wurde gesagt, die Theosophische Gesellschaft sei ursprünglich gegründet worden, um den Spiritismus und den Glauben an das Überleben der Individualität im Menschen zu vernichten?

Da sind Sie falsch unterrichtet. Alle unsere Anschauungen gründen sich gerade auf diese unsterbliche Individualität. Aber offenbar verwechseln Sie, wie so viele andere, *Persönlichkeit* mit *Individualität*. Die westlichen Psychologen scheinen noch keine klare Unterscheidung zwischen diesen beiden getroffen zu haben. Gerade dieser Unterschied aber ist es, der den Schlüssel zum Verständnis der östlichen Philosophie bringt und sozusagen die Wurzel der unterschiedlichen Auffassungen zwischen den theosophischen und den spiritistischen Lehren bildet. Wenn es auch die Feindschaft einiger Spiritisten noch mehr auf uns ziehen wird, so muss ich doch hier erklären, dass die Theosophie der wahre und reine Spiritismus ist, während das moderne System des Spiritismus, wie es jetzt unter den Massen üblich ist, nichts als ein transzendentaler Materialismus ist.

Bitte erklären sie das genauer.

Was ich sagen will, ist Folgendes: Obwohl unsere Lehren auf der Identität von Geist und Materie beharren und obwohl sie sagen, dass der Geist *potenzielle* Materie und die Materie kristallisierter Geist ist (wie z. B. das Eis fest gewordener Dampf) – obgleich der ursprüngliche und ewige Zustand von *allem* nicht Geist, sondern sozusagen *Meta*-Geist ist (die sichtbare und feste Materie ist nur eine periodische Manifestation) – sind wir der Auffassung, dass der Ausdruck Geist nur auf die *wahre* Individualität angewendet werden kann.

Aber was ist der Unterschied zwischen dieser »wahren Individualität« und dem »Ich« oder »Ego«, dessen wir uns alle bewusst sind?

Bevor ich Ihnen antworten kann, müssen wir uns darüber unterhalten, was Sie unter »Ich« oder »Ego« verstehen. Wir unterscheiden zwischen der einfachen Tatsache des Selbstbewusstseins, dem einfachen Gefühl »Ich bin ich« und dem komplexen Gedanken »Ich bin Herr Müller« oder »Ich bin Frau Braun«. Wenn man, wie wir es tun, an eine Reihe von Geburten desselben Egos, also an Reinkarnation, glaubt, dann ist diese Unterscheidung der Angelpunkt der ganzen Vorstellung. »Herr Müller« bedeutet in Wirklichkeit eine lange Reihe täglicher Erfahrungen, die durch den Faden des Gedächtnisses miteinander verknüpft sind und so das bilden, was Herr Müller unter »sich selbst« versteht. Aber keine von diesen »Erfahrungen« ist wirklich das »Ich« oder »Ego«. Es sind auch in Wirklichkeit nicht diese »Erfahrungen«, die Herrn Müller die Empfindung geben, dass er er selbst ist, denn er vergisst den größeren Teil von ihnen, und sie erzeugen die Empfindung des *Ichseins* in ihm nur solange sie andauern. Wir Theosophen unterscheiden daher zwischen diesem Bündel von »Erfahrungen«, welches wir die *falsche Persönlichkeit* nennen (weil begrenzt und flüchtig), und dem Element im Menschen, von dem das Gefühl »Ich bin ich« herrührt. Es ist dieses »Ich bin ich«, welches wir die wahre Individualität nennen, und wir sagen, dass dieses Ego, diese »Individualität«, gleich einem Schauspieler viele Rollen auf der Bühne des Lebens spielt. Wir können jedes neue Leben des gleichen Egos auf der Erde einen Abend auf der Bühne eines Theaters nennen. An einem Abend erscheint der Schauspieler, das »Ego«, als Macbeth, am nächsten als Shylock, am dritten als Romeo, am vierten als Hamlet oder König Lear und so fort, bis er den ganzen Zyklus der Inkarnationen durchlaufen hat. Das Ego beginnt seine Lebenspilgerschaft als Naturgeist, z. B. als Ariel oder Puck. Er spielt die Rolle eines Statisten, ist ein Soldat, ein Diener oder ein Mitglied des Chores; dann steigt er zu Sprechrollen auf; spielt später führende Rollen, in die unbedeutende Teile eingestreut sind, bis er sich schließlich von der Bühne als Prospero, der Magier, zurückzieht.

Ich verstehe. Sie wollen also sagen, dass dieses wahre Ego nach dem Tode nicht zur Erde zurückkehren kann. Aber es steht doch sicherlich dem Schauspieler frei, wenn er das Empfinden seiner

Individualität bewahrt hat, an die Stelle seiner früheren Tätigkeit zurückzukehren, wenn er es wünscht?

Wir verneinen dies; denn eine solche Rückkehr zur Erde würde mit einem Zustand *reinster* Seligkeit nach dem Tode unvereinbar sein, was zu beweisen ich bereit bin. Wir sagen, dass der Mensch während seines Lebens, sei es durch die Fehler anderer, mit denen er verbunden ist, sei es durch seine Umgebung, so viel unverdientes Leid durchmacht, dass er sicherlich einen Anspruch auf vollkommene Ruhe, wenn schon nicht Seligkeit besitzt, bevor er die Bürde des Lebens wieder auf sich nimmt. Aber das können wir später im Einzelnen besprechen.

Warum wird die Theosophie anerkannt?

Das alles ist in gewisser Weise zu verstehen; aber ich sehe, dass die theosophischen Lehren komplizierter und metaphysischer sind als der Spiritismus oder das gegenwärtige religiöse Denken. Können Sie mir sagen, warum dieses theosophische System, das Sie verteidigen, gleichzeitig ebenso viel Interesse wie Feindschaft hervorruft?

Dafür gibt es mehrere Gründe. Unter anderen mögen die Folgenden erwähnt werden. 1. Die starke Reaktion der krassen materialistischen Theorien, die gegenwärtig unter den Lehrenden der Wissenschaft vorherrschen. 2. Die allgemeine Unzufriedenheit mit der künstlichen Theologie der verschiedenen christlichen Kirchen und die täglich wachsende Zahl miteinander in Widerspruch stehender Sekten. 3. Die wachsende Erkenntnis der Tatsache, dass die Glaubensbekenntnisse, die sich so augenfällig selbst und einander widersprechen, nicht wahr sein können, und dass ihre unbewiesenen Behauptungen ebenfalls nicht echt sein können. Dieses natürliche

Misstrauen gegenüber den konventionellen Religionen wird noch gestärkt durch ihre Misserfolge, die Moral zu erhalten und die Gesellschaft und die Volksmassen zu läutern. 4. Eine Überzeugung vieler und ein *Wissen* weniger, dass es ein philosophisches und religiöses System geben muss, das wissenschaftlich und nicht nur spekulativ ist. 5. Der Glaube, dass ein solches System vielleicht in Lehren gesucht werden müsse, die viel älter als jeder moderne Glaube sind.

Wie kommt es, dass dieses System gerade jetzt hervorgebracht wird?

Weil man die Zeit für reif befunden hat. Eine Tatsache, die sich darin zeigt, dass so viele ernste Forscher bestrebt sind, die *Wahrheit* zu suchen, was es auch koste und wo immer sie auch verborgen sein mag. Da die Hüter der Wahrheit dies sahen, haben sie erlaubt, dass einige Teile derselben veröffentlicht werden dürfen. Wäre die Theosophische Gesellschaft noch einige Jahre später gegründet worden, so wäre die eine Hälfte der zivilisierten Welt zu reinen Materialisten, die andere zu Anthropomorphisten und Phänomenalisten geworden.

Ist die Theosophie in irgendeiner Weise als Offenbarung zu betrachten?

In keiner Weise, nicht einmal in dem Sinn, dass sie eine neue und unmittelbare Enthüllung von irgendwelchen höheren, übernatürlichen oder übermenschlichen Wesen wäre, sondern allein in dem Sinne, dass diese sehr alten Wahrheiten für diejenigen »entschleiert« werden, die sie bisher nicht gekannt haben und die nicht einmal vom Vorhandensein und der Bewahrung solch archaischen Wissens wussten.[8]

Sie sprechen von »Feindseligkeiten«. Wenn es Wahrheit ist, was in der Theosophie dargelegt wird, warum stieß sie auf so viel Widerstand und nicht auf allgemeine Zustimmung?

Aus vielen verschiedenen Gründen. Einer davon ist die Abneigung, die der Mensch gegenüber allen Neuerungen empfindet. Selbstsucht ist konservativ in ihrem Wesen und missbilligt jede Störung. Sie zieht eine behagliche, unexakte Lüge der größten Wahrheit vor, wenn letztere fordert, eine auch nur geringfügige Bequemlichkeit zu opfern. Die Kraft geistiger Trägheit ist groß in allem, was nicht unmittelbar Vorteil und Lohn verspricht. Unser Zeitalter ist vor allen Dingen ungeistig und oberflächlich. Hinzu kommt noch der ungewohnte Charakter der Theosophie und die ungewöhnliche Art ihrer Lehren. Einige davon widersprechen vielen der menschlichen Fantastereien, die von einigen Sekten gepflegt werden und die sich tief in den Volksglauben eingegraben haben. Wird noch hinzugefügt, dass von jenen, die dem inneren Kreis angehören wollen, persönliche Anstrengungen und Reinheit des Lebens verlangt wird, dass außerdem der Kreis derer nur klein ist, denen ein Ideal völliger Selbstlosigkeit zusagt, dann wird es begreiflich, warum die Theosophie zu einem nur langsamen und mühsamen Aufstieg verurteilt ist. Sie ist im Wesentlichen die Philosophie derjenigen, die leiden und die die Hoffnung verloren haben, dass ihnen durch andere Mittel aus dem Elend des Lebens herausgeholfen werden kann. Außerdem zeigt die Geschichte, dass jeder Glaube oder Moralkodex, der frisch in einen fremden Boden eingepflanzt worden ist, anfangs auf alle nur vorstellbaren Hindernisse von Bildungshass und Selbstsucht stieß. Es ist durchaus richtig, dass die Krone aller Neuerer eine Dornenkrone ist. Kein Abreißen alter, wurmstichiger Gebäude kann ohne Gefahr ausgeführt werden.

All das bezieht sich mehr auf die Ethik und Philosophie der Theosophischen Gesellschaft. Können Sie mir nicht eine allgemeine Idee von der Gesellschaft, ihren Zielen und Regeln geben?

Daraus wurde niemals ein Geheimnis gemacht. Fragen Sie, und Sie werden genaue Antworten erhalten.

Aber ich hörte, dass Sie an Gelübde gebunden sind.

Nur in der geheimen oder esoterischen Abteilung.

Auch wird gesagt, dass sich einige Mitglieder nach dem Austritt nicht mehr an sie gebunden fühlten. Stimmt das?

Das zeigt nur, dass sie unvollkommene Ehrbegriffe haben. Wie kann das richtig sein? Ganz richtig wird über einen solchen Fall im *Path*, unserem theosophischen Sprachrohr in New York, gesagt: »Angenommen, ein Soldat wird wegen Eidbruch und Disziplinlosigkeit verurteilt und aus dem Dienst entlassen. In seiner Wut über das Urteil, das er selbst heraufbeschworen hat und über dessen Bestrafung er vorgewarnt war, wendet sich der Soldat an den Feind mit Informationen, als Spion und Verräter, als Rächer an seinen früheren Vorgesetzten, und behauptet dabei, er sei durch seine Bestrafung von seinem Treueeid entbunden.« Glauben Sie, dass er dazu berechtigt ist? Oder verdient er nicht eher, ein unehrenhafter Mensch genannt zu werden?

Ich denke schon, doch manche denken anders.

Schlimm für sie. Aber lassen Sie uns später noch einmal darüber sprechen.

III

Das Arbeitssystem der Theosophischen Gesellschaft

Die Ziele der Gesellschaft

Was sind die Ziele der Theosophischen Gesellschaft?

Die Gesellschaft hatte von Anfang an drei Ziele:

1. Den Kern einer universalen Bruderschaft der Menschheit ohne Unterschied von Rasse, Farbe und Glauben zu bilden.
2. Das Studium der heiligen Schriften Indiens und anderes Schrifttum der Weltreligionen und der Wissenschaften zu fördern und für die Bedeutung der alten asiatischen Literatur, nämlich der brahmanischen, buddhistischen und zoroastrischen Philosophien, einzutreten.
3. Die verborgenen Geheimnisse der Natur in allen ihren möglichen Aspekten, besonders aber die im Menschen latenten psychischen und spirituellen Kräfte zu erforschen.[9]

Das sind ganz allgemein die drei Hauptziele der Theosophischen Gesellschaft.

Können Sie mir eine eingehendere Erklärung davon geben?

Man kann jedes der drei Ziele in so viele erklärende einzelne Teile wie notwendig zerlegen.

Dann lassen Sie uns mit dem ersten Ziel beginnen. Welche Mittel gibt es, um das Gefühl der Bruderschaft unter den Menschen zu wecken, von denen man weiß, dass sie in Religion, Gebräuchen, Bekenntnissen und Vorstellungen äußerst verschieden sind?

Ich möchte etwas hinzufügen, was Sie scheinbar nicht gerne aussprechen. Bekannt ist, dass mit Ausnahme zweier Reste von Volksgruppen – den Parsen und den Juden – alle Nationen geteilt sind, nicht nur voneinander, sondern auch in sich selbst. Das findet sich hauptsächlich bei den sogenannten zivilisierten christlichen Nationen. Deshalb ist es auch kein Wunder, dass gerade Ihnen dieses erste Ziel als Utopie erscheint. Ist es nicht so?

Ja, aber was können Sie dem entgegenhalten?

Nichts gegen die Tatsache selbst, aber vieles in Bezug auf die Notwendigkeit, die Ursachen zu beseitigen, welche die universale Bruderschaft gegenwärtig zur Utopie machen.

Was sind Ihrer Meinung nach diese Ursachen?

Vor allem die natürliche Selbstsucht der menschlichen Natur. Diese Selbstsucht wird, anstatt ausgerottet zu werden, durch die gegenwärtige religiöse Erziehung nicht nur ermutigt, sondern geradezu gerechtfertigt, täglich gestärkt und zu einem wilden und unwiderstehlichen Gefühl angefacht. Die Vorstellungen der Menschen von Recht und Unrecht sind durch die wörtliche Auslegung der jüdischen Bibel vollkommen verdreht worden. Die Selbstlosigkeit der altruistischen Lehren Jesu sind zu einem nur theoretischen Gegenstand der Kanzel-Rhetorik geworden, während die Vorschriften praktischer Selbstsucht, die im Alten Testament gelehrt werden und gegen die Christus so vergebens predigte, sich im innersten Leben der westlichen Völker einwurzelten. »Auge um Auge, Zahn um Zahn« ist zum ersten Grundsatz ihrer Gesetze geworden. Ich sage frei und offen, dass die Verzerrung dieser und vieler anderer Lehren *nur* durch die *Theosophie* beseitigt werden kann.

Der gemeinsame Ursprung der Menschheit

Und wie?

Einfach dadurch, dass auf logischer, philosophischer, metaphysischer und sogar wissenschaftlicher Grundlage Folgendes dargelegt wird:

1. Alle Menschen haben geistig und physisch den gleichen Ursprung. Das ist eine grundlegende Lehre der Theosophie.

2. Da die Menschheit essenziell von ein und derselben inneren Natur ist und diese innere Natur eins ist – unendlich, unerschaffen und ewig, ob wir sie nun Gott oder Natur nennen –, kann nichts ein einzelnes Volk oder einen einzelnen Menschen treffen, ohne zugleich auch alle anderen Völker und Menschen zu treffen. Das ist so gewiss und so offensichtlich wie ein Stein, der in einen Teich geworfen wird, früher oder später jeden Tropfen Wasser darin in Bewegung setzt.

Aber das ist nicht die Lehre Christi, sondern eher eine pantheistische Auffassung.

Eben darin liegt der Irrtum. Es ist eine rein christliche, allerdings keine jüdische Lehre, und deshalb ziehen es die Bibel-Nationen vielleicht vor, sie zu ignorieren.

Das ist eine pauschale und ungerechte Anschuldigung. Welche Beweise haben Sie, die diese Aussage bestätigen?

Die liegen auf der Hand. Es heißt, dass Christus gesagt hat »Liebet einander« und »Liebet eure Feinde«, denn »wenn ihr liebt, die euch lieben, was werdet ihr für Lohn haben? Tun nicht dasselbe auch die *Zöllner*?[10] Und wenn ihr nur zu euren Brüdern freundlich seid, was tut ihr Besonderes? Tun nicht dasselbe auch die Zöllner?«

(Matth. 5, 46-47) Das sind die Worte Christi. Aber in Kapitel 9, Vers 25 der Genesis heißt es: »Verflucht sei Kanaan, ein Knecht der Knechte soll er seinen Brüdern sein!« Und darum ziehen die bibelgläubigen Christen das Gesetz des Moses Christi Gesetz der Liebe vor. Sie stützen sich auf das Alte Testament, welches allen ihren Leidenschaften, ihren Gesetzen der Eroberung und Aneignung und der Tyrannei über Rassen, die sie *minderwertig* nennen, Vorschub leistet. Was für Verbrechen aufgrund dieses (wenn man ihn buchstäblich nimmt) furchtbaren Textes der Genesis begangen wurden, davon gibt uns die Geschichte eine, wenn auch nur unzulängliche, Vorstellung.[11]

Ich habe Sie sagen hören, dass die Gleichheit unseres physischen Ursprungs durch die Wissenschaft bewiesen wurde, und die unseres spirituellen Ursprungs durch die Weisheitsreligion. Dennoch kann man nicht sehen, dass die Darwinisten große brüderliche Eigenschaften zeigen.

So ist es. Aber dies zeigt eben die Unzulänglichkeit der materialistischen Lehrgebäude und beweist, dass wir Theosophen recht haben. Die Gleichheit unseres physischen Ursprungs spricht nicht unsere höheren und edleren Empfindungen an. Materie, losgelöst von ihrer Seele und ihrem Geist oder ihrer göttlichen Essenz, kann das menschliche Herz nicht ansprechen. Aber die Identität von Seele und Geist, des wirklichen, unsterblichen Menschen, wie sie durch die Theosophie gelehrt wird, würde, einmal bewiesen und tief in unseren Herzen verwurzelt, uns auf dem Weg der echten Nächstenliebe und brüderlicher Gefühle weiterführen.

Aber wie erklärt die Theosophie den gemeinsamen Ursprung der Menschen?

Durch die Lehre, dass die *Wurzel* der ganzen objektiven und subjektiven Natur und alles Sichtbaren und Unsichtbaren, das im Weltall existiert, ein absolutes Sein *ist*, *war* und immer *sein wird*, von dem alles ausgeht und in das alles zurückkehrt. Das ist vedische Philosophie, die vollständig nur bei Vedantins und im buddhistischen System zu finden ist. Es ist somit die Pflicht aller Theosophen, jede Möglichkeit wahrzunehmen, um in allen Ländern *nichtsektiererische* Bildungssysteme zu unterstützen.

Was raten die Statuten der Gesellschaft den Mitgliedern, in der physischen Welt außerdem noch zu tun?

Um brüderliche Gefühle zwischen den Völkern zu wecken, müssen wir im internationalen Austausch von nützlichem Wissen und Erzeugnissen mit Rat und Information helfen sowie durch Kooperation mit allen achtbaren Einzelpersonen und Vereinigungen (vorausgesetzt allerdings, so fügen die Statuten hinzu, dass die Gesellschaft oder die Mitglieder für ihre gemeinschaftlichen Dienste keine Vorteile haben und keine Gelder beziehen). Ein praktisches Beispiel wäre die Organisationsform der Gesellschaft, wie sie von Edward Bellamy in seinem großartigen Buch *Looking Backwards* beschrieben wird. Sie stellt in ausgezeichneter Weise die theosophische Idee dar, wie die ersten Schritte der Verwirklichung der universalen Bruderschaft aussehen sollten. Der Stand der Dinge, wie er ihn schildert, ist allerdings noch nicht vollkommen, denn noch herrscht Selbstsucht in den Herzen der Menschen. Aber im Wesentlichen sind doch Selbstsucht und Individualismus überwunden durch das Gefühl der Solidarität und gegenseitigen Bruderschaft. Das Bild des Lebens, das darin gezeichnet wird, verringert die Ursachen, welche die Selbstsucht fördern, auf ein Minimum.

Werden Sie also als Theosoph an den Bestrebungen teilnehmen, ein solches Ideal zu verwirklichen?

Sicherlich, und wir haben es durch die Tat bewiesen. Haben Sie nicht von den nationalistischen Vereinigungen und der Partei gehört, die in Amerika seit der Veröffentlichung von Bellamys Buch entstanden sind? Sie treten immer mehr in den Vordergrund und werden es künftig noch mehr tun. Nun, diese Vereinigungen und diese Partei sind in erster Linie von Theosophen gegründet worden. Einer der ersten, *The Nationalist Club of Boston*, hat Theosophen zum Präsidenten und Sekretär, und die Mehrheit seiner Verwaltung ist aus Mitgliedern der Theosophischen Gesellschaft gebildet. In der Satzung der sich formierenden Partei und der Vereinigung ist der Einfluss der Theosophie und der Gesellschaft sichtbar, denn sie alle haben als ihre Grundlage das erste und fundamentale Prinzip, die Bruderschaft der Menschheit, wie sie von der Theosophie gelehrt wird. In der Grundlagenerklärung legen sie Folgendes fest: »Das Prinzip der Bruderschaft der Menschheit ist eine der ewigen Wahrheiten, welche den Fortschritt der Welt nach Richtlinien leiten, die die menschliche Natur von der tierhaften Natur unterscheidet.« Was könnte theosophischer sein als das? Aber es ist nicht genug. Notwendig ist es noch, den Menschen die Idee einzuprägen, dass, wenn die Wurzel der Menschheit *eine* ist, es auch *eine* Wahrheit gibt, die ihren Ausdruck in den verschiedenen Religionen findet – ausgenommen in der jüdischen, da diese Einheitlichkeit nicht einmal in der Kabbala ausgedrückt wird.

Das bezieht sich auf den gemeinsamen Ursprung der Religionen, und da mögen Sie recht haben. Aber wie lässt sich das auf eine praktische Bruderschaft auf der physischen Ebene anwenden?

Erstens muss das, was auf der metaphysischen Ebene wahr ist, auch auf der physischen Ebene wahr sein, und zweitens gibt es keine fruchtbarere Quelle von Hass und Streit als religiöse Meinungsverschiedenheiten. Wenn die eine Gruppe glaubt, dass sie allein die absolute Wahrheit besitzt, ist es nur natürlich, dass sie denkt, die anderen befänden sich vollkommen in den Klauen des Irrtums oder des Teufels. Sobald aber die Menschen dahin gelangen einzusehen, dass keiner von ihnen die *ganze* Wahrheit besitzt, dass sie vielmehr einander ergänzen und die vollkommene Wahrheit nur in der Verbindung der Ansichten aller gefunden werden kann, nachdem alles Falsche aus jeder von ihnen entfernt worden ist, kann wahre Bruderschaft in der Religion gebildet werden. Dasselbe gilt für die physische Welt.

Erklären Sie das bitte weiter.

Nehmen wir ein Beispiel. Eine Pflanze besteht aus Wurzel, Stamm und vielen Zweigen und Blättern. Wie die Menschheit als Ganzes der Stamm ist, der aus der spirituellen Wurzel emporwächst, so bedeutet der Stamm die Einheit der Pflanze. Wenn man den Stamm verletzt, so ist es klar, dass jeder Zweig und jedes Blatt darunter leiden wird. Bei der Menschheit ist es ebenso.

Ja, aber wenn Sie einen Zweig oder ein Blatt verletzen, dann verletzen Sie doch nicht die ganze Pflanze?

Und darum denken Sie, dass Sie dadurch, dass Sie einen einzelnen Menschen verletzen, nicht die ganze Menschheit verletzen? *Aber woher wissen Sie das?* Wissen Sie nicht, dass selbst die materialistische Wissenschaft lehrt, dass jede noch so schwache Verletzung einer Pflanze den ganzen Lauf ihres Wachstums und ihrer Entwicklung beeinflusst? Sie befinden sich also im Irrtum, und die Analogie ist vollkommen. Man bedenke, dass ein Schnitt in den Finger oft den ganzen Körper in Mitleidenschaft zieht und auf das ganze Nervensystem zurückwirkt. Ich muss Sie darauf hinweisen, dass es sehr wohl andere spirituelle Gesetze geben kann, die bei Pflanzen und Tieren ebenso wirksam sind wie bei der Menschheit, obgleich man deren Wirklichkeit bestreiten mag, da man ihrer Wirkung auf Pflanzen und Tiere nicht gewahr wird.

Was für Gesetze sind da gemeint?

Man nennt sie die karmischen Gesetze. Aber Sie werden die volle Bedeutung dieses Begriffs nicht verstehen, solange Sie nicht die Esoterik studieren. Obgleich sich meine obige Behauptung nicht auf diese Gesetze bezieht, sondern lediglich auf die Analogie mit der Pflanze. Erweitert man diese Idee und wendet sie universell an, wird man sehen, dass in der wahren Philosophie jede äußere Handlung ihre moralische und andauernde Wirkung hat. Fügt man einem Menschen körperlichen Schaden zu, so könnte man annehmen, es sei unmöglich, dass auch seine Nachbarn oder gar Menschen anderer Nationen seinen Schmerz und sein Leiden zu spüren bekommen. Wir aber stellen fest, *dass dies zu gegebener Zeit geschehen wird.* Daher behaupten wir, jeder Mensch möge dazu gebracht werden, als *axiomatische* Wahrheit zu verstehen und anzuerkennen: Sobald wir einem Menschen Unrecht zufügen, fügen wir mit der Zeit nicht nur uns selbst, sondern der ganzen Menschheit Unrecht zu. Brüderliche Gefühle, wie sie von allen großen Reformatoren gelehrt worden sind, besonders von Buddha und Jesus, sind auf der Erde bis dahin nicht möglich.

Die anderen Ziele der Gesellschaft

Würden Sie nun die Methoden erklären, mit denen Sie das zweite Ziel der Gesellschaft zu verwirklichen beabsichtigen?

Wir sammeln für die Bibliothek in unserem Hauptsitz in Adyar bei Madras (und ebenso für die Bibliotheken der verschiedenen Sektionen) alle wertvollen Werke über die Religionen der Welt, die erhältlich sind. Wir verfassen Schriften, die genaue Informationen über die verschiedenen alten Philosophien, Traditionen und Legenden geben und verbreiten diese. Wir übersetzen wertvolle Originalwerke und veröffentlichen sie, machen Auszüge aus solchen und Kommentare über sie und geben mündliche Belehrungen durch Personen, die in einem bestimmten Fachgebiet erfahren sind.

Und wie sieht es mit dem dritten Ziel aus, die im Menschen ruhenden spirituellen und psychischen Kräfte zu entfalten?

Dies kann ebenfalls durch Literatur erreicht werden, und zwar dort, wo keine Vorträge oder persönlichen Belehrungen möglich sind. Unsere Pflicht ist es, die spirituelle Intuition im Menschen lebendig zu erhalten. Wir müssen, nach sorgfältiger Prüfung und dem Nachweis ihrer Irrationalität, jede Form von Fanatismus bekämpfen, und zwar in den Religionen, den Wissenschaften und in der Gesellschaft – besonders aber müssen wir der Phrasendrescherei religiöser Fanatiker und dem Geschwätz über den Glauben an Wunder und Übernatürliches entgegentreten. Wir müssen danach trachten, Wissen über *alle* Naturgesetze zu erlangen und *dieses* zu verbreiten. Wir müssen zum Studium jener Gesetze ermutigen, die vom modernen Menschen am wenigsten verstanden werden, zum Studium der sogenannten esoterischen Wissenschaften, die sich auf die *wahre Kenntnis der Natur gründen*, anstatt, wie es gegenwärtig der Fall ist, auf *abergläubische* Anschauungen, die nur auf *blindem Glauben* und *Autorität* beruhen. Folklore und Überlieferungen, wie fantastisch sie manchmal auch sein mögen, können, wenn sie entsprechend erforscht werden, zur Entdeckung lange verlorener, aber wichtiger Geheimnisse der Natur führen. Die Gesellschaft beabsichtigt daher, diese Forschungslinie weiterzuverfolgen, in der Hoffnung, das Feld wissenschaftlicher und philosophischer Beobachtungen zu erweitern.

Von der Heiligkeit eines Gelübdes

Gibt es ein ethisches System, dem die Gesellschaft folgt?

Die Ethik ist da, klar genug für jedermann, der ihr folgen will. Sie ist die Essenz und der Kern der Weltethik, zusammengetragen aus den Lehren aller großen Reformatoren der Welt. Das heißt, sie enthält die Lehren des Konfuzius und Zarathustra, des Laotse und der Bhagavad-Gita, die Lehrsätze des Gautama Buddha und Jesus von Nazareth, des Hillel und seiner Schule, ebenso wie die des Pythagoras, Sokrates, Platon und ihrer Schulen.

Befolgen die Mitglieder Ihrer Gesellschaft diese Vorschriften? Es wird von großen Meinungsverschiedenheiten und Streitigkeiten unter ihnen gesprochen.

Das ist nur natürlich, denn die Reform in ihrer gegenwärtigen Art ist neu, aber die Männer und Frauen, die reformiert werden sollen, haben doch dieselben menschlichen, sündigen Naturen wie vorher. Wie ich schon sagte, ernsthaft *arbeitende* Mitglieder gibt es nur wenige, aber umso mehr ernste und wohlgesinnte Personen, die ihr Bestes versuchen, den Idealen der Gesellschaft entsprechend zu leben. Unsere Pflicht ist es, die Mitglieder zur Selbstvervollkommnung in intellektueller, moralischer und geistiger Hinsicht zu ermutigen und ihnen dabei beizustehen. Niemand soll für seine Verfehlungen getadelt oder verurteilt werden. Streng genommen haben wir auch nicht das Recht, jemandem die Aufnahme zu verweigern, besonders nicht zur *Esoterischen Abteilung* der Gesellschaft, worin »derjenige, welcher eintritt, wie ein Neugeborener ist«. Aber wenn irgendein Mitglied, ungeachtet seines heiligen Gelübdes und seines Ehrenwortes vor dem Höheren Selbst, nach seiner »Neugeburt« die Laster und Fehler des früheren Lebens fortsetzt und ihnen auch in der Gesellschaft nachgeht, so muss ihm nahegelegt werden, sich zurückzuziehen und auszutreten. Sollte er sich weigern, muss er ausgeschlossen werden. Wir haben strenge Regeln für solche Ausnahmefälle.

Können einige davon angeführt werden?

Ja. Kein Mitglied, weder der exoterischen, noch der esoterischen Gesellschaft, hat ein Recht, seine persönliche Meinung einem anderen Mitglied aufzudrängen. *Es ist einem Amtsträger der Muttergesellschaft nicht gestattet*, sei es durch Worte oder durch Taten, religiöse oder philosophische Feindseligkeiten gegenüber anderen oder Bevorzugung irgendeiner Sektion in der Öffentlichkeit zum Ausdruck zu bringen. Alle haben das gleiche Recht, die charakteristischen Merkmale ihres religiösen Glaubens dem Urteil einer unparteiischen Welt vorzulegen. Kein Amtsträger der Gesellschaft hat in seiner Eigenschaft als Amtsträger das Recht, seine eigenen sektiererischen Anschauungen und Meinungen den versammelten Mitgliedern zu predigen, es sei denn, die Zusammenkunft besteht nur aus Personen seiner Religion. Bei Verstoß gegen diese Regel ist eine solche Person, nach vorheriger Abmahnung, zu suspendieren oder aus der Gesellschaft auszuschließen. Dies ist einer der häufigsten Verstöße in der Gesellschaft. In Bezug auf die Esoterische Abteilung sind folgende Regeln festgelegt und angenommen worden, und zwar schon seit 1880. »Kein Mitglied darf für egoistische Zwecke von einem Wissen Gebrauch machen, das ihm von einem Mitglied des ersten Grades, d. h. eines höheren Grades, mitgeteilt worden ist. Der Verstoß gegen diese Regel wird durch Ausschluss bestraft.« Bevor solch ein Wissen mitgeteilt werden kann, muss sich der Bewerber durch ein feierliches Gelübdes verpflichten, dieses weder für egoistische Zwecke zu gebrauchen noch, falls nicht ausdrücklich erlaubt, es anderen mitzuteilen.

Wenn aber jemand ausgeschlossen wurde oder ausgetreten ist, kann er dann das, was er gelernt hat, mitteilen oder irgendeine Klausel seines Versprechens brechen?

Gewiss nicht. Der Ausschluss oder Austritt entbindet ihn nur von der Pflicht des Gehorsams gegenüber dem Lehrer und davon, tätig in der Gesellschaft mitzuwirken, aber gewiss nicht von seiner Geheimhaltungspflicht.

Aber ist das vernünftig und gerecht?

Ganz sicher. Wer einiges Ehrgefühl besitzt, wird sich verpflichtet fühlen, ein feierlich gegebenes Versprechen auf sein *Ehrenwort*, und was mehr ist, gegenüber seinem Höheren Selbst, also dem Gott in ihm, bis zum Tode als bindend zu betrachten. Auch wenn er die Gruppe oder Gesellschaft verlässt, wird er, wenn er Ehrgefühl hat, nicht daran denken, eine Körperschaft, der er durch ein Gelübde verpflichtet war, anzugreifen oder zu verletzen.

Aber geht das nicht etwas zu weit?

Vielleicht, wenn man das niedere Niveau unserer Zeit und ihrer Moral in Betracht zieht. Aber wenn ein *Gelübde* nicht einmal so weit bindet, welchen Sinn hat es dann überhaupt noch? Wie kann jemand erwarten, dass ihm verborgenes Wissen mitgeteilt wird, wenn er voraussetzt, dass er alle Verpflichtungen, die er übernommen hat, abwerfen kann, sobald es ihm gefällt? Was für eine Sicherheit, Vertrauen oder Treue gäbe es unter den Menschen, wenn Gelübde dieser Art keine wirklich bindende Kraft mehr hätten? Glauben Sie mir, das Gesetz der Vergeltung (Karma) würde sehr bald denjenigen treffen, der sein Gelübde bricht; vielleicht genauso schnell, wie die Verachtung jedes ehrlichen Menschen auf dieser physischen Ebene ihn einholen würde. In der Zeitschrift *The Path*, Juli 1889, wird dies gut zum Ausdruck gebracht. Darin heißt es: »*Ein einmal gegebenes Gelübde ist für immer bindend, sowohl in der moralischen als auch in der geistigen Welt. Wenn wir es einmal brechen und dafür bestraft werden, berechtigt uns das nicht, es noch einmal zu brechen. Solange wir es tun, so lange wird der Arm des Gesetzes (Karma) über uns seines Amtes walten.*«

IV

Die Beziehung der Theosophischen Gesellschaft zur Theosophie

Selbstvervollkommnung

Ist moralische Vervollkommnung also das, worauf in Ihrer Gesellschaft der größte Wert gelegt wird?

Zweifellos! Wer ein wahrer Theosoph sein will, muss sich dazu bringen, auch als ein solcher zu leben.

Wenn das so ist, dann widerspricht aber das Verhalten einiger Mitglieder dieser Grundregel in bemerkenswerter Weise.

Sicherlich. Aber das ist unter uns nicht anders als unter jenen, die sich Christen nennen und trotzdem wie Teufel handeln. Das ist kein Fehler unserer Satzungen und Regeln, der Grund liegt in der menschlichen Natur. Selbst in einigen exoterischen Zweiggruppen geloben die Mitglieder ihrem »Höheren Selbst«, ein Leben nach den Vorschriften der Theosophie zu führen. Sie sollten ihr *göttliches Selbst* dazu bringen, ihre Gedanken und Taten, jeden Tag und in jedem Augenblick ihres Lebens zu leiten. Ein wahrer Theosoph sollte »gerecht handeln und bescheiden wandeln«.

Was meinen Sie damit?

Einfach Folgendes: Das einzelne Selbst muss sich um der vielen Selbste willen vergessen. Lassen Sie mich mit den Worten eines geistigen Suchers antworten, der es im *Theosophist* so wundervoll ausgedrückt hat: »Vor allem anderen muss der Mensch zuerst zu sich selbst finden und dann eine ehrliche Bestandsaufnahme seines subjektiven Zustands machen. Wie schlimm und armselig das Resultat auch sein mag, es ist nicht hoffnungslos, wenn wir uns ernsthaft um Erlösung bemühen.« Aber wie viele tun dies? Jeder ist bereit, für seine eigene Entwicklung und für sein eigenes Fortkommen zu arbeiten, aber nur sehr wenige wollen das für die anderen tun. Derselbe Autor sagt weiter: »Die Menschen wurden schon zu lange betrogen und getäuscht. Sie müssen ihre Idole stürzen, ihrem Scheinleben entsagen und beginnen, an sich selbst zu arbeiten. Aber jeder, der nur für sich selbst arbeitet, sollte besser ganz aufhören und lieber für andere, für alle arbeiten. Für jede Blume der Liebe und des Wohlwollens, die er im Garten seines Nachbarn pflanzt, wird in seinem eigenen ein Unkraut verschwinden. Und so wird dieser Garten der Götter – die Menschheit – wie ein Rosengarten erblühen. Dies wurde ganz klar in den heiligen Schriften aller Religionen gelehrt. Aber mutwillige Menschen haben diese Lehren zuerst falsch ausgelegt und schließlich abgeschwächt, materialisiert und verächtlich gemacht. Wir brauchen keine neue Offenbarung, jeder Mensch kann sich selbst eine Offenbarung sein. Sobald des Menschen unsterblicher Geist vom Tempel seines Körpers Besitz ergriffen und die Geldwechsler und alles Unreine verjagt hat, wird sein eigenes göttliches Menschsein ihm Erlösung bringen. Wenn er so eins mit sich selbst geworden ist, erkennt er den ›Erbauer des Tempels‹.«

Ich muss gestehen, das ist reiner Altruismus.

So ist es. Und wenn nur jedes zehnte Mitglied der Gesellschaft ihn wirklich praktizieren würde, dann wäre sie in der Tat eine auserwählte Körperschaft. Aber unter den Außenstehenden wird es immer Menschen geben, die sich weigern, den wesentlichen Unterschied zwischen der Theosophie und der Theosophischen Gesellschaft, zwischen der Idee und ihrer unvollkommenen Verkörperung, zu sehen. Diese würden jedes Vergehen und jede Unvollkommenheit des menschlichen Körpers dem reinen Geist zuschreiben, der ihn mit seinem göttlichen Licht erleuchtet. Widerfährt den beiden dadurch Gerechtigkeit? Sie werfen Steine auf eine Vereinigung, die versucht, ihr Ideal zu verwirklichen und zu verbreiten trotz aller Widerstände. Einige setzen die Theosophische Gesellschaft herab, nur weil sie sich bemüht, das zu erreichen, womit andere Systeme – vorzugsweise das kirchliche und staatliche Christentum – vollkommen gescheitert sind, und andere, weil es ihnen nur um die Erhaltung des bestehenden Zustandes geht. So machen es die Pharisäer und Sadduzäer in Moses Stuhl, die Zöllner und die Sünder, die sich in ihren hohen Stellungen breitmachen, wie das Römische Reich in seiner Periode der Dekadenz. Edel denkende Menschen sollten aber wissen, dass der Mensch, der tut, was in seinen Kräften steht, ebenso viel leistet wie derjenige, der das meiste vollbracht hat in dieser Welt der relativen Möglichkeiten. Das ist eine einfache Wahrheit, lehrbuchhaft illustriert für alle, die an das Evangelium glauben, durch die Parabel von den Talenten, die der Meister seinen Dienern gibt: Der Diener, der seine *zwei* Talente verdoppelt, wird ebenso hoch belohnt wie der andere Diener, der *fünf* Talente erhalten hatte. Jedem Menschen wird seinen Fähigkeiten gemäß gegeben.

Trotzdem ist es hier ziemlich schwierig, das Abstrakte vom Konkreten abzugrenzen, da wir nur nach dem letzteren urteilen können.

Warum wollen Sie dann gerade bei der Theosophischen Gesellschaft eine Ausnahme machen? Gerechtigkeit muss ebenso wie die Nächstenliebe im eigenen Heim beginnen. Wollen Sie die Bergpredigt schmähen und verspotten, weil Ihre sozialen, politischen und sogar religiösen Gesetze bisher nicht nur nicht in der Lage waren, die Vorschriften dieser Bergpredigt dem Geiste nach auszuführen, sondern nicht einmal dem toten Buchstaben nach? Schaffen Sie den Eid ab in den Gerichten, im Parlament, in der Armee und überall, und handeln Sie wie die Quäker, wenn Sie sich Christen nennen wollen! Schaffen Sie überhaupt die Gerichte ab, denn wenn Sie den Geboten Christi folgen *wollen*, dann müssen

Sie dem, der Ihnen den Mantel nimmt, auch noch den Rock geben, und dem Raufbold, der Sie auf die rechte Backe schlägt, auch die linke hinreichen. »Widersteht nicht dem Übel, liebet eure Feinde, segnet, die euch fluchen, und tut Gutes denen, die euch hassen«; denn »wer immer eines der kleinsten Gebote brechen mag und lehrt die Leute so, der soll der Geringste heißen im Himmelreich«, und »wer immer sagen mag ›Du Narr‹, der ist des höllischen Feuers schuldig«. Warum wollen Sie urteilen, wenn Sie nicht wollen, dass auch über Sie ein Urteil gesprochen wird? Wenn Sie darauf bestehen, dass zwischen der Theosophie und der Theosophischen Gesellschaft kein Unterschied ist, dann setzen Sie damit das System und das ganze Wesen des Christentums den gleichen Angriffen aus, nur in einer noch ernsteren Weise.

Warum ernster?

Während sich die Leitenden der theosophischen Bewegung ihre Unzulänglichkeiten eingestehen und alles versuchen, um Verbesserungen zu schaffen und die vorhandenen Übel in ihrer Gesellschaft auszumerzen, und während ihre Regeln und Vorschriften im Geiste der Theosophie ausgearbeitet sind, tun die Gesetzgeber und die Kirchen der Nationen und Länder, die sich christlich nennen, das Gegenteil. Unsere Mitglieder, auch die schlechtesten unter ihnen, sind nicht schlechter als die Durchschnitts-Christen. Wenn die westlichen Theosophen so viele Schwierigkeiten erfahren haben, ein wahres theosophisches Leben zu führen, so deshalb, weil sie alle Kinder ihrer Entwicklungsstufe sind. Jeder von ihnen war Christ, geboren und erzogen in der Sophistik seiner Kirche, in den sozialen Gewohnheiten und den paradoxen Gesetzen seiner Umgebung. Dies war er, bevor er Theosoph geworden ist, oder vielmehr bevor er Mitglied der Theosophischen Gesellschaft wurde: Man kann es nicht oft genug wiederholen, dass zwischen dem reinen Ideal und seinem Träger ein gewaltiger Unterschied besteht.

Das Abstrakte und das Konkrete

Bitte erklären Sie den Unterschied zwischen der Theosophie und der Theosophischen Gesellschaft etwas näher.

Die Theosophische Gesellschaft ist eine große Körperschaft von Menschen, die aus den verschiedenartigsten Elementen zusammengesetzt ist. Theosophie in ihrer abstrakten Bedeutung ist Gottesweisheit, die Summe des Wissens und der Weisheit, die dem Universum zugrunde liegt, die Homogenität des ewigen Guten. In ihrer konkreten Bedeutung ist sie die Summe all dessen, was dem Menschen von der Natur auf dieser Erde gegeben ist – und nicht mehr. Einige Mitglieder bemühen sich ernsthaft, die Theosophie in ihrem Leben zu verwirklichen und sie sozusagen zu objektivieren, während andere sie nur kennenlernen wollen, ohne sie auszuüben, und wieder andere sich der Gesellschaft vielleicht aus bloßer Neugier angeschlossen haben oder aufgrund eines vorübergehenden Interesses, oder vielleicht nur deshalb, weil einige ihrer Freunde ihr angehören. Wie kann man also das System nach dem Niveau von Menschen beurteilen, die sich diesen Namen aneignen, ohne ein Recht darauf zu haben? Kann Poesie nur an den Möchtegern-Poeten gemessen werden, die unsere Ohren quälen? Die Gesellschaft kann nur in ihren abstrakten Beweggründen als Verkörperung der Theosophie betrachtet werden, sie kann sich niemals anmaßen, sich als ihren konkreten Träger zu bezeichnen, solange alle menschlichen Mängel und Schwächen in ihrer Körperschaft vertreten sind; sonst würde die Gesellschaft nur den großen Fehler und die Entweihungen der sogenannten christlichen Kirchen wiederholen. Wenn Sie einen östlichen Vergleich gestatten wollen, dann ist die Theosophie der uferlose Ozean der universalen Wahrheit, Liebe und Weisheit, dessen Glanz auf der Erde reflektiert wird, während die Theosophische Gesellschaft nur eine sichtbare Luftblase auf dieser Spiegelung ist. Die Theosophie ist die sichtbare und unsichtbare göttliche Natur, die Gesellschaft ist die menschliche Natur, die versucht, zu ihrem göttlichen Ursprung emporzusteigen. Theosophie ist die ewige Sonne und die Gesellschaft der vergängliche Komet, der versucht, auf einer Bahn ein Planet zu werden, und der immer innerhalb der Anziehung der Sonne der Wahrheit kreist. Die Theosophische Gesellschaft wurde gebildet, um zu helfen, den Menschen zu zeigen, dass so etwas wie Theosophie existiert, und um ihnen beizustehen, sich dadurch zu ihr zu erheben, dass sie ihre ewigen Wahrheiten studieren und aufnehmen.

Ich dachte, Sie sagten, dass Sie keine eigenen Lehrsätze haben?

Wir haben auch keine. Die Gesellschaft hat keine eigene Weisheit zu vertreten oder zu lehren. Sie ist nichts als das Lagerhaus aller Wahrheiten, die von den großen Sehern, Eingeweihten und Propheten der historischen und selbst prähistorischen Zeitalter ausgesprochen worden sind, zumindest aller jener, die sie erreichen kann. Sie ist daher nur der Kanal, durch den mehr oder weniger von der Wahrheit, die in den gesammelten Äußerungen der großen Lehrer der Menschheit zu finden ist, in die Welt fließt.

Aber kann eine solche Wahrheit nicht auch außerhalb der Gesellschaft erreicht werden? Behauptet nicht jede Kirche dasselbe von sich?

Keineswegs! Die unleugbare Existenz großer Eingeweihter, wahrer »Söhne Gottes«, zeigt, dass solche Weisheit oft von einzelnen Individuen erreicht wurde, jedoch nie ohne die Führung eines Meisters. Aber die meisten ihrer Nachfolger engten, sobald sie ihrerseits Lehrer wurden, die Universalität dieser Lehren in die engen Gleise ihrer eigenen sektiererischen Dogmen ein. Dann wurden nur die Vorschriften eines einzigen Lehrers, den sie sich wählten, angenommen und befolgt, und alle anderen wurden ausgeschlossen – sofern diese überhaupt befolgt wurden. Beachten Sie das Beispiel von der Bergpredigt! Jede Religion ist so nur ein kleines Stückchen der göttlichen Wahrheit, das zum Brennpunkt des weiten Panoramas menschlicher Einbildungen gemacht wird, die den Anspruch erheben, diese Wahrheit darzustellen und zu ersetzen.

Aber Sie sagen, die Theosophie sei keine Religion?

Gewiss ist sie das nicht, da sie ja das innerste Wesen aller Religion und der absoluten Wahrheit ist, von welcher nur ein Tropfen jedem einzelnen Glaubensbekenntnis zugrunde liegt. Um wieder ein Gleichnis zu verwenden: Die Theosophie gleicht auf Erden dem weißen Licht des Spektrums und jede einzelne Religion nur je einer Farbe der sieben prismatischen Farben. Die anderen ignorierend und als falsch verfluchend, nimmt jeder einzelne farbige Strahl für sich nicht nur eine Priorität in Anspruch, sondern er behauptet, das weiße Licht selbst zu sein und spricht den Bannfluch sogar über seine eigenen helleren und dunkleren Färbungen als Häresien aus. Doch in dem Maße, als die Sonne der Wahrheit höher und höher am Horizont der menschlichen Fassungskraft steigt und jeder gefärbte Strahl stufenweise ausbleicht, bis er wieder resorbiert ist, wird die Menschheit nicht weiter mit künstlichen Aufspaltungen belastet sein, sondern sich im reinen farblosen Licht der ewigen Wahrheit baden. Und das wird *Theosophia* sein.

Sie behaupten also, alle großen Religionen seien von der Theosophie abgeleitet, und die Welt werde dadurch, dass sie diese annimmt, am Ende vom Fluch der großen Täuschungen und Irrtümer befreit?

So ist es. Und wir fügen hinzu, dass unsere Theosophische Gesellschaft das bescheidene Samenkorn ist, welches schließlich, wenn es nur gepflegt und am Leben gelassen wird, den Baum der Erkenntnis von Gut und Böse hervorbringen wird, der auf den Baum des ewigen Lebens aufgepfropft ist. Nur durch das Studium der verschiedenen großen Religionen und Philosophien der Menschheit, nur dadurch, dass man sie leidenschaftslos und mit unvoreingenommenem Sinn vergleicht, kann der Mensch hoffen, zur Wahrheit zu gelangen. Besonders dadurch, dass wir ihre Gemeinsamkeiten herausfinden und sie beachten, können wir zu diesem Ergebnis gelangen. Erst wenn wir, sei es durch Studium, sei es durch die Belehrung eines Wissenden, zu ihrer inneren Bedeutung vorstoßen, finden wir nahezu in jedem Fall, dass darin irgendeine große Wahrheit der Natur ausgedrückt ist.

Wir haben von einem ehemaligen Goldenen Zeitalter gehört, und was uns hier beschrieben wird, wäre ein Goldenes Zeitalter, das in der Zukunft verwirklicht werden sollte. Wann soll das sein?

Nicht ehe die ganze Menschheit die Notwendigkeit dafür spürt. Ein Grundsatz des persischen »Javidan Khirad« sagt: »Die Wahrheit ist von zweierlei Art. Die eine ist offenkundig und selbstverständlich, die andere fordert ständig neue Darlegungen und Beweise.« Erst wenn diese letztere Art von Wahrheit allgemein sichtbar wird, wie sie jetzt noch verschwommen und deshalb der Verzerrung durch Sophisterei und Kasuistik ausgesetzt ist, und wenn die beiden Arten von Wahrheiten wieder eine sind, erst dann wird jedermann mit gleichen Augen sehen können.

Aber die Wenigen, die die Notwendigkeit für solche Wahrheiten fühlten, müssen sich doch entschlossen haben, an etwas Bestimmtes zu glauben? Sie sagen, dass die Gesellschaft keine eigenen Lehren habe und deshalb jedes Mitglied glauben könne, was es wolle, und gelten lassen könne, was ihm gefalle. Dies sieht so aus, als ob die Theosophische Gesellschaft die Sprachen- und Glaubensverwirrung des alten babylonischen Turms wiederbeleben wollte. Haben Sie gar keine gemeinsamen Glaubenssätze?

Wenn wir sagen, dass die Gesellschaft keine eigenen Glaubens- oder Lehrsätze hat, so bedeutet das, dass keinerlei besondere Lehren oder Glaubensanschauungen für die Mitglieder verpflichtend sind. Aber dies gilt natürlich nur für die Körperschaft als Ganzes. Die Gesellschaft ist, wie Sie wissen, in eine äußere und eine innere Körperschaft unterteilt. Diejenigen, die ihrem inneren Kreis angehören, haben natürlich eine eigene Philosophie oder, wenn Sie diesen Ausdruck vorziehen, ein eigenes religiöses System.

Können Sie uns sagen, welches dieses ist?

Wir machen kein Geheimnis daraus. Es wurde vor einigen Jahren im *Theosophist* und in *Esoterischer Buddhismus* umrissen und findet sich ausgearbeitet in der *Geheimlehre*. Es gründet sich auf die älteste Philosophie der Welt, genannt die Weisheitsreligion oder die Archaische Lehre. Fragen Sie, und ich werde Ihnen gerne nähere Erklärungen geben.

V

Die Grundlehren der Theosophie

Von Gott und vom Gebet

Glauben Sie an Gott?

Das kommt darauf an, was Sie unter diesem Ausdruck verstehen.

Ich meine den Gott der Christen, den Vater Jesu, den Schöpfer, den biblischen Gott des Moses.

An einen solchen Gott glauben wir nicht. Wir lehnen die Vorstellung von einem persönlichen, außerkosmischen und anthropomorphen Gott ab, der nichts anderes ist als ein gigantisches Schattenbild des *Menschen* selbst und dabei nicht einmal des besten Menschen. Der Gott der Theologie, so sagen wir – und beweisen es auch – ist ein Bündel von Widersprüchen und logischen Unmöglichkeiten. Darum wollen wir nichts mit ihm zu tun haben.

Legen Sie mir bitte Ihre Gründe dar.

Es gibt so viele, dass ich nicht alle erwähnen kann, aber hier sind einige: Dieser Gott wird von seinen Anhängern als unendlich und absolut bezeichnet, nicht wahr?

Ich glaube, dass er dies ist.

Nun, wenn er unendlich, also grenzenlos ist, und insbesondere, wenn er absolut ist, wie kann er dann eine Form haben und wie kann er der Schöpfer von irgendetwas sein? Form bedeutet Begrenzung und fordert sowohl einen Anfang als auch ein Ende. Um etwas zu erschaffen, muss ein Wesen denken und planen. Wie kann vom Absoluten angenommen werden, dass es denkt, also irgendeine Beziehung zu etwas Begrenztem, Bestimmtem und Bedingtem hat? Das ist eine philosophische und logische Absurdität. Selbst die hebräische Kabbala lehnt eine solche Vorstellung ab und macht daher aus dem einen und absoluten gottähnlichen Prinzip eine unendliche Einheit, die Ain-Soph[12] genannt wird. Um zu erschaffen, muss der Schöpfer tätig werden, und da dies für das Absolute unmöglich ist, musste das unendliche Prinzip als eine indirekte Ursache der Evolution (nicht Schöpfung) dargestellt werden, durch die Emanation der Sephiroth aus sich selbst heraus. (Eine weitere Absurdität, die diesmal den Übersetzern der Kabbala anzulasten ist).[13]

Aber wie steht es mit jenen Kabbalisten, die immer noch an Jehovah und das Tetragrammaton glauben?

Es steht ihnen frei zu glauben, was sie wollen, denn ihr Glaube oder Unglaube kann eine selbstverständliche Tatsache nicht berühren. Die Jesuiten sagen uns, dass 2 + 2 nicht mit Sicherheit immer 4 ist, da es vom Willen Gottes abhängt, aus 2 x 2 = 5 zu machen. Sollen wir deshalb ihre Sophisterei akzeptieren?

Dann sind Sie also Atheisten?

Keinesfalls, es sei denn, dass die Bezeichnung Atheist auch auf jene angewendet wird, die nicht an einen anthropomorphen Gott glauben. Wir glauben an ein universales göttliches Prinzip, die Wurzel von ALLEM, aus dem alles hervorgeht und in das am Ende des ganzen Seinszyklus' alles wieder absorbiert sein wird.

Das ist die altbekannte Behauptung des Pantheismus. Wenn Sie Pantheisten sind, können Sie keine Deisten sein, und wenn Sie keine Deisten sind, können Sie sich nicht dagegen wehren, dass man Sie Atheisten nennt!

Nicht unbedingt. Der Ausdruck Pantheismus ist wieder eine der vielen falsch gebrauchten Bezeichnungen, deren ursprüngliche Bedeutung durch blindes Vorurteil und einseitige Betrachtung verzerrt worden ist. Wenn Sie die christliche Etymologie dieses zusammengesetzten Wortes annehmen und es aus »alles« und »Gott« bilden und sich vorstellen und lehren, dies bedeute, jeder Stein und jeder Baum in der Natur sei ein Gott oder gar der EINE Gott, dann wären Sie im Recht, wenn Sie aus den Pantheisten Götzenanbeter machen. Sie werden damit aber keinen Erfolg haben, wenn Sie das Wort Pantheismus von seiner esoterischen Bedeutung ableiten, so wie wir es tun.

Nun, wie definieren Sie dieses Wort also?

Lassen Sie mich einmal fragen, was verstehen Sie unter Pan oder Natur?

Ich nehme an, Natur ist die Gesamtsumme aller um uns herum existierenden Dinge; das Vorhandensein von Ursachen und Wirkungen in der Welt der Materie, die Schöpfung, das Universum.

Demnach die personifizierte Summe und Anordnung von bekannten Ursachen und Wirkungen; die Summe aller begrenzten Wirkungen und Kräfte, völlig losgelöst von einem intelligenten Schöpfer oder Schöpfern, und vielleicht »aufgefasst als eine einzige für sich bestehende Kraft«, wie es in den Lexika beschrieben wird?

So ist es wohl.

Nun, wir meinen weder diese objektive und materielle Natur, die wir eine vergängliche Täuschung nennen, noch verstehen wir unter dem Wort *Pan* die Natur in dem Sinne, wie er vom lateinischen *natura* (*werdend* von *nasci* geboren werden) abgeleitet ist. Wenn im theosophischen Sinne von der Gottheit gesprochen und diese mit Natur gleichgesetzt wird, so ist die ewige und ungeschaffene Natur gemeint und keineswegs die Summe von vorübergehenden Schattenbildern und endlichen Unwirklichkeiten. Wir überlassen es den Hymnenmachern, das sichtbare Firmament oder den Himmel Gottes Thron zu nennen und unsere niedere Erde als seinen Fußschemel zu bezeichnen. Unsere Gottheit ist weder in einem Paradies noch in einem besonderen Baum, Gebäude oder Berg. Sie ist überall, in jedem Atom des sichtbaren sowie des unsichtbaren Universums; in, über und um jedes unsichtbare Atom und teilbare Molekül herum, denn ES ist die geheimnisvolle Kraft der Evolution und Involution, das allgegenwärtige, allmächtige und ebenso allwissende schöpferische Wirkungsvermögen.

Einen Augenblick! Allwissenheit ist das Vorrecht von etwas Denkendem, und Sie sprechen ja Ihrer Absolutheit das Denkvermögen ab!

Wir sprechen sie dem Absoluten ab, da Denken etwas Begrenztes und Bedingtes ist. Aber Sie vergessen offenbar, dass in der Philosophie absolute Unbewusstheit zugleich auch absolutes Bewusstsein ist, denn sonst wäre es nicht *absolut*.

Dann denkt also Ihr »Absolutes«?

Nein. Das tut ES nicht; aus dem einfachen Grunde, weil es selbst *absoluter Gedanke* ist. Aus dem gleichen Grunde existiert es auch nicht, da es absolute Existenz ist, es ist *Sein* und nicht ein Wesen. Lesen Sie das wunderbare kabbalistische Gedicht von Solomon Ben Yehudah Gabirol im Kether-Malkuth und Sie werden verstehen: »Du bist eins, die Wurzel aller Zahlen, aber nicht als ein Element des Zählens, denn Einheit gestattet weder Multiplikation, Veränderung noch Form. Du bist eins, und im Geheimnis deiner Einheit sind die weisesten Menschen verloren, denn sie erkennen sie nicht. Du bist eins, und deine Einheit wird nie vermindert oder erweitert und kann nicht verändert werden. Du bist eins, und keiner meiner Gedanken kann dir eine Grenze setzen oder dich klar umreißen. Du BIST, aber nicht als ein Existierendes, denn das Verstehen und die Schau von Sterblichen kann dein Sein nicht erreichen noch kann es für dich das Wo, das Wie und das Warum bestimmen.« Unsere Gottheit ist der ewige, unaufhörlich *entwickelnde, nicht erschaffende* Erbauer des Universums. *Das Universum entfaltet sich aus seiner eigenen Essenz, es wird nicht erschaffen.* Es ist, symbolisch ausgedrückt, eine Kugel ohne Umfang, die eine einzige ständig wirksame Eigenschaft hat, welche alle anderen existierenden und denkbaren Eigenschaften einschließt – sich selbst. Es ist das eine Gesetz, das den Anstoß für die manifestierten, ewigen und unveränderlichen Gesetze gibt, innerhalb des nie manifestierenden, *weil* absoluten Gesetzes, welches in seinen Manifestationsperioden das *Immer-Werdende* ist.

Ich habe einmal von einem Ihrer Mitglieder die Bemerkung gehört, dass die universale Gottheit, da sie überall sei, sowohl in würdigen als auch in unwürdigen Gefäßen gegenwärtig sei und daher z. B. auch in jedem Atom meiner Zigarrenasche. Ist das nicht glatte Gotteslästerung?

Ich denke nicht, denn einfache Logik kann kaum als Gotteslästerung betrachtet werden. Wollten wir das allgegenwärtige Prinzip auch nur von einem einzigen mathematischen Punkt im Universum oder von einem einzigen Materieteilchen, das einen wahrnehmbaren Raum einnimmt, ausschließen, könnten wir es dann noch als unendlich betrachten?

Ist es notwendig zu beten?

Glauben Sie an den Wert des Gebetes, und beten Sie jemals?

Nein! Wir handeln anstatt zu reden.

Sie bringen also nicht einmal dem absoluten Prinzip Gebete dar?

Warum sollten wir? Da wir sehr beschäftigte Menschen sind, können wir es uns kaum leisten, damit Zeit zu verlieren, dass wir Wortgebete an eine reine Abstraktion richten. Nur die Teile des Unerkennbaren sind fähig, miteinander in Beziehung zu treten, das Unerkennbare ist aber, soweit es begrenzte Beziehungen betrifft, nicht existent. Das sichtbare Universum hängt hinsichtlich seiner Existenz und seiner Erscheinungen von seinen wechselseitig aufeinander einwirkenden Formen und ihren Gesetzen ab, nicht von Gebeten.

Also glauben Sie überhaupt nicht an die Wirksamkeit von Gebeten?

Nicht an wortreiche Gebete, die dauernd wiederholt werden, und nicht, wenn Sie unter Gebet eine äußerliche Bitte verstehen, die an einen unbekannten Gott gerichtet ist, eine Übung, die von den Juden erfunden und von den Pharisäern populär gemacht wurde.

Gibt es eine andere Art von Gebet?

Sicherlich! Wir nennen es Willensgebet, und es ist eher ein innerer Befehl als eine Bitte.

Zu wem beten Sie dann, wenn Sie es tun?

Zu unserem »Vater im Himmel« in seiner esoterischen Bedeutung.

Ist dies verschieden von der Bedeutung, die ihm in der Theologie gegeben wird?

Es ist gänzlich verschieden. Ein Esoteriker oder Theosoph richtet sein Gebet an »*seinen Vater im Verborgenen*« (lesen Sie Matth. 6,6 und versuchen Sie, diese Stelle zu verstehen), und nicht an einen außerkosmischen und darum begrenzten Gott; und dieser »Vater« ist im Menschen selbst.

Dann machen Sie aus dem Menschen einen Gott?

Sagen Sie bitte »Gott« und nicht *einen* Gott. Von unserem Standpunkt aus ist der innere Mensch der einzige Gott, von dem wir irgendeine Kenntnis erlangen können. Wie könnte es auch anders sein? Wenn Sie unserer Grundvoraussetzung, dass Gott ein universales, alles durchdringendes, unendliches Prinzip ist, stattgeben, wie könnte dann der Mensch davon ausgenommen werden, von dieser Gottheit durchdrungen zu sein? Wir nennen jene göttliche Essenz unseren »Vater im Himmel«, die wir in uns, in unserem Herzen und in unserem spirituellen Bewusstsein erkennen können, und die nichts mit dem anthropomorphen Bild zu tun hat, das wir von ihr in unserem physischen Gehirn und unserer Fantasie formen mögen. »Wisst ihr nicht, dass ihr der Tempel Gottes seid, und dass der Geist (des absoluten) Gottes in euch wohnt?«[14] (1. Kor. 3, 16) Es möge aber niemand diese Essenz in uns vermenschlichen. Es möge kein Theosoph, wenn er sich an die göttliche und nicht bloß menschliche Wahrheit halten will, sagen, dass dieser »Gott im Verborgenen« dem irdischen Menschen Gehör schenke oder dass er – sei es vom irdischen Menschen, sei es vom unendlichen Sein – unterschieden sei, denn alles ist eins. Er möge auch nicht, wie schon bemerkt, sagen, dass ein Gebet eine Bitte ist; es ist eher ein Mysterium, ein esoterischer Vorgang, durch welchen begrenzte, bedingte Gedanken und Wünsche, die von dem unbedingten, absoluten Geist nicht assimiliert werden können, in spirituelle Willensäußerungen und in Willen selbst umgewandelt werden. Solch ein Prozess wird »spirituelle Transmutation« genannt. Die Intensität unseres glühenden Strebens verwandelt das Gebet in den »Stein der Weisen«, in das, was Blei in reines Gold umwandelt. Die einzige homogene Essenz, unser »Willensgebet«, wird zu einer aktiven schöpferischen Kraft, welche die Wirkungen hervorruft, die wir wünschen.

Wollen Sie damit sagen, dass das Gebet ein esoterischer Vorgang ist, der physische Ergebnisse hervorbringt?

Ja. Die *Willenskraft* wird zu einer lebendigen Kraft. Aber wehe dem Esoteriker und Theosophen, der Wellen der Willenskraft für egoistische und unheilige Zwecke emporsendet, anstatt die Begierde des niederen persönlichen *Ich* oder physischen Menschen auszulöschen und zu seinem *höheren* spirituellen Ego, das in atmisch-buddhisches Licht getaucht ist, zu sagen: »Dein Wille geschehe und nicht der meine!« Das ist Schwarze Magie und verabscheuungswürdige spirituelle Zauberei. Unglücklicherweise ist das die Lieblingsbeschäftigung unserer christlichen Staatsmänner und Generäle, besonders wenn letztere zwei Armeen marschieren lassen, um einander zu ermorden. Beide huldigen, ehe sie handeln, für eine Weile solcher Zauberei, indem jeder von ihnen zu dem gleichen Gott der Heerscharen Gebete emporsendet und ihn anfleht, ihm zu helfen, seinen Feinden die Kehle durchzuschneiden.

David betete ja auch zum Herrn der Heerscharen, ihm zu helfen, die Philister zu besiegen und die Syrer und Moabiter zu erschlagen, und »der Herr beschützte David, wohin immer er ging«. Damit folgen wir nur dem, was wir in der Bibel finden.

Richtig! Aber da Sie sich Christen zu nennen pflegen und nicht Israeliten oder Juden, soweit mir bekannt ist, warum folgen Sie nicht lieber dem, was Christus sagt? Er befiehlt deutlich, nicht »dem Gesetz der alten Zeiten«, dem mosaischen Gesetz, zu folgen, sondern zu handeln, wie er es lehrte. Und er warnte jene, die mit dem Schwerte töten, dass auch sie durch das Schwert zugrunde gehen werden. Christus hat euch ein Gebet gegeben, aus dem ihr aber ein Lippengebet und eine bloße Prahlerei gemacht habt, ein Gebet, das nur ein wahrer Esoteriker versteht. In diesem Gebet sagt ihr, der Bedeutung der toten Buchstaben nach: »Vergib uns unsere Schuld, wie auch wir vergeben unseren Schuldigern« (Matth. 6, Vers 12), was ihr aber niemals tut. Außerdem lehrte er euch, *eure Feinde zu lieben und denen Gutes zu tun, die euch hassen.* Es ist sicherlich nicht der »demütige Prophet aus Nazareth«, der euch lehrt, zu eurem Vater zu beten, andere zu töten und über eure Feinde zu siegen. Das ist der Grund, warum wir das, was Sie Gebete nennen, ablehnen.

Aber wie erklären Sie die Tatsache, dass alle Nationen und Völker einen Gott oder Götter verehren und zu ihnen gebetet haben? Manche haben auch Teufel und böse Geister angebetet und sie gnädig zu stimmen versucht. Dies beweist doch nur die Universalität des Glaubens an die Wirksamkeit des Gebetes.

Es wird durch die Tatsache erklärt, dass das Gebet neben der Bedeutung, die ihm von den Christen gegeben wird, noch verschiedene andere Bedeutungen hat. Es bedeutet nicht nur eine *Bitte* oder ein Verlangen, es bedeutete in den alten Zeiten vielmehr eine Anrufung und Beschwörung. Das Mantra, das rhythmisch gesungene Gebet der Hindus, hat eine solche Bedeutung, denn die Brahmanen sehen sich selbst als höherstehend als die gewöhnlichen Devas oder »Götter«. Ein Gebet kann auch eine Anrufung oder Beschwörung zur Verwünschung sein, wie im Fall der zwei Armeen, die gleichzeitig um ihre wechselseitige Vernichtung sowie um Segen bitten. Und da die große Mehrheit der Menschen äußerst selbstsüchtig ist, nur für sich selbst betet und bittet, dass ihr das »tägliche Brot« gegeben wird, anstatt etwas dafür zu tun, und Gott bittet, sie nicht in »Versuchung« zu führen, sondern sie (und zwar nur die Bittsteller) vom Übel zu erlösen, ist das Gebet, so wie es jetzt verstanden wird, in doppelter Hinsicht verderblich. Erstens tötet es im Menschen das Selbstvertrauen und zweitens entfaltet es in ihm eine noch wildere Selbstsucht und Selbstgefälligkeit, als er sie bereits von Natur aus besitzt. Ich wiederhole: Wir glauben an eine »Kommunion« und ein gleichzeitiges Handeln im Einklang mit unserem »Vater im Verborgenen«; und wir glauben auch, dass es seltene Augenblicke einer ekstatischen Glückseligkeit gibt, wenn unsere höhere Seele sich mit der universalen Essenz vereint, angezogen von ihrem Ursprung, ihrem inneren Mittelpunkt, ein

Zustand, der während des Lebens Samadhi und nach dem Tode Nirvana genannt wird. Wir weigern uns aber, zu erschaffenen, begrenzten Wesenheiten zu beten, wie Götter, Heilige, Engel und dergleichen, denn dies betrachten wir als Götzendienst. Zum Absoluten aber können wir nicht beten aus den Gründen, die vorher erklärt worden sind. Darum bemühen wir uns, an die Stelle fruchtlosen und nutzlosen Betens verdienstvolle und wohltätige Handlungen zu setzen.

Die Christen würden dies Hochmut und Gotteslästerung nennen.

Ganz sicher. Aber sie sind diejenigen, die im Gegensatz dazu einen teuflischen Hochmut zeigen in ihrem Glauben, dass das Absolute oder Unendliche – selbst wenn es die Möglichkeit einer Beziehung gäbe zwischen dem Nicht-Bedingten und dem Bedingten – sich so erniedrigen lässt und jedes närrische und selbstgefällige Gebet erhört. Und es sind wiederum sie, die Gotteslästerung betreiben, indem sie lehren, dass ein wissender und allmächtiger Gott gesprochene Gebete benötigt, um zu wissen, was er zu tun hat! Dies wurde, esoterisch verstanden, von Buddha und Jesus bekräftigt. Der eine sagt: »Suche nichts bei den hilflosen Göttern – bete nicht, handele lieber! Denn die Dunkelheit wird nicht leuchten. Frage nicht die Stille, denn sie kann weder sprechen noch hören.« Und Jesus empfiehlt: »Was immer ihr in meinem Namen bitten werdet (dem von Christos), will ich tun.« (Joh. 14, 13) Natürlich richtet sich dieses Zitat, wenn wörtlich genommen, gegen unser Argument. Aber wenn wir es in seiner esoterischen Bedeutung nehmen, in der vollen Kenntnis der Bedeutung des Begriffs »Christos«, der für uns *Atma-Buddhi-Manas* darstellt, das SELBST, dann bedeutet es Folgendes: Den einzigen Gott, den wir anerkennen und zu dem wir beten oder mit dem wir in Einklang handeln müssen, ist der Geist Gottes, von dem unser Körper der Tempel ist und in dem er wohnt.

Beten tötet das Selbstvertrauen

Aber hat Christus nicht selbst gebetet und das Gebet empfohlen?

So wird es berichtet. Doch sind diese »Gebete« von der bereits beschriebenen Art; eine Vereinigung mit seinem »Vater im Verborgenen«. Wenn man andererseits Jesus mit der universalen Gottheit gleichstellt, dann wäre man doch zu der unlogischen Folgerung gezwungen, dass er, der »wahrhaftige Gott«, *sich selbst anbetet* und den Willen Gottes von seinem eigenen abgesondert habe.

Es soll noch ein Grund angeführt werden, und zwar ein solcher, den viele Christen anführen. Sie sagen: »Ich fühle, dass ich nicht imstande bin, durch meine eigene Kraft meine Leidenschaften und meine Schwächen zu besiegen. Aber wenn ich zu Jesus Christus bete, dann fühle ich, dass er mir Stärke gibt und ich durch seine Kraft siegen kann.«

Kein Wunder. Wenn »Jesus Christus« Gott und unabhängig und getrennt vom Betenden ist, so muss ihm, dem »allmächtigen Gott«, doch alles möglich sein. Aber wo bleibt bei einer solchen Überwindung das Verdienst oder die Gerechtigkeit? Warum sollte der falsche Sieger für etwas belohnt werden, was ihn nur ein Gebet kostete? Würden Sie als gewöhnlich Sterblicher einem Arbeiter den vollen Tageslohn bezahlen, wenn Sie selbst alle Arbeit für ihn tun müssten, er aber unter einem Apfelbaum säße und die ganze Zeit zu Ihnen betete, dies zu tun? Diese Idee, sein ganzes Leben in moralischer Trägheit zuzubringen und seine Arbeit und Pflicht von einem anderen tun zu lassen, sei es Gott oder Mensch, ist für den Theosophen empörend und erniedrigend.

Das mag vielleicht so sein; doch ist die Idee, auf einen persönlichen Erlöser zu vertrauen, der helfend und stärkend in den Lebenskampf einwirkt, nun einmal eine Grundlage des modernen Christentums. Und es besteht kein Zweifel, dass ein solcher Glaube subjektiv wirk-

sam ist, das heißt, dass diejenigen, die glauben, tatsächlich fühlen, es werde ihnen geholfen und sie würden gestärkt.

Aber es besteht doch auch kein Zweifel daran, dass einige Patienten der »christlichen« oder »mentalen Wissenschaftler«, der großen *Leugner*[15], bisweilen geheilt werden. Auch kann kein Zweifel bestehen, dass Hypnose, Suggestion, Psychologie und auch die Medialität solche Ergebnisse ebenso oft, wenn nicht noch häufiger hervorbringen. Bei einer solchen Schlussfolgerung wird lediglich auf die Erfolge gesehen und diese als Beweis betrachtet. Aber wie steht es mit den Misserfolgen, deren Zahl eine zehnmal größere ist? Es wird doch niemand behaupten wollen, dass Misserfolge unbekannt sind, selbst wenn der Glaube unter fanatischen Christen noch so blind sein sollte?

Aber wie können Sie jene Fälle erklären, die erfolgreich sind? Woher nimmt der Theosoph die Kraft, um seine Leidenschaften und seine Selbstsucht zu überwinden?

Aus seinem Höheren Selbst, dem göttlichen Geist, dem Gott in ihm, und aus seinem Karma. Es muss immer wieder wiederholt werden, dass man den Baum an seinen Früchten erkennt, die Art der Ursachen an ihren Wirkungen. Sie sprechen von Überwindung von Leidenschaften und davon, dass Gutes entstehen könne durch und mithilfe von Gott oder Christus. Wir fragen jedoch, wo findet man mehr tugendhafte, schuldlose Menschen, die sich der Sünde und des Verbrechens enthalten, im Christentum oder im Buddhismus, in christlichen oder in heidnischen Ländern? Es gibt statistische Erhebungen, die unsere Behauptungen beweisen. Betrachtet man die Angaben der letzten Volkszählung in Ceylon und Indien und die vergleichenden Statistiken der Straftaten, die von Christen, Moslems, Hindus, Eurasiern, Buddhisten etc. begangen wurden, dann kommt es bei einer Zufallserhebung von je 2 Millionen Einwohnern zu einer Proportion von 15 von Christen zu 4 von Buddhisten begangenen Straftaten. (Vgl. *Lucifer*, April 1888, S. 147). Jeder Orientalist, alle bedeutenden Historiker und

Reisenden in buddhistischen Ländern, von Bischof Bigandet und Abbé Huc bis zu Sir William Hunter und jedem unvoreingenommenen Amtsträger, sie alle werden die Palme der Tugenden den Buddhisten und nicht den Christen zusprechen. Und doch haben die ersteren weder einen Glauben an irgendeinen Gott noch an eine ihnen jenseits dieser Welt zuteilwerdende Belohnung. (Jedenfalls nicht die echte siamesisch-buddhistische Schule). Sie beten nicht, weder die Priester noch die Laien. »Beten«, so würden sie verwundert fragen, »zu wem oder zu was?«

Dann sind sie doch wirkliche Atheisten?

Ohne Zweifel; sie sind die tugendhaftesten Menschen auf der ganzen Welt. Der Buddhismus sagt: »Achte die Religionen anderer Menschen und bleibe deiner eigenen treu«; während die christliche Kirche alle Götter anderer Völker für Teufel erklärt und jeden Nicht-Christen zur ewigen Verdammnis verurteilt.

Tut nicht die buddhistische Priesterschaft dasselbe?

Niemals. Sie hält sich zu sehr an die weise Vorschrift im DHAMMAPADA, in der es heißt: »Wenn ein Mensch, ob gelehrt oder nicht, sich so erhaben fühlt, dass er andere verachtet, so ist er wie ein Blinder, der eine Kerze hält; selbst blind, leuchtet er anderen.«

Vom Ursprung der menschlichen Seele

Worauf führen Sie es also zurück, dass der Mensch mit Geist und Seele begabt ist? Woher kommen diese?

Von der Universalseele. Ganz bestimmt sind sie ihm nicht von einem *persönlichen* Gott verliehen. Woher kommt das feuchte Element in einer Qualle? Von dem Ozean, der sie umgibt, in dem sie lebt und atmet und ihr Dasein hat, und in den sie wieder zurückkehrt, wenn sie sich auflöst.

So lehnen Sie die Lehre ab, dass die Seele dem Menschen von Gott gegeben oder eingehaucht ist?

Wir müssen sie ablehnen. Die »Seele«, von der in der Genesis, Kap. 2, Vers. 7, gesprochen wird, ist, wie dort ausdrücklich dargelegt wird, die »lebendige Seele« oder *Nephesh* (die *vitale*, tierische Seele), mit der Gott (wir sagen die »Natur« und das *unveränderliche Gesetz*) den Menschen gleich jedem Tier ausstattet. Es ist keineswegs die denkende Seele oder der Verstand, am allerwenigsten ist sie der *unsterbliche Geist.*

Wir wollen es anders ausdrücken: Ist es Gott, der dem Menschen eine menschliche, vernünftige Seele und einen unsterblichen Geist verleiht?

So wie Sie die Frage formulieren, müssen wir neuerlich widersprechen. Da wir an keinen *persönlichen* Gott glauben, wie sollen wir dann glauben, dass er dem Menschen irgendetwas verleiht? Aber selbst, wenn wir nur um der Diskussion willen einräumen, dass es einen Gott gibt, der das Risiko auf sich nimmt, für jedes neugeborene Kind eine neue Seele zu erschaffen, so ist alles, was dazu zu sagen ist, dass man von einem solchen Gott kaum behaupten kann, dass er selbst mit Weisheit und Voraussicht begabt ist. Bestimmte andere Schwierigkeiten und die Unmöglichkeit, dies mit der Forderung zu vereinbaren, dass dieser Gott barmherzig, gerecht und allwissend sei, sind lauter tödliche Klippen, an denen dieses theologische Dogma täglich und stündlich zerschellt.

Was für Schwierigkeiten sind da gemeint?

Ich denke da an ein unwiderlegbares Argument, das ein singhalesischer buddhistischer Priester, ein berühmter Prediger, einem christlichen Missionar in meiner Gegenwart vorlegte, der keineswegs unwissend oder für eine öffentliche Diskussion, in der diese Frage aufgegriffen wurde, unvorbereitet gewesen wäre. Es war in der Nähe von Colombo, und der Missionar hatte den Priester

Megituwatte aufgefordert, ihm die Gründe anzugeben, warum die Heiden den christlichen Gott nicht anerkennen sollten. Nun, der Missionar blieb bei dieser denkwürdigen Diskussion, wie gewöhnlich, der Unterlegene.

Ich würde gerne den Grund dafür erfahren.

Der buddhistische Priester stellte dem Pater ganz einfach die Frage, ob sein Gott Moses die Gesetze gegeben habe, die nur die Menschen einzuhalten hätten, Gott selbst aber übertreten könne. Der Missionar leugnete das entrüstet. »Nun gut«, sagte sein Gegner. »Sie sagen, Gott mache bei dieser Regel keine Ausnahme, und es könne ohne seinen Willen keine Seele geboren werden. Nun verbietet Gott, unter anderem, den Ehebruch, und doch sagen Sie im gleichen Atemzug, dass er es ist, der jedes Kind erschafft und mit einer Seele beschenkt. Sollen wir es also so verstehen, dass Millionen von Kindern, die etwa durch Ehebruch geboren werden, das Werk eures Gottes sind? Dass euer Gott die Verletzung seiner Gesetze bestraft und doch *täglich und stündlich Seelen für derartige Kinder erschafft*? Nach der einfachsten Logik macht sich euer Gott zum Mitschuldigen bei solchen Verbrechen. Denn ohne seine Hilfe und seine Einmischung könnten diese Kinder der Wollust nicht geboren werden. Wo ist da die Gerechtigkeit, wenn nicht nur die schuldigen Eltern, sondern auch die unschuldigen Kinder bestraft werden für das, was durch gerade diesen Gott getan wird, den ihr allerdings selbst von jeder Schuld losspricht?« Der Missionar blickte auf seine Uhr und fand plötzlich, dass es zur Fortsetzung der Diskussion schon zu spät sei.

Sie vergessen, dass alle diese unerklärlichen Fälle Mysterien sind und die christliche Religion ihren Bekennern verbietet, in die Geheimnisse Gottes einzudringen.

Das soll durchaus nicht vergessen werden. Aber dennoch müssen solche Unmöglichkeiten verworfen werden. Auch verlangen wir nicht, dass jeder das glaubt, was wir glauben, und antworten ja nur auf die gestellten Fragen. Wir haben jedenfalls für Ihre »Mysterien« einen anderen Namen.

Die buddhistischen Lehren über die Seele

Was lehrt der Buddhismus über die Seele?

Die Antwort auf diese Frage hängt davon ab, ob Sie den exoterischen, volkstümlichen Buddhismus meinen oder seine esoterischen Lehren. Über ersteren findet sich im *Buddhistische Katechismus* folgende Erklärung: »Seele ist eine Bezeichnung, die von den Unwissenden benützt wird, um eine falsche Vorstellung auszudrücken. Wenn alles dem Wechsel unterworfen ist, dann gilt dies auch für den Menschen, und jeder materielle Teil in ihm muss sich verändern. Was der Veränderung unterworfen ist, ist nichts Bleibendes, und daher kann es für etwas Veränderliches kein Überleben zur Unsterblichkeit geben.« Dies erscheint klar und bestimmt. Wenn wir jedoch zu der Frage kommen, dass die neue Persönlichkeit in jeder Wiedergeburt die Ansammlung von *Skandhas* oder der Eigenschaften der *alten* Persönlichkeit ist, und dann fragen, ob diese neue Ansammlung von *Skandhas* ein *neues* Wesen ist, in dem nichts von dem Vorhergehenden übrig geblieben ist, dann lesen wir Folgendes: »In einem Sinne ist es ein neues Wesen, in einem anderen Sinne ist es das nicht. Auch während dieses Lebens verändern sich die Skandhas ständig. Während ein Mann mit vierzig Jahren – soweit es seine Persönlichkeit betrifft – mit dem Jüngling, der er mit achtzehn Jahren war, identisch ist, so ist er doch durch den beständigen Verschleiß und die Regeneration seines Körpers sowie durch die Veränderungen in seinem Denken und in seinem Charakter ein anderes Wesen. Trotzdem erntet der Mensch in seinem Alter gerechterweise die Belohnungen oder Leiden, die seine Gedanken und Handlungen in allen früheren Stadien seines Lebens verursacht haben. So ist das neue Wesen in einer Wiedergeburt zwar die *gleiche Individualität* (nicht die gleiche Persönlichkeit) wie in der vorhergehenden, sie hat nur eine veränderte Gestalt, eine neue Ansammlung von Skandhas, und sie erntet daher gerechterweise die Folgen ihrer Handlungen und Gedanken der vorhergegangenen Existenz.« Das ist eine etwas schwer verständliche Metaphysik, drückt aber keineswegs einen mangelnden Glauben an die Seele aus.

Wird nicht etwas Ähnliches in dem Buch Esotericher Buddhismus *angesprochen?*

Ja, denn diese Lehre gehört zu beiden; zum *esoterischen Budhismus*, der Geheimen Weisheit, und zum exoterischen Buddhismus, der Religionsphilosophie Gautama Buddhas.

Aber es wird doch ausdrücklich gesagt, dass die meisten Buddhisten nicht an die Unsterblichkeit der Seele glauben.

Ebenso wenig wie wir, wenn Sie unter Seele das *persönliche* Ego, die Lebens-Seele, das *Nephesh*, verstehen. Aber jeder gebildete Buddhist glaubt an das individuelle oder *göttliche* Ego. Jene, die es nicht tun, irren in diesem Punkt ebenso wie jene Christen, welche die theologischen Hinzufügungen der späteren Redaktoren der Evangelien über die Verdammnis und das Höllenfeuer fälschlich für wörtliche Äußerungen Jesu halten. Weder Buddha noch »Christus« schrieben selbst irgendetwas. Aber beide sprachen in Allegorien und machten »dunkle« Äußerungen, wie alle wahren Eingeweihten es immer getan haben und es noch für eine lange Zeit in der Zukunft tun werden. Beide Schriften behandeln solche metaphysischen Fragen sehr vorsichtig, und die Schriften, sowohl der Buddhisten als auch jene der Christen, versündigen sich durch dieses Übermaß an Exoterik. Die wörtliche Bedeutung der toten Buchstaben schießt in beiden Fällen weit über das Ziel hinaus.

Vertreten Sie also die Auffassung, dass weder die Lehren Buddhas noch jene Christi bisher richtig verstanden worden sind?

Genau das will ich sagen. Beide Evangelien, das buddhistische und das christliche, wurden um desselben Zieles willen gepredigt.

Beide Reformer waren glühende Philanthropen und praktische *Altruisten.* Sie *predigten unmissverständlich einen Sozialismus* der edelsten und höchsten Art, Selbstaufopferung bis zum bitteren Ende. »Mögen die Sünden der ganzen Welt auf mich fallen, damit ich das Elend und das Leiden der Menschen erleichtern kann«, ruft Buddha; »nimmer riefe mir vergebens einer, den ich retten kann«, ruft der Prinzen-Bettler aus, der in weggeworfene Lumpen der Begräbnisplätze gekleidet ist. »Kommt her zu mir alle, die ihr mühselig und beladen seid, ich will euch erquicken« (Matth. 11, Vers 28), lautet der Ruf an die Armen und Enterbten, der von dem »Schmerzensmann« ausgeht, der nichts hat, wohin er sein Haupt legen kann. Die Lehren beider sind grenzenlose Liebe zur Menschheit, Barmherzigkeit, Vergebung von Unrecht, Selbstvergessenheit und Mitgefühl für die betrogenen Massen. Beide zeigen die gleiche Verachtung für den Reichtum und machen keinen Unterschied zwischen Mein und Dein. Beide wollten, ohne die heiligen Mysterien der Einweihung zu enthüllen, den Unwissenden und Irregeleiteten, für die die Last des Lebens zu schwer war, Hoffnung und Andeutungen der Wahrheit geben, die ausreichten, um sie in ihren schwersten Stunden zu stärken. Aber die Absicht beider Reformer wurde durch den Übereifer ihrer späteren Nachfolger vereitelt. Die Worte der Meister wurden missverstanden und falsch ausgelegt, und die Folgen davon können wir heute sehen.

Buddha hat sicherlich auch die Unsterblichkeit der Seele abgelehnt, wenn alle Orientalisten und seine eigenen Priester dies sagen!

Die Arhats begannen dem Werk ihres Meisters zu folgen, aber die Mehrheit der später folgenden Priester war nicht eingeweiht, genau wie im Christentum. So kam es, dass die großen esoterischen Wahrheiten langsam fast verloren gingen. Ein Beweis dafür sind die zwei siamesischen Schulen in Ceylon. Eine davon glaubt, dass der Tod die völlige Vernichtung der Individualität und der Persönlichkeit ist, während die andere Nirvana so erklärt, wie wir Theosophen es tun.

Warum stellen Buddhismus und Christentum in diesem Fall zwei entgegengesetzte Pole solchen Glaubens dar?

Weil die Bedingungen, unter denen sie gepredigt wurden, nicht die gleichen waren. In Indien hatten die Brahmanen, eifersüchtig auf ihr höheres Wissen, alle anderen Kasten davon ausgeschlossen und Millionen Menschen zum Götzendienst, ja nahezu zum Fetischismus getrieben. Buddha musste einem Übermaß von ungesunder Fantasie und fanatischem, aus Unwissenheit entstandenem Aberglauben, wie er vor- und nachher kaum je existierte, den Todesstoß versetzen. Besser ein philosophischer Atheismus als eine solch unwissende Anbetung jener, »die zu ihren Göttern flehen, ungehört und unbeachtet«, und die in geistiger Verzweiflung leben und sterben. Er musste vor allem zuerst dieser Überfülle von Aberglauben Einhalt gebieten und die Irrtümer ausrotten, ehe er die Wahrheit verkündete. Und da er nicht alle Wahrheiten preisgeben konnte, aus denselben guten Gründen wie Jesus, der seine Jünger daran erinnerte, dass die Geheimnisse des Himmelreiches nur für die Auserwählten sind und nicht für die unintelligenten Massen, und der zu ihnen darum in »Gleichnissen« (Matth. 13, 3, 11) sprach, so verleitete die Vorsicht Buddha dazu, *zu viel zu verbergen.* Er lehnte es sogar ab, dem Mönch Vacchagotta die Frage zu beantworten, ob es im Menschen ein Ego gebe oder nicht. Zur Antwort gedrängt, »hüllte sich der Erhabene in Schweigen«.[16]

Das bezieht sich auf Gautama, aber in welcher Weise berührt es die Evangelien?

Lesen Sie die Geschichte und denken Sie darüber nach. Zu der Zeit, in der sich die in den Evangelien erzählten Ereignisse zugetragen haben sollen, vollzog sich in der ganzen zivilisierten Welt eine intellektuelle Gärung, nur hatte sie im Osten und im Westen gegensätzliche Auswirkungen. Die alten Götter starben aus. Während die gebildeten Klassen im Gefolge der ungläubigen Sadduzäer in materialistischen Verneinungen und in Palästina in einem bloßen mosaischen Formalismus der toten Buchstaben dahintrieben, in Rom aber zur moralischen Auflösung steuerten, liefen die niedrigeren und ärmeren Klassen der Zauberei und fremden Göttern nach – oder sie wurden Heuchler. Es war wieder einmal die Zeit für eine spirituelle Erneuerung gekommen. Der grausame anthropomorphe und eifersüchtige Gott der Juden mit seinen mörderischen Gesetzen »Auge um Auge und Zahn um Zahn«, mit seinen Blut- und Tieropfern musste auf einen minderen Platz verwiesen und durch den barmherzigen »Vater im Verborgenen« ersetzt werden. Es musste gezeigt werden, dass der letztere kein außerkosmischer Gott ist, sondern ein göttlicher Erlöser des irdischen Menschen, den alle, Reiche und Arme, im eigenen Herzen, in der eigenen Seele tragen. Weder hier noch in Indien konnten die Geheimnisse der Einweihung preisgegeben werden, wenn man nicht das Heiligste den Hunden geben und die Perlen vor die Säue werfen wollte, denn beide, der *Offenbarer* und das *Offenbarte*, wären mit Füßen getreten worden. Ob Jesus nun in der ihm zugeschriebenen historischen Zeit lebte oder nicht, er nahm jedenfalls davon Abstand, die Geheimnisse von Leben und Tod öffentlich preiszugeben. Das Schweigen beider aber, sowohl Buddhas als auch Jesu, führten im einen Fall zur glatten Verneinung im Südlichen Buddhismus, und im anderen Fall zu den drei einander widerstreitenden Formen der christlichen Kirche und zu den dreihundert Sekten, die es allein im protestantischen England gibt.

VI

Die theosophischen Lehren über die Natur und den Menschen

Die Einheit von Allem

Sie haben mir nun gesagt, was Gott, die Seele und der Mensch Ihrer Ansicht nach nicht sind; können Sie mir erklären, was sie Ihren Lehren nach sind?

In ihrem Ursprung und in Ewigkeit sind diese drei, gleich dem ganzen Universum und allem, was in ihm ist, eins mit der absoluten Einheit, dem unerkennbaren göttlichen Sein, von dem ich früher sprach. Wir glauben nicht an eine *Schöpfung*, sondern an ein periodisches, aufeinanderfolgendes Erscheinen des Universums aus der subjektiven Ebene auf die objektive Ebene des Seins. Dies geschieht in regelmäßigen Zeitabständen, die jedoch Perioden von ungeheuerer Dauer umfassen.

Können Sie das näher erklären?

Nehmen wir als Vergleich und Hilfe für ein besseres Verständnis das Sonnenjahr und als zweites die beiden Hälften dieses Jahres, die am Nordpol einen Tag und eine Nacht von je sechs Monaten Dauer erzeugen. Nun stellen Sie sich, wenn Sie das können, anstatt eines Sonnenjahres von 365 Tagen die Ewigkeit vor. Lassen Sie die Sonne das Universum darstellen und lassen Sie die sechs Monate dauernden *polaren Tage und Nächte anstatt je 182 Tagen 182 Trillionen oder Quadrillionen von Jahren währen.* So wie die Sonne sich jeden Morgen aus ihrem (für uns) *subjektiven* antipodischen Raum über unseren *objektiven* Horizont erhebt, so taucht das Universum periodisch auf der Ebene der Objektivität auf, hervorkommend aus der Ebene der Subjektivität, der Antipode der ersteren. Dies ist der »Zyklus des Lebens«. Und so, wie die Sonne von unserem Horizont verschwindet, so verschwindet in regelmäßigen Zeitabschnitten das Universum, wenn die »universale Nacht« hereinbricht. Die Hindus nennen diesen Wechsel die »Tage und Nächte Brahmas« oder die Zeit eines *Manvantaras* und eines *Pralayas* (der Auflösung). Der westliche Mensch mag sie, wenn er dies vorzieht, universale Tage und Nächte nennen. Während der letzteren (der Nächte) ist *alles in Allem*; jedes Atom ist in einer Homogenität aufgegangen.

Evolution und Illusion

Aber wer ist es, der jedes Mal das Universum erschafft?

Niemand erschafft es. Die Wissenschaft würde den Vorgang Evolution nennen; die vorchristlichen Philosophen und die Orientalisten nannten ihn Emanation. Wir, die Okkultisten und Theosophen, sehen in ihm die einzige universale und ewige Realität, die eine periodische Widerspiegelung ihrer selbst auf die unendlichen Tiefen des Raumes wirft. Diese Spiegelung, die Sie das objektive *materielle* Universum nennen, betrachten wir als eine vorübergehende *Illusion* und nicht mehr. Nur das, was ewig ist, ist *wirklich.*

Wenn man es so betrachtet, sind auch Sie und ich Illusionen.

Als flüchtige Persönlichkeiten, heute diese, morgen jene Person, sind wir es auch. Würden Sie die plötzlichen Leuchterscheinungen der *aurora borealis*, des Nordlichtes, »Wirklichkeit« nennen, wenn sie auch, während Sie sie betrachten, durchaus wirklich sind? Sicherlich nicht! Die Ursache, welche sie hervorbringt, ist bleibend und ewig, sie ist die einzige Wirklichkeit, alles andere ist nur eine vorübergehende Illusion.

Das alles erklärt für mich aber noch nicht, wie diese Illusion, genannt Universum, entsteht. Wie geht es vor sich, dass das Bewusste, das werden soll, sich aus dem Unbewussten, das ist, manifestiert?

Es ist das *Unbewusste* nur für unser begrenztes Bewusstsein. Wir könnten hier Johannes 1, 5 abwandeln und sagen: »Und das (absolute) Licht (welches Dunkelheit ist), scheint in der Dunkelheit (welche das illusionäre materielle Licht ist), und die Dunkelheit begreift es nicht.« Dieses absolute Licht ist zugleich absolutes und unabänderliches Gesetz. Ob es nun durch Ausstrahlung oder durch Emanation geschieht, – wir brauchen nicht um Worte streiten –, das Universum, so wird uns gelehrt, geht aus seiner homogenen Subjektivität auf die erste der sieben Ebenen der Manifestation über. Mit jeder Ebene wird es dichter und materieller, bis es unsere Ebene erreicht, auf welcher sich die einzige Welt befindet, die von der Naturwissenschaft annähernd gekannt und in ihrer physikalischen Beschaffenheit verstanden wird, unser Sonnen- und Planetensystem – ein System *sui generis*, wie uns gelehrt wird.

Was verstehen Sie unter sui generis?

Wenn auch das fundamentale Gesetz und das allgemeine Wirken der Naturgesetze einheitlich sind, so hat doch unser Sonnensystem (wie jedes andere der Millionen solcher Systeme im Kosmos), ja selbst unsere Erde ein eigenes Manifestationsprogramm, das sich von allen anderen unterscheidet. Wir sprechen von Bewohnern anderer Planeten und stellen uns vor, wenn sie *Menschen* sind, also denkende Wesen, müssten sie uns gleichen. Die Fantasie der Dichter, Maler und Bildhauer verfehlt es nie, selbst die Engel als schöne Abbilder des Menschen darzustellen, *zuzüglich* der Flügel. Wir sagen, dass all dies ein Irrtum und eine Täuschung ist; denn wenn schon auf unserer kleinen Erde eine solche Vielfalt in ihrer Flora, ihrer Fauna und ihren Menschen zu finden ist, vom Seetang bis zur Zeder des Libanon, von der Qualle bis zum Elefanten etc., dann muss das Ergebnis bei einer Veränderung der kosmischen und planetarischen Bedingungen eine vollkommen verschiedene Flora, Fauna und Menschheit sein. Die gleichen Gesetze werden selbst auf unserer Ebene, die alle Planeten einschließt, eine ganz verschiedene Reihe von Dingen und Wesenheiten hervorbringen. Um wie viel verschiedener muss dann erst die äußere Natur in anderen Sonnensystemen beschaffen sein und wie töricht ist es, über andere Sterne, Welten und die menschlichen Wesen auf ihnen nach unseren eigenen Verhältnissen zu urteilen, wie es die Naturwissenschaft tut.

Aber was sind Ihre Beweise für diese Behauptung?

Etwas, was die Naturwissenschaft im Allgemeinen niemals als Beweis anerkennen wird, nämlich die angesammelten Zeugnisse einer endlosen Reihe von Sehern, welche diese Tatsache bestätigt haben. Ihre spirituellen Visionen, tatsächlichen Forschungen und Untersuchungen mit und durch physische und spirituelle Sinnesorgane (unbehindert durch das blinde Fleisch) wurden systematisch überprüft, miteinander verglichen und ihrer Natur nach gesichtet. Alles, was nicht durch übereinstimmende gemeinsame Erfahrung bekräftigt werden konnte, wurde verworfen, während nur das, was in verschiedenen Zeitaltern und verschiedenen Landstrichen durch eine zahllose Reihe unablässiger Beobachtungen für übereinstimmend befunden wurde und ständig weitere Bekräftigung erhielt, wurde als gesicherte Wahrheit aufgezeichnet. Wie Sie sehen, unterscheiden sich die Methoden unserer Gelehrten und Forscher auf dem Gebiet der psychisch-spirituellen Wissenschaften nicht von jenen der Forscher auf dem Gebiet der Naturwissenschaft. Nur befinden sich unsere Forschungsgebiete auf zwei verschiedenen Ebenen, und unsere Instrumente sind nicht von Menschenhand gemacht, aber darum sind sie vielleicht umso verlässlicher. Die Retorten, Mikroskope und Akkumulatoren der Chemiker und Physiker können außer Funktion geraten, die Teleskope und Zeitmessungsapparate der Astronomen können zerstört werden, unsere Aufzeichnungsinstrumente befinden sich außerhalb des Einflusses von Wetter und Elementen.

Und deshalb haben Sie einen vorbehaltlosen Glauben an Sie?

Glauben ist ein Wort, das in theosophischen Wörterbüchern nicht zu finden ist. Wir nennen es *Wissen, das auf Beobachtung und Erfahrung gegründet ist.* Darin liegt der Unterschied. Während jedoch Beobachtung und Erfahrung der physischen Wissenschaft die Forscher zu ebenso vielen Arbeitshypnosen führt, als es Denker gibt sie zu entwickeln, werden unserem *Wissen* nur jene Tatsachen hinzugefügt, die unwiderlegbar geworden und absolut bewiesen sind. Bei uns gibt es keine zwei Glaubenssätze oder Hypothesen über denselben Gegenstand.

Beruhen die fremdartigen Theorien, die wir im Esoterischen Buddhismus *finden, auch auf solchen Annahmen?*

Dem ist so. Diese Theorien mögen etwas ungenau in ihren untergeordneten Einzelheiten sein und sogar fehlerhaft in ihrer Darstellung durch Laienschüler, sie beruhen aber auf Tatsachen in der Natur und kommen der Wahrheit näher als irgendeine wissenschaftliche Hypothese.

Über den siebenfältigen Aufbau unseres Planeten

Soweit ich verstehe, beschreiben Sie die Erde als einen Teil einer Kette von Erden?

So ist es. Aber die anderen sechs »Erden« oder Globen befinden sich nicht auf derselben Ebene der Objektivität wie unsere Erde, daher können wir sie nicht sehen.

Ist das wegen der großen Entfernung?

Durchaus nicht, da wir Planeten und selbst Sterne, die sich in unermessbar größerer Entfernung befinden, mit bloßem Auge sehen. Diese sechs Globen befinden sich außerhalb unserer physischen

Wahrnehmungsmöglichkeiten, außerhalb unserer Daseinsebene. Nicht nur ist ihre materielle Dichtigkeit, ihr Gewicht, ihr Gefüge vollkommen verschieden von dem auf unserer Erde und den anderen bekannten Planeten, sie befinden sich vielmehr (für uns) sozusagen in einer vollkommen verschiedenen *Schicht* des Raumes, einer Schicht, die mit unseren physischen Sinnen weder wahrgenommen noch gefühlt werden kann. Wenn ich »Schicht« sage, dann sollten Sie sich aber nicht Schichten vorstellen, die wie geologische Schichten übereinanderliegen, denn das würde Sie nur zu einem weiteren absurden Missverständnis führen. Was ich unter »Schicht« verstehe, ist jene Ebene des unendlichen Raumes, welche ihrer Natur nach nicht in unsere gewöhnliche Wahrnehmung im Wachzustand gelangen kann, weder mental noch physisch. Sie existiert in der Natur außerhalb unserer normalen Denkvorstellungen, außerhalb unseres Bewusstseins, außerhalb unseres dreidimensionalen Raumes und außerhalb unserer Zeiteinteilung. Jede der sieben fundamentalen Ebenen (Schichten) im Raum – der Raum natürlich als Ganzes betrachtet, wie der reine Raum in der Definition von Locke, nicht wie unser begrenzter Raum – hat ihre eigene Objektivität und Subjektivität, ihren eigenen Raum und ihre eigene Zeit, ihr eigenes Bewusstsein und ihre eigenen Sinneswahrnehmungen. Aber all das wird für denjenigen, der in der modernen Denkweise geschult ist, kaum verständlich sein.

Was meinen Sie mit Sinneswahrnehmungen? Gibt es irgendetwas auf der menschlichen Ebene, das Sie als Beispiel anführen könnten, nur um eine klarere Vorstellung zu geben, was Sie mit dieser Vielfalt von Räumen, Sinneswahrnehmungen und weiteren Wahrnehmungen meinen?

Nein, außer vielleicht das Folgende, das aber für die Naturwissenschaft eine willkommene Handhabe bieten könnte, um daraus ein Gegenargument zu machen. Wir haben eine andere Art von Sinneswahrnehmungen im Traumleben, nicht wahr? Wir fühlen, sprechen, hören, sehen, schmecken und betätigen uns allgemein auf einer anderen Ebene. Der Wechsel des Zustandes unseres Bewusstseins wird durch die Tatsache bewiesen, dass eine Reihe von Handlungen und Ereignissen, die, wie wir glauben, Jahre umfassen, in Wirklichkeit unser Denken in einem einzigen Augenblick durchlaufen. Diese extreme Geschwindigkeit unserer Denkvorgänge in Träumen und die vollkommene Natürlichkeit aller anderen Funktionen während dieser Zeit zeigen uns, dass wir uns auf einer gänzlich anderen Ebene befinden. Unsere Philosophie lehrt, dass es, da es sieben Grundkräfte und sieben Daseinsebenen in der Natur gibt, deshalb auch sieben Bewusstseinszustände gibt, in denen der Mensch leben, denken, sich erinnern und sein Dasein haben kann. Diese hier aufzuzählen, ist unmöglich, dazu muss man sich dem Studium der östlichen Metaphysik zuwenden. Aber in den erwähnten beiden Zuständen, im Zustand des Wachens und im Zustand des Träumens, hat jeder gewöhnliche Sterbliche, vom gelehrten Philosophen bis zum einfachsten Menschen, einen guten Beweis dafür, dass es solche Zustände gibt, die sich voneinander unterscheiden.

Sie nehmen also die bekannten Darlegungen der Biologie und Physiologie zur Erklärung des Traumzustandes nicht an?

Nein. Wir lehnen auch die Hypothesen der Psychologen ab. Wir ziehen die Lehren der östlichen Weisheit vor. Wir glauben, was das Universum, d. h. den Makrokosmos betrifft, an sieben Ebenen des kosmischen Seins und an sieben Bewusstseinszustände. Wir halten jedoch auf der vierten Ebene an, da wir es als unmöglich erachten, mit irgendeinem Grad von Gewissheit darüber hinauszugehen. Soweit es aber den Mikrokosmos, den Menschen, betrifft, stellen wir unbedenklich über alle seine sieben Zustände und Prinzipien Betrachtungen an.

Und wie erklären Sie diese?

Wir finden vor allem zwei verschiedene Wesen im Menschen, den spirituellen und den physischen Menschen, den Menschen, der denkt, und den Menschen, der so viel von diesen Gedanken aufzeichnet, als er fähig ist aufzunehmen. Wir teilen den Menschen daher in zwei voneinander verschiedene Naturen: Die höhere oder spirituelle Wesenheit, die sich aus drei »Prinzipien« oder *Aspekten* zusammensetzt, und die niedere oder physische Vierheit, die aus *vier* Prinzipien zusammengesetzt ist – alles in allem sind es also *sieben*.

Die siebenfältige Natur des Menschen

Ist es das, was wir Geist, Seele und Körper nennen?

Nein. Das ist die alte platonische Einteilung. Platon war ein Eingeweihter und durfte daher nicht in verbotene Einzelheiten gehen. Aber wer mit der archaischen Lehre vertraut ist, der findet die sieben Prinzipien in den verschiedenen Verbindungen von Seele und Geist, die Platon beschreibt. Er vertrat die Auffassung, dass der Mensch aus zwei Teilen besteht, einem ewigen, der aus derselben Essenz gebildet ist wie die Absolutheit, und aus einem sterblichen, vergänglichen, der seine Bestandteile von den untergeordneten »geschaffenen« Göttern ableitet. Er zeigte, dass der Mensch aus 1. einem sterblichen Körper, 2. einem unsterblichen Prinzip und 3. einer »gesonderten sterblichen Art von Seele« zusammengesetzt ist. Dies ist das, was wir den physischen Menschen, die spirituelle Seele oder den Geist und die Tierseele (Nous und Psyche) nennen. Es ist dies die Einteilung, die auch von Paulus, einem anderen Eingeweihten, angewandt wurde, der die Auffassung vertrat, dass es einen psychischen Körper gibt, der im vergänglichen Bereich ist (Astralseele oder Astralkörper), und einen spirituellen Körper, der aus unvergänglicher Substanz aufgebaut ist. Auch Jakobus bestätigt diese Auffassung (3,15), wenn er von einer Weisheit spricht, die nicht von oben herabkommt, sondern irdisch ist (»psychisch«, »dämonisch«, man vergleiche den griechischen Text), im Gegensatz zur himmlischen Weisheit. Vergleichen wir unsere Lehre mit der ihren, so wird klar, dass, obwohl Platon und auch Pythagoras von »drei Prinzipien« sprechen, sie diesen in ihren verschiedenen Verbindungen doch sieben gesonderte Funktionen zuschreiben.

Wir wollen in zwei Tabellen einen kurzen Überblick über diese sieben Aspekte geben.

THEOSOPHISCHE EINTEILUNG

Niedere Vierheit

Sanskrit Bezeichnungen	**Exoterische Bedeutungen**	**Erläuterung**
a) Rupa oder Sthula-Sharira	a) Physischer Körper	a) Ist das Gefäß für alle anderen »Prinzipien« während des Lebens.
b) Prana	b) Leben oder Vitalprinzip	b) Notwendig nur für a, c, d und die Funktionen des niederen Manas, die alle jene einschließen, die auf das (physikalische) Gehirn beschränkt sind.
c) Linga Sharira	c) Astralkörper	c) Das ätherische Doppel des physischen Körpers.[17]
d) Kamarupa	d) Sitz der tierischen Wünsche und Empfindungen	d) Dies ist der Mittelpunkt des tierischen Menschen. Hier liegt die Grenzlinie, welche den sterblichen Menschen von der unsterblichen Wesenheit scheidet.

Höhere unvergängliche Dreiheit

e) Manas, ein in seiner Funktion zweifältiges Prinzip	e) Verstand und Vernunft; das ist der höhere menschliche Verstand, dessen Licht oder Ausstrahlung die Monade während der Lebenszeit mit dem sterblichen Menschen verbindet.	e) Der zukünftige Zustand und die karmische Bestimmung des Menschen hängen davon ab, ob Manas mehr nach unten zum Kamarupa, dem Sitz der tierischen Empfindungen, hinstrebt, oder aufwärts zu Buddhi, dem spirituellen Ego. In letzterem Fall gleicht sich das höhere Bewusstsein der individuellen spirituellen Bestrebungen des Verstandes (Manas) Buddhi an, wird von ihm absorbiert und bildet das Ego, welches in die Seligkeit des Devachan eingeht.[18]
f) Buddhi	f) Spirituelle Seele	f) Träger des reinen universalen Geistes.
g) Atma	g) Geist	g) Eins mit dem Absoluten als dessen Ausstrahlung.

Was lehrt Platon? Er spricht davon, dass der *innere* Mensch aus zwei Teilen besteht, einem unveränderlichen, der immer gleich bleibt und aus der gleichen *Substanz* wie die Gottheit geformt ist, und einem sterblichen und vergänglichen (Timaios 31, 69c). Diese »zwei Teile« finden sich in unserer höheren *Dreiheit* und niederen *Vierheit* (siehe Tabelle). Platon erklärt weiter: Wenn die Seele (Psyche) »sich mit Nous (dem göttlichen Geist, der göttlichen Substanz)[19] verbindet, dann vollbringt sie alles richtig und glücklich«;

wenn sie sich aber an Anoia (Torheit oder die unvernünftige Tierseele) heftet, ist das Gegenteil der Fall. Hier finden wir also Manas (die Seele im Allgemeinen) in seinen zwei Aspekten. Wenn es sich an Anoia (Kamarupa, die »Tierseele«) heftet, geht es, soweit es das persönliche Ego anbelangt, völliger Vernichtung entgegen; wenn es sich aber mit dem Nous (Atma-Buddhi) verbindet, verschmilzt es mit dem, unvergänglichen Ego, und dann wird sein spirituelles Bewusstsein des einst Persönlichen unsterblich.

Der Unterschied zwischen Seele und Geist

Lehren Sie wirklich, wie von einigen Spiritisten behauptet wird, die Vernichtung jeder Persönlichkeit?

Das tun wir nicht. Aber da die Frage der Dualität – *die Individualität* des göttlichen Egos und die *Persönlichkeit* des menschlichen Tieres – das mögliche Erscheinen des wirklichen unsterblichen Egos als »materialisierter Geist« im Seance-Raum berührt, was wir aber, wie bereits erklärt, verneinen, haben unsere Gegner diesen unsinnigen Vorwurf vorgebracht.

Sie haben soeben davon gesprochen, dass die Psyche einer vollkommenen Vernichtung entgegengeht, wenn sie sich mit Anoia verbindet. Was meinte Platon, und was meinen Sie damit?

Die *vollständige* Vernichtung des persönlichen Bewusstseins als seltenen Ausnahmefall. Die allgemeine und nahezu ausnahmslose Regel ist jedoch, dass das persönliche Bewusstsein mit dem individuellen unsterblichen Bewusstsein des Egos verschmilzt. Es ist dies eine Transformation oder göttliche Verklärung, und gänzlich vernichtet wird nur die niedere *Vierheit.* Oder würden Sie erwarten, dass der menschliche Leib oder die *zeitgebundene Persönlichkeit,* sein Schatten, das »Astral«, seine tierischen Instinkte und selbst sein physisches Leben mit dem »geistigen Ego« weiterleben und so unsterblich werden sollten? Natürlich hört all dies entweder beim Tode oder kurz danach zu existieren auf. Es löst sich mit der Zeit gänzlich auf, verschwindet aus dem Blickfeld und wird als Ganzes aufgelöst.

Dann lehnen Sie also die Auferstehung des Fleisches ab?

Das tun wir entschieden. Weshalb sollten wir, die wir an die altehrwürdige archaische esoterische Philosophie glauben, die unphilosophischen Spekulationen der späteren christlichen Theologie akzeptieren, die von den ägyptischen und griechischen-exoterischen Lehrsystemen der Gnostiker entlehnt wurden?

Die Ägypter verehrten Naturgeister und vergöttlichten sogar die Zwiebel. Hindus sind bis zum heutigen Tag Götzenanbeter. Die Anhänger Zarathustras verehrten die Sonne und tun es auch heute; die besten griechischen Philosophen waren entweder Träumer oder Materialisten, ein Beweis dafür sind Platon und Demokrit. Wie können sie dies vergleichen?

Das mag in Ihrem modernen christlichen und sogar wissenschaftlichen Katechismus so stehen, es ist aber nicht so für vorurteilslose Geister. Die Ägypter verehrten den »Einen, Alleinigen« als Nut, und von diesem Wort leitete Anaxagoras seine Bezeichnung Nous ab oder, wie er es nennt, den *Nous autokrates*, den »Geist oder den selbstschöpferischen Geist«, die führende Antriebskraft, das *primum-mobile* von allem. Für ihn war der *Nous* Gott, und der *Logos*, seine Emanation, war der Mensch. Der *Nous* ist der Geist (sei es im Kosmos oder im Menschen), und der *Logos*, sei es das Universum oder der Astralkörper, ist die Emanation des ersteren, der physische Körper ist nur das Tier. Unsere äußeren Kräfte nehmen nur *Phänomene* wahr; unser *Nous* allein ist fähig, ihr *Noumenon* zu erkennen. Es ist der Logos oder das Noumenon allein, was überlebt, denn dies ist seiner Natur und seinem Wesen nach unsterblich, und der *Logos* im Menschen ist das *ewige Ego*, das reinkarniert und unvergänglich ist. Wie könnte der vergängliche äußere Schatten, die zeitliche Hülle jener göttlichen Emanation, die zu der Quelle zurückkehrt, aus der sie hervorgegangen ist, das sein, was »*auferweckt wird in Unverweslichkeit*«?

Sie können aber doch kaum dem Vorwurf ausweichen, eine neue Einteilung der spirituellen und psychischen Wesensbestandteile des Menschen erfunden zu haben, denn es gibt keinen Philosophen, der davon in dieser Weise lehrte, obwohl Sie der Meinung sind, dass Platon dies tat.

Nicht nur Platon, auch Pythagoras folgte dem gleichen Gedankengang.[20] Er beschrieb die *Seele* als eine sich selbst bewegende Einheit (*Monade*), die aus drei Elementen zusammengesetzt ist: *Nous* (Geist), *Phren* (Verstand) und *Thumos* (Leben, Atem, oder dem *Nephesh* der Kabbalisten), Diogenes Laertios, Leben, 8, 1, 30. Diese drei entsprechen unserem *Atma-Buddhi* (höhere Geistseele), *Manas* (dem Ego) und dem *Kamarupa* in Verbindung mit der *niederen* Spiegelung von Manas. Das, was die alten griechischen Philosophen im Allgemeinen Seele nannten, nennen wir Geist oder *spirituelle Seele*, *Buddhi*, als Träger von Atma (das *Agathon*, Platons höchste Gottheit). Die Tatsache, dass Pythagoras und andere sagen, dass *Phren* und *Thumos* von uns mit den Tieren geteilt werden, beweist, dass in diesem Fall die *niedere* manasische Spiegelung (der Instinkt) und *Kamarupa* (die Empfindungen des tierischen Lebens) gemeint sind. Und wenn wir so wie Sokrates und Platon diesen Fingerzeig annehmen und diesen fünf, nämlich dem *Agathon* (der Gottheit, Atma), der *Psyche* (der Seele in ihrem kollektiven Sinn), dem *Nous* (Geist oder Vernunft), *Phren* (irdischer Verstand) und *Thumos* (Kamarupa oder Leidenschaften), das *Eidolon* der Mysterien (die Schattenform, den »Doppelgänger« des Menschen) und den *physischen Körper* hinzufügen, dann ist es leicht zu beweisen, dass die Vorstellungen sowohl von Pythagoras als auch jene von Platon mit den unseren identisch sind. Auch die Ägypter hatten eine siebenfältige Einteilung. Sie lehrten, dass die Seele (das Ego) während des Sterbens durch ihre sieben Kammern oder Prinzipien zu schreiten habe, durch jene, die sie zurückließ, und durch jene, die sie mit sich nahm. Der Unterschied ist nur, dass die alten Philosophen, da sie nie vergaßen, dass die Enthüllung von Mysterienlehren mit dem Tode bestraft wurde, ihre Lehren nur in groben Umrissen erklärten, während wir sie im Einzelnen ausarbeiten und erklären. Aber wenn wir auch alles, was zulässig ist, der Welt bekanntgeben, so werden auch in unserer Lehre viele wichtige Einzelheiten zurückgehalten, welche nur jene *berechtigt sind zu empfangen*, die die esoterische Philosophie studieren und sich zum Schweigen verpflichtet haben.

Die Lehren der Griechen

Wir haben doch großartige Gelehrte auf dem Gebiet des Griechischen und Lateinischen, des Sanskrit und des Hebräischen. Wie kommt es, dass wir in ihren Übersetzungen nichts finden, was uns einen Hinweis auf das geben könnte, was Sie sagen?

Weil die Übersetzer trotz ihrer großen Gelehrtheit aus den Philosophen, insbesondere aus den griechischen, nebelhaft verschwommene anstatt mystische Schriftsteller gemacht haben. Nehmen Sie als Beispiel Plutarch und lesen Sie, was er über die »Prinzipien« des Menschen schreibt. Was er beschreibt, wurde wörtlich aufgenommen und metaphysischem Aberglauben und Unwissen zugeschrieben. Ein Beispiel: Plutarch sagt: »*Der Mensch ist zusammengesetzt; und diejenigen irren sich, die glauben, dass er nur aus zwei Teilen zusammengesetzt ist.* Denn sie glauben, dass der Verstand (der Gehirnverstand) ein Teil der Seele ist (der höheren Triade), aber darin irren sie nicht weniger als jene, die die Seele zu einem Teil des Körpers machen (das sind jene, welche aus der Triade einen Teil der vergänglichen, sterblichen Vierheit machen). Denn die Intelligenz (Nous) geht ebenso weit über die Seele hinaus, als die Seele besser und göttlicher ist als der Körper. Diese Verbindung der Seele (Psyche) mit dem Verstand (Nous) schafft die Vernunft; die Verbindung der Seele mit dem Körper (oder Thumos, die Tierseele) schafft die Leidenschaften. Das eine dieser beiden ist der Ursprung oder das Prinzip von Freude und Schmerz, das andere von Tugend und Laster. Von diesen drei miteinander verbundenen und fest zusammengefügten Teilen hat die Erde zur Entwicklung der Menschen den Körper gegeben, der Mond die Seele und die Sonne die Intelligenz.«

Dieser letzte Satz ist rein allegorisch und wird nur von jenen verstanden, die in der esoterischen Wissenschaft der Entsprechungen bewandert sind und wissen, *welche Planeten mit den einzelnen Prinzipien in Beziehung stehen.* Plutarch teilt die letzteren in drei Gruppen und macht aus dem Körper ein zusammengesetztes Gebilde, das aus einem physischen Gerüst, einem astralen Schatten und dem Atem besteht, jenem dreifältigen niederen Teil, der »von der Erde genommen ist und zur Erde zurückkehrt«. Aus dem mittleren Prinzip und der instinktiven Seele macht er den zweiten Teil, der *von* und *aus* dem Mond[21] stammt und immer von diesem beeinflusst wird. Nur aus dem höheren Teil, der *spirituellen* Seele mit den atmischen und manasischen Elementen in ihr, macht er eine direkte Emanation der Sonne, die hier für das Agathon oder die höchste Gottheit steht. Dies wird durch folgende Stelle erhärtet:

> »Von den Toden, die wir erleiden, macht der eine den Menschen aus dreien zu zweien und der andere aus zweien zu einem. Der erste vollzieht sich in der Region unter der Herrschaft der Demeter; daher der Name, der den Mysterien gegeben ist – *telein* – jenem ähnlich, der dem Tode gegeben ist – *teleutan.* Auch haben die Athener ehedem gesagt, dass die Verstorbenen der Demeter heilig sind. Der andere Tod vollzieht sich im Mond, in der Region der Persephone.«

Hier haben Sie unsere Lehre, die zeigt, dass der Mensch während seines Lebens eine Siebenheit ist, nach dem Tode im Kamaloka eine Fünfheit und dann im Devachan ein dreifaches Ego: Geist, Seele und Bewusstsein. Diese Trennung, zuerst auf den »Gefilden des Hades«, wie Plutarch Kamaloka nennt, und dann im Devachan, war ein Teil der Darstellungen während der heiligen Mysterien, in denen die Kandidaten für die Einweihung das ganze Drama vom Tode und von der Auferstehung als verherrlichter Geist (mit dieser Bezeichnung meinen wir das *Bewusstsein*) aufführten. Das ist es, was Plutarch meint, wenn er sagt:

> »Und so wie beim irdischen weilt Hermes beim himmlischen Teil. Dieser reißt die Seele plötzlich mit Gewalt vom Körper, aber Proserpina löst mild und allmählich während einer langen Zeit den Verstand von der Seele.[22] Aus diesem Grund wird sie *Monogenes, alleingeboren* oder richtiger *einen alleingebärend*, genannt; denn der *bessere Teil des Menschen bleibt allein, wenn er durch sie getrennt wird*. Sowohl das eine wie das andere geschieht somit entsprechend der Natur. Es ist vom Schicksal (Fatum oder Karma) bestimmt, dass jede Seele, mit oder ohne Vernunft (Nous), sobald sie den Körper verlassen hat, eine Weile in der Region, die zwischen Erde und Mond liegt (Kamaloka), wandern soll, wenn auch nicht in jedem Falle gleich lange.[23] Denn jene, die ungerecht und zügellos gewesen sind, erleiden dann die Strafe für ihre Verfehlungen; die Guten und Tugendhaften aber werden dort zurückgehalten, bis sie geläutert sind und durch Sühneopfer alles Gift ausgestoßen haben, das sie durch die Ansteckung des Körpers aufgenommen haben mögen, ähnlich wie bei einer Krankheit. Diese letzteren leben aber im mildesten Teil des Luftelementes, genannt die Gefilde des Hades, wo sie eine vorherbestimmte Zeit verweilen müssen. Dann haben sie ein Gefühl der Freude, so als ob sie von einer Pilgerfahrt oder von einer langen Wanderung in ihr Heimatland zurückkehrten, eine Freude ähnlich der, die jene erlangen, die in die geheiligten Mysterien eingeweiht werden; sie ist vermischt mit Staunen, Bewunderung und den individuellen besonderen Hoffnungen jedes Einzelnen.«

Das ist die nirvanische Seligkeit, und kein Theosoph könnte in einfacherer und doch esoterischer Sprache die mentalen Freuden von Devachan beschreiben, wo jeder Mensch sein Paradies um sich hat, das von seinem eigenen Bewusstsein errichtet wurde.

Aber Sie müssen sich vor einem allgemeinen Irrtum hüten, in den selbst viele Theosophen verfallen. Stellen Sie sich nicht etwa vor, dass der Mensch, weil er eine Siebenheit, Fünfheit und Dreiheit genannt wird, aus sieben, fünf oder drei Wesenheiten zusammengesetzt ist oder, wie es von einem theosophischen Autor ausgedrückt wurde, aus Häuten, die abgezogen werden können wie die Häute der Zwiebel. Wie schon gesagt, sind die Prinzipien, ausgenommen der Körper, das Leben und das astrale Eidolon, die beim Tode auseinanderfallen, nichts anderes als *Aspekte oder Zustände des Bewusstseins.* Es gibt nur einen *wirklichen* Menschen, der den Zyklus des Lebens überdauert und – wenn auch nicht der Gestalt, so doch dem Wesen nach – unsterblich ist, und das ist *Manas*, der Denker, das verkörperte Bewusstsein. Der von den Materialisten gemachte Einwand, die die Möglichkeit, dass Geist und Bewusstsein ohne Materie wirksam sein können, leugnen, ist in unserem Fall ohne Wert. Wir bestreiten durchaus nicht die Vernünftigkeit dieses Arguments, wir fragen unsere Gegner vielmehr: *Sind Sie wirklich mit allen Zuständen der Materie vertraut*? Sie, die bisher nur drei kannten? Und woher wissen Sie, ob das, was wir das ewig unsichtbare und unerkennbare ABSOLUTE BEWUSSTSEIN oder die Gottheit nennen, nicht doch universaler Geist-Stoff oder Stoff-Geist in seiner *absoluten Unendlichkeit* ist, obwohl er sich unserer menschlichen, *endlichen* Vorstellung immer entzieht? Es ist einer der niedersten und in seinen manvantarischen Manifestationen *bruchteilhaften* Aspekte dieses Geist-Stoffes, das bewusste Ego, das sein eigenes Paradies erschafft, das Paradies eines Narren vielleicht, aber immer noch ein Zustand der Seligkeit.

Aber was ist Devachan?

Wörtlich »das Land der Götter«; ein Zustand mentaler Seligkeit. Philosophisch ist es ein mentaler Zustand, ähnlich – aber viel lebhafter und wirklicher – dem lebendigsten Traum. Es ist der Zustand der meisten Sterblichen nach dem Tode.

VII

Über die verschiedenen Zustände nach dem Tode

Der physische und der geistige Mensch

Ich freue mich zu hören, dass Sie an die Unsterblichkeit der Seele glauben.

Nicht der »Seele«, sondern des göttlichen Geistes, oder richtiger noch, an die Unsterblichkeit des sich wiederverkörpernden Egos.

Was ist hier der Unterschied?

In unserer Philosophie ein sehr großer. Aber das ist eine zu schwierige Frage, als dass man oberflächlich über sie sprechen könnte. Wir werden sie zuerst detailliert zu analysieren haben und dann in Verbindung miteinander betrachten. Beginnen wir mit dem Geist. Wir sagen: Der Geist (Jesu »Vater im Verborgenen«) oder Atman ist nicht das persönliche Eigentum irgendeines Menschen, sondern die göttliche Essenz, die keinen Körper, keine Form hat; die unwägbar, unsichtbar, unteilbar ist, die nicht *existiert* und doch *ist*, wie der Buddhist von Nirvana sagt. Er überschattet den Sterblichen nur. Das, was in diesen eintritt und den ganzen Körper durchdringt, sind nur seine allgegenwärtigen Strahlen, sein Licht, das von *Buddhi*, seinem Träger und seiner unmittelbaren Emanation, ausstrahlt. Das ist die geheime Bedeutung der Behauptung fast aller alten Philosophen, wenn sie sagen, dass »der *rationale* Teil der menschlichen Seele« niemals ganz in den Menschen eintritt,[24] sondern diesen nur mehr oder weniger überschattet durch die *irrationale* geistige Seele oder Buddhi.[25]

Ich ging von der Vorstellung aus, dass nur die »tierische Seele« irrational ist, nicht aber die »göttliche«.

Man muss unterscheiden lernen zwischen dem, was negativ und *passiv* »irrational« ist, da nicht differenziert, und dem, was irrational ist, weil es ganz und gar *aktiv* und positiv ist. Der Mensch ist eine Wechselwirkung von geistigen Energien, ebenso wie eine Wechselwirkung von physischen und chemischen Kräften. Diese Kräfte werden durch das in Tätigkeit versetzt, was wir »Prinzipien« nennen.

Ich habe über dieses Thema viel gelesen, und es scheint mir, als ob die Vorstellungen der alten Philosophen von denen der mittelalterlichen Kabbalisten abwichen, obgleich sie in einigen Einzelheiten übereinstimmen.

Der wesentliche Unterschied zwischen ihnen und uns besteht darin: Wir glauben gemeinsam mit den Neuplatonikern und den östlichen Lehren, dass Atma, der Geist, niemals ganz in den lebenden Menschen herabsteigt, sondern dass seine Strahlen mehr oder weniger auf den *inneren* Menschen (die psychische und spirituelle Zusammensetzung der *astralen* Prinzipien) gerichtet sind. Die Kabbalisten dagegen behaupten, dass sich der menschliche Geist vom Meer des Lichtes, vom Universalgeist, ablöst und in die menschliche Seele eintritt und während des Lebens wie in einer astralen Kapsel gefangen bleibt. Alle christlichen Kabbalisten behaupten immer noch dasselbe, da sie nicht fähig sind, sich von ihren anthropomorphen und biblischen Lehren loszusagen.

Und was behaupten Sie?

Wir lassen nur die Gegenwart der Ausstrahlung des Geistes, oder Atma, in der Astralkapsel zu – und zwar nur insofern es die geistige Ausstrahlung betrifft. Wir sagen, dass sich der Mensch und die Seele ihre Unsterblichkeit dadurch erkämpfen müssen, dass sie zu jener Einheit emporstreben, mit welcher sie, wenn sie erfolgreich sind, schließlich verbunden und in die sie sozusagen absorbiert werden. Die Individualisierung des Menschen nach seinem Tode hängt vom Geist ab, nicht von seiner Seele und seinem Körper. Obwohl das Wort »Persönlichkeit« in dem Sinne, in dem es gewöhnlich verstanden wird, eine Absurdität ist. Wenn es wörtlich auf unser unsterbliches Wesen angewendet wird, ist dieses dennoch, als unser individuelles Ego, eine gesonderte Wesenheit, unsterblich und ewig *per se. Nur im Fall von Schwarzmagiern oder unverbesserlichen Kriminellen, die schon durch eine Reihe von Leben Kriminelle gewesen sind*, geschieht es, dass die leuchtende Schnur, die vom Augenblick der Geburt eines Kindes den Geist mit der *persönlichen* Seele verbindet, mit Gewalt zerrissen wird. Dadurch wird die entkörperte Wesenheit von der persönlichen Seele getrennt. Letztere wird vernichtet, ohne den geringsten Eindruck von sich auf den ersteren zu hinterlassen. Wenn diese Vereinigung zwischen dem niederen, persönlichen Manas und dem individuellen, reinkarnierenden Ego während des Lebens nicht zustande gebracht worden ist, dann wird das erstere zurückgelassen und teilt das Schicksal der niederen Tiere. Es löst sich allmählich zu Äther auf, und seine Persönlichkeit wird vernichtet. Aber selbst dann bleibt das Ego eine gesonderte Wesenheit. Das spirituelle Ego verliert nach einem solchen nutzlosen Leben nur eine Periode im Devachan als idealisierte Persönlichkeit und reinkarniert nahezu sofort wieder, nachdem es sich für kurze Zeit seiner Freiheit als planetarischer Geist erfreut hat.

In Isis entschleiert *findet sich die Behauptung, dass solche Planetengeister oder Engel, »die Götter der Heiden oder die Erzengel der Christen«, niemals Menschen auf unserem Planeten sein werden.*

Ganz richtig. Aber nicht *solche*, wohl aber einige Klassen von höheren Planetengeistern. Sie werden niemals Menschen auf diesem

Planeten sein, weil sie befreite Geister einer früheren, vorangegangenen Welt sind und als solche nicht wieder Menschen auf dieser Erde werden können. Doch werden sie alle in einem weit höheren Maha-Manvantara, nach diesem »großen Weltenalter« und seinem Brahmapralaya (einer kleineren Periode von ungefähr sechzehn Ziffern), weiterleben. Denn Sie haben sicher gehört, dass die östliche Philosophie lehrt, dass die Menschheit aus solchen »Geistern« besteht, die in menschlichen Körpern eingeschlossen sind. Der Unterschied zwischen Tieren und Menschen ist der: Erstere sind durch die »Prinzipien« *potenziell* beseelt und letztere sind *tatsächlich* beseelt (siehe *Geheimlehre*, 2. Bd., Stanzen). Verstehen Sie nun den Unterschied?

Ja, aber diese Spezialisierung ist zu allen Zeiten der Stolperstein bei den Metaphysikern gewesen.

Sie war es. Die ganze Esoterik der buddhistischen Philosophie gründet sich auf diese geheimnisvolle Lehre, die von so wenigen Menschen verstanden und von so vielen der gelehrtesten modernen Forscher gänzlich falsch interpretiert wird. Selbst Metaphysiker neigen zu leicht dazu, die Wirkung mit der Ursache zu verwechseln. Ein Ego, welches sein unsterbliches Leben als Geist errungen hat, wird durch alle Wiedergeburten auf Erden das gleiche innere Selbst bleiben. Aber das bedeutet nicht notwendigerweise, dass es entweder Herr Schmidt oder Frau Braun bleibt, der es auf Erden war, oder dass es seine Individualität verlieren muss. Deshalb können die Astralseele und der irdische Körper eines Menschen nach dem Tode in den kosmischen Ozean sublimierter Elemente absorbiert werden und aufhören, sein letztes *persönliches* Ego zu empfinden (wenn es nicht verdiente, sich höher emporzuschwingen). Das *göttliche* Ego kann trotzdem die gleiche unveränderte Wesenheit bleiben, obwohl diese irdische Erfahrung seiner Emanation bei der Trennung von diesem unwürdigen Träger gänzlich ausgelöscht wird.

Wenn der »Geist« oder der göttliche Teil der Seele von Ewigkeit her als unterschiedliches Wesen präexistent ist, wie Origenes, Synesius und einige andere halb-christliche und halb-platonische Philosophen lehrten, und wenn er nichts anderes ist als die metaphysisch-objektive Seele, wie kann er anders als ewig sein? Und was macht es dann aus, ob ein Mensch ein reines oder ein tierisches Leben führt, wenn er, mag er tun, was er will, seine Individualität nicht verliert?

So wie Sie diese Lehre ausdrücken, ist sie ebenso gefährlich in ihren Folgen wie diejenige von der stellvertretenden Sühne. Hätte man das letztere Dogma zusammen mit der falschen Idee, dass wir alle unsterblich sind, im rechten Lichte dargelegt, so wäre die Menschheit dadurch gebessert worden.

Lassen Sie mich noch einmal wiederholen: Pythagoras, Platon, Timaios von Lokroi und die alte Alexandrinische Schule leiteten die Seele des Menschen (die höheren Prinzipien und Eigenschaften) von der universalen Weltseele ab, die ihren Lehren gemäß dem Äther (Vater-Zeus) entspricht. Daher kann keines dieser Prinzipien die *unvermischte* Essenz der Pythagoräischen *Monas* oder unseres »Atma-Buddhi« sein, weil die *anima mundi* nur die Wirkung, die subjektive Ausströmung oder besser Ausstrahlung der ersteren ist. Sowohl der *menschliche* Geist (die Individualität), das spirituelle reinkarnierende Ego, als auch Buddhi, die spirituelle Seele, sind präexistent. Aber während der erstere als getrennte Wesenheit existiert, als Individualisierung, existiert die Seele als präexistenter Atem, als ein unbewusster Teil eines intelligenten Ganzen. Beide sind ursprünglich aus dem ewigen Meer des Lichtes gebildet. Aber wie es die »Feuerphilosophen«, die mittelalterlichen Theosophen, ausdrückten: Es gibt einen sichtbaren und einen unsichtbaren Geist im Feuer. Sie machten einen Unterschied zwischen der *anima bruta* und der *anima divina*. Empedokles glaubte fest, dass alle Menschen und Tiere zwei Seelen besitzen, und bei Aristoteles findet man, dass er die eine *Nous*, die vernünftige Seele, und die andere *Psyche*, die tierische Seele nennt. Entsprechend diesen Philosophen kommt die vernünftige Seele von »innerhalb«, die andere von »außerhalb« der Universalseele.

Würden Sie die Seele, nämlich die denkende menschliche Seele oder das, was Sie Ego nennen, als Materie bezeichnen?

Nicht als Materie, aber sicherlich als Substanz. Auch das Wort Materie könnte angewendet werden, wenn man ihm das Adjektiv »uranfänglich« voransetzt. Diese Materie ist, so sagen wir, genauso ewig wie der Geist, sie ist nicht unsere sichtbare, fühlbare und teilbare Materie, sondern ihre äußerste Sublimierung. Der reine Geist ist nur einen Schritt vom Nicht-Geist oder dem absoluten All entfernt. Wenn Sie nicht gelten lassen, dass der Mensch aus dieser uranfänglichen Geist-Materie entwickelt wurde und eine stetig fortschreitende Skala von »Prinzipien« darstellt, vom Meta-Geist bis herab zur dichtesten Materie, wie können wir jemals den *inneren* Menschen als unsterblich und gleichzeitig als eine geistige Wesenheit und als einen sterblichen Menschen betrachten?

Warum glauben Sie dann nicht an Gott als eine solche Wesenheit?

Weil das, was unendlich und unbedingt ist, keine Form haben und keine Wesenheit sein kann, jedenfalls nicht nach Auffassung einer östlichen Philosophie, die diesen Namen verdient. Eine »Wesenheit« ist wohl unsterblich, aber sie ist dies nur in ihrer grundlegenden Essenz, nicht in ihrer individuellen Form. Wenn sie das Ende ihres Zyklus erreicht hat, wird sie in ihre uranfängliche Natur absorbiert und wird Geist, wenn sie ihren Namen als Wesenheit verliert.

Ihre Unsterblichkeit als Form ist nur auf ihren Lebenszyklus, das *Maha-Manvantara*, begrenzt. Nach diesem ist sie eins und identisch mit dem universalen Geist und nicht mehr eine gesonderte Wesenheit. Was nun die *persönliche* Seele anbelangt – darunter verstehen wir jenen Bewusstseinsfunken, der im geistigen Ego die Vorstellung des persönlichen »Ich« der letzten Inkarnation bewahrt –, so währt diese als gesonderte, unterschiedene Erinnerung nur während der Periode des Devachan. Danach wird diese Erinnerung zu der Reihe der anderen zahllosen Inkarnationen des Egos hinzugefügt, ähnlich wie es in unserem Gedächtnis mit der Erinnerung an einen besonderen Tag aus der Reihe von Tagen am Ende eines Jahres geschieht. Wollen Sie die Unendlichkeit, die Sie für Ihren Gott fordern, an endliche Verhältnisse fesseln? Nur das, was unlösbar mit Atma verschmolzen ist (das ist Buddhi-Manas), ist unsterblich. Die Seele des Menschen (der Persönlichkeit) *per se* ist weder unsterblich noch ewig oder göttlich. Der *Zohar* (I. 65c, 66a) sagt: »So wie die Seele, wenn sie auf diese Erde gesendet wird, ein irdisches Gewand anlegt, um sich hier zu erhalten, so erhält sie droben ein leuchtendes Gewand, damit sie fähig wird, ohne Schaden zu erleiden, in den Spiegel zu blicken, dessen Licht vom Herrn des Lichtes ausgeht.« Außerdem lehrt der *Zohar*, dass die Seele den Zustand der Seligkeit nicht erreichen kann, wenn sie nicht den »heiligen Kuss« empfangen hat, das ist die Wiedervereinigung der Seele *mit der Substanz, von der sie ausging*, dem Geist (II, 97a, I 168a). Alle Seelen sind dual, und während die Seele ein weibliches Prinzip ist, ist der Geist männlich. Während er im Körper gefesselt ist, ist der Mensch eine Dreiheit, sofern seine Verunreinigung nicht so stark ist, dass dadurch seine Trennung vom Geist verursacht wurde. »Wehe der Seele, welche die Hochzeit mit ihrem irdischen Körper ihrem göttlichen Gemahl (dem Geist) vorzieht«, sagt das *Buch der Schlüssel*, ein hermetisches Werk. Wehe ihr in der Tat, denn von dieser Persönlichkeit wird nichts übrig bleiben, um auf den unvergänglichen Tafeln des Gedächtnisses des Egos aufgezeichnet zu werden.

Wie kann etwas nicht unsterblich sein, das zwar nicht von Gott dem Menschen gegeben, aber nach Ihrer Überzeugung dennoch von gleicher Substanz mit dem Göttlichen ist?

Jedes Atom, jedes Pünktchen der Materie, nicht nur der Substanz, ist in seiner Essenz *unvergänglich*, aber nicht in seinem *individuellen Bewusstsein*. Unsterblichkeit bedeutet jedoch nur des Menschen ununterbrochenes Bewusstsein. Wie sollte aber das *per-*

sönliche Bewusstsein länger dauern als die Persönlichkeit selbst? Dieses Bewusstsein lebt, wie ich schon sagte, nur während der Dauer des Devachan weiter, danach wird es wieder absorbiert, zuerst in das *individuelle* und dann in das *universale* Bewusstsein. Fragen Sie lieber Ihre Theologen, weshalb sie aus den jüdischen heiligen Schriften ein solches Durcheinander gemacht haben. Lesen Sie die Bibel, und Sie werden gute Beweise dafür finden, dass die Verfasser des *Pentateuch* und besonders der Genesis *Nephesh*, das, was Gott Adam einhaucht (Gen., Kap. 2), niemals als die *unsterbliche* Seele betrachtet haben. Hier einige Beispiele: »Und Gott schuf ... jedes *Nephesh* (Leben), das sich bewegt« (Gen. 1, 21), womit die Tiere gemeint sind, und in Gen. 2, 7 wird gesagt: »Und der Mensch wurde ein *Nephesh*« (eine lebende Seele), was zeigt, dass das Wort *Nephesh* unterschiedslos auf den *unsterblichen* Menschen und auf das *sterbliche* Tier angewendet wurde. »Und wahrlich, ich werde verlangen das Blut von euren Leben; von allem Getier und vom Menschen werde ich es verlangen.« (Gen. 9, 5). »Entfliehe um dein *Nephesh*« (ist übersetzt mit: Rette dein Leben) (Gen. 19, 17). »Lasset uns ihn nicht töten« (Gen. 37, 21); lautet im hebräischen Text: »Lasset uns sein *Nephesh* nicht töten.« Im 3. Buch Mose heißt es: »Wer einen Menschen tötet, soll des Todes sterben.« Wörtlich heißt es: »Wer *Nephesh* zerstört (Lev. 24, 17) und (Vers 18) wer ein Tier tötet (*Nephesh*), soll es bezahlen, Tier für Tier«. Der hebräische Wortlaut ist »*Nephesh* für *Nephesh*«. Wie könnte man das Unsterbliche töten? Dies erklärt auch, warum die Sadduzäer die Unsterblichkeit der Seele leugneten, und es bietet einen weiteren Beweis dafür, dass gesetzesgläubige Juden, zumindest die Uneingeweihten, sehr wahrscheinlich überhaupt niemals an das Weiterleben der Seele glaubten.

Über ewigen Lohn, ewige Strafe und über Nirvana

Es ist wohl kaum nötig, Sie noch zu fragen, ob Sie an die christlichen Dogmen von Paradies und Hölle und an die zukünftigen Belohnungen und Strafen glauben, wie sie von den orthodoxen Kirchen gelehrt werden?

So wie sie in ihren Katechismen beschrieben sind, lehnen wir sie völlig ab. Am allerwenigsten können wir ihre Ewigkeit anerkennen. Aber wir glauben fest an das, was wir das *Gesetz der Vergeltung* nennen, und an die absolute Gerechtigkeit und Weisheit, welche dieses Gesetz oder Karma leitet. Daher lehnen wir den grausamen und unphilosophischen Glauben an ewige Belohnungen oder ewige Strafen entschieden ab. Wir sagen mit Horaz:

> »Lasset Gesetze festsetzen, die unsere Wut bezähmen
> und Fehler bestrafen mit angemessnem Schmerz,
> man ziehe aber nicht jenem die Haut ab,
> der für getane Fehler nur Prügel verdient.«

Dies ist eine gerechte Regel für alle Menschen. Sollten wir glauben, dass Gott, aus dem eine Verkörperung von Weisheit, Liebe und Barmherzigkeit gemacht wird, weniger berechtigt ist, dass ihm diese Merkmale zugeschrieben werden, als der sterbliche Mensch?

Haben Sie noch andere Gründe, dieses Dogma abzulehnen?

Unser Hauptgrund liegt in der Tatsache der Reinkarnation. Wie bereits gesagt, lehnen wir die Vorstellung ab, dass für jedes neugeborene Kind eine neue Seele erschaffen wird. Wir glauben, dass jedes menschliche Wesen der *Träger* eines Egos ist, das mit jedem anderen Ego koexistiert; denn alle Egos sind von *gleicher Essenz* und gehören zu der uranfänglichen Emanation aus einem universalen unendlichen Ego. Platon nennt dieses letztere den *Lo-*

gos (oder den zweiten manifestierten Gott), wir nennen ihn das manifestierte göttliche Prinzip, das eins mit dem Universalgeist oder der Universalseele ist, und fassen es nicht als den anthropomorphen, außerkosmischen, *persönlichen* Gott auf, an welchen so viele Theisten glauben. Bitte verwechseln Sie das nicht.

Aber wenn Sie ohnehin an ein manifestiertes Prinzip glauben, worin besteht dann die Schwierigkeit anzunehmen, dass die Seele jedes neugeborenen Sterblichen von diesem Prinzip erschaffen wird, so wie alle Seelen vor ihm erschaffen worden sind?

Weil das, was *unpersönlich* ist, kaum nach eigenem Gutdünken und Vergnügen erschaffen, planen und denken kann. Von einem universalen, in seinen periodischen Manifestationen unveränderlichen *Gesetz*, das am Beginn jedes neuen Lebenszyklus sein eigenes Wesen ausstrahlt und manifestiert, kann nicht angenommen werden, dass es Menschen erschafft, nur um es ein paar Jahre später zu bereuen, sie erschaffen zu haben. Wenn wir überhaupt an ein göttliches Prinzip glauben sollen, dann muss es eines sein, welches ebenso absolute Harmonie, Logik und Gerechtigkeit wie absolute Liebe, Weisheit und Unparteilichkeit ist. Ein Gott jedoch, der jedes Mal für die *kurze Spanne eines einzigen Lebens eine Seele erschaffen würde*, gleichgültig ob diese den Körper eines wohlhabenden, glücklichen Menschen oder den eines leidenden, armen beseelen muss, der von seiner Geburt bis zu seinem Tode unglücklich ist, obwohl er nichts getan hat, um dieses grausame Schicksal zu verdienen – ein solcher Gott würde eher ein vernunftloser *Unhold* sein als ein Gott. Selbst die jüdischen Philosophen, die an die mosaische Bibel glaubten (natürlich esoterisch), haben niemals eine solche Vorstellung vertreten; sie glaubten vielmehr wie wir an die Reinkarnation.

Können Sie mir einige Beispiele als Beweis dafür geben?

Allerdings: Philo Judäus sagt (in *De Somniis*, 1, § 22): »Die Luft ist voll von ihnen (von Seelen). Jene, die der Erde am nächsten sind, steigen herab, um an sterbliche Körper gefesselt zu werden, *sie* kehren in andere Körper zurück, da sie begierig sind, in ihnen zu *leben.*« Der *Zohar* lässt die Seele vor Gott um ihre Freiheit bitten: »Herr des Weltalls! Ich bin glücklich in dieser Welt und wünsche nicht in eine andere zu gehen, wo ich nur eine Dienerin sein werde und allen Arten von Befleckung ausgesetzt«, (Zohar, II, 96a, Amst. Ausg.). Die Lehre vom Zwang des Schicksals, vom ewigen, unveränderlichen Gesetz wird in der Antwort der Gottheit bekräftigt: »Gegen deinen Willen wirst du ein Embryo und gegen deinen Willen wirst du geboren«, (*Mishna, Pirke Avoth* IV § 29). Das Licht wäre unbegreiflich, wenn es keine Dunkelheit gäbe, die es durch ihren Gegensatz sichtbar macht; das Gute würde nicht mehr gut sein, wenn es nicht das Böse gäbe, das den unschätzbaren Wert des ersteren zeigt. Es könnte auch persönliche Tugend keinen Verdienst für sich in Anspruch nehmen, wenn sie nicht durch den Schmelzofen der Versuchung gegangen wäre. Nichts ist ewig und unveränderlich, außer der verborgenen Gottheit. Nichts aber, was endlich ist, entweder weil es einen Anfang hatte oder weil es ein Ende haben muss, kann auf demselben Punkt stehen bleiben. Es muss entweder fortschreiten oder verschwinden. Eine Seele, welche nach der Wiedervereinigung mit ihrem Geist dürstet, der allein ihr Unsterblichkeit verleiht, muss sich durch zyklische Wandlungen reinigen, bis sie zum einzigen Land der Seligkeit und ewigen Ruhe gelangt, das im Zohar »der Palast der Liebe«, in der Hindu-Religion »Moksha«, unter den Gnostikern »das Pleroma des ewigen Lichtes« und bei den Buddhisten »Nirvana« genannt wird. Alle diese Zustände sind Zwischenzustände, vorübergehend und nicht ewig.

Aber in all dem wird nichts über Reinkarnation gesagt.

Eine Seele, die darum bittet, dass ihr gestattet werde, zu bleiben, wo sie ist, muss *präexistent* sein und kann nicht erst für diesen Anlass erschaffen worden sein. Im *Zohar* III, 61c ist außerdem noch ein besserer Beweis zu finden. Vom reinkarnierenden Ego (der *rationale* Seele), deren letzte Persönlichkeit *ganz* dahinschwinden muss, wird gesagt: »Alle Seelen, die sich im Himmel von dem heiligen Einen, sein Name sei gesegnet, entfernt haben, sie haben sich in den Abgrund ihrer Existenz gestürzt und haben die Zeit beschleunigt, in der sie wieder zur Erde herabsteigen müssen.« Der heilige *Eine* bedeutet hier esoterisch »Atman« oder *Atma-Buddhi.*

Es ist aber sehr seltsam, dass Sie Nirvana als Himmelreich oder Paradies verstehen, da doch alle Orientalisten von Bedeutung erklären, dass Nirvana gleichbedeutend mit Vernichtung sei!

Nur wenn man es wörtlich nimmt, mit Bezug auf die Persönlichkeit und die differenzierte Materie, sonst nicht. Diese Vorstellungen von der Reinkarnation und der Dreiheit im Menschen wurden auch von vielen der frühen christlichen Kirchenväter vertreten. Es ist das von den Übersetzern des Neuen Testamentes und der alten philosophischen Abhandlungen gemachte Durcheinander bei den Begriffen von Seele und Geist, das die vielen Missverständnisse hervorgerufen hat. Dies ist auch einer der vielen Gründe, weshalb Buddha, Plotin und so viele andere Eingeweihte heute beschuldigt werden, sie hätten sich nach einer vollkommenen Auslöschung der Seele gesehnt, »nach dem Aufgehen in der Gottheit« oder »der Wiedervereinigung mit der Universalseele«, was nach moderner Auffassung Vernichtung bedeutet. Die persönliche Seele muss selbstverständlich in ihre Teile aufgelöst werden, bevor sie ihr reineres Wesen für immer mit dem unsterblichen Geist verbinden kann. Aber die Übersetzer sowohl der *Apostelgeschichte* als auch der *Apostelbriefe*, in denen die Grundlagen der Lehre vom *Himmelreich* zu finden sind, und auch die modernen Kommentatoren des buddhistischen *Sutras über die Grundlage des Reiches der Rechtschaffenheit*, haben sowohl den Sinn der Worte des großen Apostels der Christenheit als auch des großen Reformers in Indien durcheinander gebracht. Die ersteren haben das Wort »psychikos« so unkenntlich gemacht, dass kein Leser mehr auf den Gedanken kommt, es habe eine Beziehung zur Seele. Aufgrund dieser Verwirrung der Begriffe von *Seele* und *Geist* erhalten die Leser der Bibel nur eine verzerrte Vorstellung von diesem Gegenstand. Andererseits haben die Interpreten Buddhas Bedeutung und Zweck der buddhistischen vier Grade von Dhyana nicht verstanden. Frage die Pythagoräer: »Kann dieser Geist, der Leben und Bewegung gibt und an der Natur des Lichtes teilhat, zur Nichtexistenz reduziert werden?« Die Esoteriker bemerken: »Kann selbst der fühlende Geist im Tier, welcher Erinnerungsvermögen besitzt – eine der rationalen Fähigkeiten – sterben und zu nichts werden?« In der buddhistischen Philosophie bedeutet *Vernichtung* nur eine Auflösung der Materie, in was immer für einer Form oder Scheinform sie sich befinden mag, da alles, was eine Form hat, veränderlich und daher in Wirklichkeit eine Täuschung ist; denn in der Ewigkeit sind die längsten Zeitperioden nicht mehr als ein Augenblick – und so ist es mit der Form. Noch ehe wir begreifen können, dass wir sie gesehen haben, ist sie wie ein kurzer Blitz weg und für immer vorbei. Erst dann, wenn die spirituelle *Wesenheit* sich für immer von jedem Partikel der Materie, Substanz oder Form loslöst und wieder zum geistigen Atem wird, nur dann tritt sie in das ewige und unveränderliche *Nirvana* ein, das so lange dauert, wie der Zyklus des Lebens gedauert hat, wirklich eine Ewigkeit. Und dann ist dieser Atem, der im *Geist* existiert, ein *Nichts*, weil er *alles* ist. Als Form, Erscheinung und Gestalt ist er vollkommen vernichtet, als absoluter Geist *ist* er aber immer noch, da er selbst zum *Sein* wurde. Wenn es heißt »aufgegangen im universalen Sein«, bedeutet dies, wenn von der »Seele« als Geist gesprochen wird, die *Vereinigung mit diesem Sein*. Es kann niemals Vernichtung bezeichnen, denn das würde ewige Trennung bedeuten.

Setzen Sie sich nicht durch die Sprache, die Sie gebrauchen, selbst der Anklage aus, Vernichtung zu predigen? Sie haben gerade davon gesprochen, dass die Seele des Menschen in ihre ursprünglichen Elemente zurückkehrt.

Aber Sie vergessen, dass ich Ihnen die Unterschiede zwischen den verschiedenen Bedeutungen des Wortes »Seele« dargelegt und gezeigt habe, in was für einer ungenauen Weise der Ausdruck »Geist« bisher übersetzt worden ist. Wir sprechen von einer *tieri-*

schen, menschlichen und *geistigen* Seele und unterscheiden zwischen diesen. Platon nennt »rationale Seele« das, was wir *Buddhi* nennen, und er fügt ihr auch noch das Adjektiv »geistig« hinzu. Das, was wir das reinkarnierende Ego, Manas, nennen, bezeichnet er als Geist oder Nous, während wir den Begriff *Geist*, wenn er allein und ohne Modifikationen steht, nur auf Atma anwenden. Pythagoras wiederholt unsere archaische Lehre, wenn er sagt, dass das *Ego* (*Nous*) gleich ewig mit der Gottheit ist, dass die Seele nur durch verschiedene Stufen gegangen ist, um bei der göttlichen Herrlichkeit anzulangen, während *Thumos* zur Erde zurückkehrte und selbst *Phren*, das niedere Manas, ausgeschieden wurde. Platon definiert die *Seele* (Buddhi) als »jene Bewegung, die fähig ist, sich selbst zu bewegen«. »Die Seele«, so fügt er hinzu (*Gesetze*, Kap. 10) »ist das Älteste aller Dinge und der Anfang aller Bewegung.« Zum Unterschied von uns bezeichnet er Atma-Buddhi als »Seele« und Manas als Geist[26], was wir nicht tun.

> »... dass die Seele früher als der Körper entstanden ist, der Körper aber als zweites und später, da die Seele herrscht und der Körper naturgemäß von ihr beherrscht wird.« »Wenn nun die Seele alles durchwaltet und allem innewohnt, das sich überall bewegt, müssen wir dann nicht behaupten, dass sie auch den Himmel durchwaltet?«
>
> »Seele lenkt also alles am Himmel, auf der Erde und im Meer durch ihre Bewegungen, die den Namen führen: Wollen, Erwägen, Fürsorgen, Beraten, richtiges oder falsches Meinen, durch Freude oder Schmerz, Mut oder Furcht, Hass oder Liebe, sowie durch alle Bewegungen, die mit diesen verwandt ... sind ... durch alle die Mittel, durch deren Anwendung die Seele, wenn sie jederzeit die Vernunft (Nous) zu Hilfe nimmt, die auch für Götter mit Recht eine Gottheit ist, dann alles zum Rechten und Glücklichen hinlenkt, während sie in allem das Gegenteil bewirkt, sobald sie sich mit der Unvernunft (Anoia) verbindet.« (Platon, *Gesetze*, in *Werke*, Bd. 8, Teil 2, Nomon 7 - 12, Kap. 10, S. 299 ff., Darmstadt 1977)

In dieser Sprache, ebenso wie in den buddhistischen Schriften, wird das Negative als essenzielle Existenz betrachtet. *Vernichtung* ist daher ähnlich zu erklären. Der positive Zustand ist essenzielles Sein, aber keine Manifestation als solche. Wenn der Geist in *Nirvana* eintritt, dann verliert er im Buddhismus die objektive Existenz, bleibt aber subjektives Sein. Für den objektiven Verstand wird er zum absoluten *Nichts*, für den subjektiven Verstand zum NICHT-DINGLICHEN, zu nichts, was die Sinne erfassen können. Somit bedeutet Nirvana die Gewissheit der individuellen Unsterblichkeit im *Geist*, nicht in der Seele, die zwar »das älteste aller Dinge«, aber noch – mit all den anderen *Göttern* – eine in *Form* und *Individualität*, wenn nicht sogar in der Substanz, begrenzte Ausstrahlung ist.

Mir ist diese Idee immer noch nicht ganz verständlich. Ich wäre also für einige Erläuterungen dankbar.

Ohne Zweifel, sie ist wirklich schwer zu verstehen, besonders für diejenigen, die mit den orthodoxen Ideen der christlichen Kirche aufgewachsen sind. Außerdem muss ich Ihnen sagen, solange Sie die verschiedenen Funktionen, die den menschlichen »Prinzipien« zugeschrieben werden, und die Zustände aller dieser *nach dem Tode* nicht sorgfältig studiert haben, so lange werden Sie die östliche Philosophie kaum begreifen können.

Die verschiedenen »Prinzipien« im Menschen

Ich habe ziemlich viel über die Konstitution des »inneren Menschen«, wie Sie sie nennen, gehört, aber ich konnte mir nie recht klar darüber werden.

Es ist sicherlich sehr schwierig und verwirrend, zwischen den verschiedenen *Aspekten*, die von uns die »Prinzipien« des wirklichen Egos genannt werden, zu unterscheiden und sie richtig zu verstehen. Dies umso mehr, als in der Aufzählung dieser Prinzipien bemerkenswerte Unterschiede zwischen den verschiedenen östlichen

Schulen bestehen, wenn auch die eigentliche Lehrgrundlage dieselbe ist.

Meinen Sie die Vedantins? Teilen diese nicht Ihre sieben »Prinzipien« in nur fünf ein?

Das tun sie in der Tat. Aber obgleich ich mir auch nicht anmaßen würde, diesen Punkt mit einem gelehrten Vedantin zu diskutieren, möchte ich doch als meine private Meinung sagen, dass die Vedantins einen offensichtlichen Grund dafür haben. Bei ihnen wird nur die zusammengesetzte spirituelle Anhäufung, die aus verschiedenen mentalen Aspekten besteht, Mensch genannt. Der physische Körper ist ihrer Anschauung nach nicht einmal wert, erwähnt zu werden, er ist eine bloße *Illusion*. Der Vedanta ist auch nicht die einzige Philosophie, die so argumentiert. Laotse erwähnt in seinem *Tao-te-king* ebenfalls nur fünf Prinzipien, da er ebenso wie die Vedantins zwei Prinzipien auslässt, nämlich den Geist (Atma) und den physischen Körper, den er im Übrigen als »Kadaver« bezeichnet. Ferner kommt die Taraka Raja Yoga-Schule in Betracht. Ihre Lehren erkennen nur drei Prinzipien an, aber in Wirklichkeit sind ihr *Sthulopadhi*, der physische Körper in seinem Wachzustand, ferner *Sukshmopadhi*, derselbe Körper in *Svapna* oder im Traumzustand, und *Karanopadhi*, der »Kausalkörper« oder das, was von Inkarnation zu Inkarnation geht, alle in ihren Aspekten dual und bilden daher sechs. Fügt man Atma hinzu, das unpersönliche göttliche Prinzip oder das unsterbliche Element im Menschen, das nicht unterschiedlich vom Universalgeist ist, dann hat man dieselbe Siebenteilung wieder. Jene mögen ihre Einteilung behalten, wir halten an unserer fest.

Es scheint also nahezu die gleiche Einteilung zu sein wie jene, die von den christlichen Mystikern gemacht wurde: Körper, Seele und Geist?

Genau die gleiche. Wir können den Körper einfach als Träger für den »vitalen Doppelgänger« betrachten und diesen wiederum als

Träger des Lebens oder *Prana*, und wir können *Kamarupa*, die (tierhafte) Seele, als den Träger für den *höheren* und *niederen* Verstand annehmen und so daraus sechs Prinzipien machen, und schließlich das Ganze mit dem einen unsterblichen Geist krönen. Im esoterischen Denken gibt jede qualitative Veränderung in unserem Bewusstseinszustand dem Menschen einen neuen Aspekt, und wenn dieser vorherrscht und ein Teil des lebendigen handelnden Egos wird, dann muss und wird diesem ein besonderer Begriff zugeordnet werden, um den Menschen, der er in diesem besonderen Zustand ist, von dem Menschen zu unterscheiden, der er in einem anderen Zustand ist.

Gerade das ist so schwer zu verstehen.

Mir scheint es im Gegenteil sehr leicht, wenn Sie nur einmal die grundlegende Idee begriffen haben, dass der Mensch in strenger Übereinstimmung mit seinen mentalen und geistigen Voraussetzungen auf dieser und auf anderen Bewusstseinsebenen wirkt. Aber so ist der Materialismus unserer Zeit: Je mehr wir erklären, desto weniger scheinen die Menschen fähig zu sein, zu verstehen, was wir sagen. Teilen Sie, wenn Sie wollen, das irdische Wesen, Mensch genannt, in drei Hauptaspekte ein. Wenn Sie aus ihm nicht ein bloßes Tier machen wollen, können Sie nicht weniger Aspekte annehmen. Nehmen Sie seinen objektiv wahrnehmbaren *Körper*, dann das denkende Prinzip in ihm – welches nur wenig höher steht als das *Instinktelement* im Tier – oder die vitale bewusste Seele und schließlich das, was ihn so unermesslich über das Tier hinaushebt, seine *vernunftbegabte* Seele oder den »Geist«. Wenn wir diese drei Gruppen oder Hauptwesensteile entsprechend der esoterischen Lehre weiter unterteilen, was erhalten wir dann?

Als Erstes den Geist (im Sinne des Absoluten und daher unteilbaren ALLS) oder Atma. Da dieses in der Philosophie weder lokalisiert noch begrenzt werden kann, da es einfach das ist, was von Ewigkeit her IST und was in keinem noch so winzigen geometrischen oder mathematischen Punkt im Universum der Materie oder »Substanz« fehlen kann, sollte es tatsächlich nicht ein »menschliches« Prinzip genannt werden. Bestenfalls ist es in der Metaphysik jener Punkt im Raum, den die menschliche Monade und ihr Ausdrucksträger, der Mensch, während der Zeit jedes einzelnen Lebens für sich einnimmt. Dieser Punkt ist ebenso imaginär wie der Mensch selbst. Er ist in Wirklichkeit eine Illusion – *Maya*. Aber für uns selbst und für andere persönliche Egos sind wir während jener Laune der Illusion, die Leben genannt wird, eine Realität und müssen uns zumindest in unserer Einbildung selbst anerkennen, wenn es schon kein anderer tut. Um es für den menschlichen Intellekt fassbarer zu machen, falls er gerade damit beginnt, die Esoterik zu studieren und das ABC des Mysteriums Mensch zu lösen: Die Esoterik bezeichnet dieses *siebte* Prinzip als die Synthese des sechsten und teilt ihm als Gefäß die *spirituelle Seele*, Buddhi, zu. Das letztere verbirgt ein Mysterium, das niemandem enthüllt wird, außer *Chelas* (Schülern), die unwiderrufliche Gelöbnisse geleistet haben, oder Menschen, denen zumindest sicher vertraut werden kann. Es gäbe natürlich weniger Verwirrung, wenn man es erklären dürfte, aber da dieses Geheimnis auch unmittelbar die Fähigkeit betrifft, den eigenen »Doppelgänger« bewusst und willentlich zu projizieren, und da diese Gabe sich, gleich dem »Ring des Gyges«, sowohl für die Menschheit als Ganzes als auch für den Besitzer dieser Fähigkeit im Besonderen als äußerst unheilvoll erweisen würde, wird dieses Geheimnis sorgfältig gehütet. Aber wir wollen uns weiter mit den »Prinzipien« befassen. Die göttliche Seele, Buddhi, ist also das Gefäß des Geistes. Miteinander verbunden, sind diese Zwei eins, unpersönlich und ohne Eigenschaften, natürlich nur auf dieser Ebene. Damit haben wir zwei spirituelle »Prinzipien«. Wenn wir zu der *menschlichen* Seele, *zu Manas oder mens*, weiterschreiten, wird wohl jeder darin übereinstimmen, dass die Intelligenz des Menschen *dual* ist. Ein hochgesinnter Mensch kann kaum niedere Motive haben. Der hochintelligente, spirituell gesinnte Mensch ist durch einen Abgrund vom stumpfen, schwerfälligen und materiellen, wenn nicht tierisch gesinnten Menschen getrennt.

Aber warum sollte der Mensch nicht durch zwei »Prinzipien« oder richtiger durch zwei Aspekte repräsentiert sein?

Jeder Mensch hat diese zwei Prinzipien in sich, wobei das eine aktiver als das andere ist und in seltenen Fällen eines in seinem Wachstum vollkommen gehemmt sein kann, sozusagen gelähmt durch die Kraft und Vorherrschaft des anderen *Aspektes*, in welcher Richtung auch immer. Das ist also das, was wir die zwei Prinzipien oder Aspekte von *Manas* nennen, das höhere und das niedere. Das höhere Manas oder das denkende bewusste *Ego* strebt zur spirituellen Seele (Buddhi), das niedere, oder sein instinktives Prinzip, wird von *Kama* angezogen, dem Sitz der tierischen Begierden und Empfindungen im Menschen. So haben wir nun *vier* Prinzipien sichergestellt. Die drei letzten *Prinzipien* sind: (1.) der »Doppelgänger«, den wir auch proteische oder plastische Seele nennen. Er ist Träger des Lebensprinzips (2.). Und (3.) der physische Körper. Natürlich wird kein Physiologe oder Biologe diese Prinzipien anerkennen, und er würde sie auch nicht verstehen können. Das ist vielleicht auch der Grund, warum niemand von diesen Gelehrten die Funktionen der Milz versteht, des physischen Trägers des proteischen »Doppelgängers«, und die Funktionen eines bestimmten Organs an der rechten Seite des menschlichen Körpers, welches der physische Sitz der oben erwähnten Begierden ist. Ebenso verstehen sie nichts von der Zirbeldrüse, welche sie lediglich als eine hornartige Drüse mit etwas Sand in ihrem Inneren beschreiben. Diese Drüse ist aber in Wirklichkeit der eigentliche Sitz des höchsten und göttlichsten Bewusstseins im Menschen, seiner allwissenden, spirituellen und allumfassenden Vernunft. Dies zeigt Ihnen nun ganz klar, dass wir diese sieben Prinzipien nicht erfunden haben und sie, wie wir leicht beweisen können, in der Welt der Philosophie durchaus nichts Neues bedeuten.

Aber was ist Ihrer Auffassung nach das, was reinkarniert?

Das spirituelle, denkende Ego, das bleibende Prinzip im Menschen, der Sitz von Manas. Weder Atma noch Atma-Buddhi, als duale *Monade* betrachtet, ist der *individuelle* oder *göttliche* Mensch, sondern Manas. Atma ist das universale ALL und wird lediglich in Verbindung mit *Buddhi*, seinem Gefäß, zum HÖHEREN SELBST des Menschen. Buddhi verbindet ES mit der Individualität (dem göttlichen Menschen). Buddhi-Manas aber ist das, was man den *Kausalkörper* nennt (die Verbindung des fünften und sechsten Prinzips). Dieser ist das *Bewusstsein*, das es mit jeder Persönlichkeit verbindet, die es auf Erden bewohnt. Seele ist also ein Gattungsname, und es gibt deshalb im Menschen drei *Aspekte* der Seele – die irdische oder tierische Seele, die menschliche Seele und die spirituelle Seele. Genau ausgedrückt sind diese drei eine Seele in ihren drei Aspekten. Nach dem Tod bleibt vom ersten Aspekt nichts übrig; vom zweiten Aspekt (Nous oder Manas) überlebt nur ihr göttliches Wesen, *wenn es unbefleckt geblieben ist*; der dritte Aspekt aber ist nicht nur unsterblich, sondern er wird durch die Assimilierung des höheren Manas *bewusst göttlich*. Aber um dies klar darstellen zu können, müssen wir zuerst einige Worte über die Reinkarnation sagen.

Das wird gut sein; denn gerade gegen diese Lehre richten Ihre Feinde die schärfsten Angriffe.

Meinen Sie die Spiritisten? Das ist bekannt, und in ihrem Magazin *Light* kann manche absurde Entgegnung gefunden werden. Aber einige von ihnen sind derartig chaotisch und bösartig, dass sie im Nichts enden. Einer von ihnen fand neulich einen Widerspruch in zwei Behauptungen, die er aus Vorträgen von Sinnett herausgepickt hat. Er besprach sie kritisch im Magazin *Light*. Er entdeckte diesen großen Widerspruch in zwei Sätzen: »Sollte sich in manchen Fällen eine vorzeitige Rückkehr ins Erdenleben ereignen, dürfte sie durch eine karmische Komplikation hervorgerufen sein«; und »es gibt keinen Zufall in der höchsten Tätigkeit der göttlichen Gerechtigkeit, die die Entwicklung lenkt.« Ein so tief Denkender würde auch einen Widerspruch in dem Gesetz der Schwerkraft sehen, wenn ein Mensch seine Hand ausstreckte, um zu verhüten, dass ein fallender Stein den Kopf eines Kindes zerschmettert.

VIII

Von der Reinkarnation oder Wiedergeburt

Was lehrt die Theosophie über das Gedächtnis?

Das Schwierigste für Sie wird sein, vernünftige Gründe für diesen Glauben anzugeben. Kein Theosoph war bisher in der Lage, auch nur einen einzigen gültigen Beweis vorzubringen, der meine Skepsis hätte erschüttern können. Vor allem spricht gegen die Theorie der Reinkarnation die Tatsache, dass noch kein Mensch gefunden worden ist, der sich daran erinnert, schon einmal gelebt zu haben, und noch weniger, wer er in seinem vorherigen Leben gewesen ist.

Ich sehe, Ihre Argumente gehen auf den altbekannten Einwand hinaus: Den Verlust der Erinnerung an unsere früheren Inkarnationen. Sie glauben, dass dies unsere Lehre entkräftet? Ich entgegne, dass dies nicht zutrifft, da dieser Einwand auf keinen Fall endgültig sein kann.

Dann würde ich gerne Ihre Argumente hören.

Diese sind kurz und wenige. Wenn Sie in Betracht ziehen, dass selbst die besten modernen Psychologen a) unfähig sind, der Welt die Natur des Verstandes zu erklären und b) sich in völliger Unkenntnis seiner inneren Möglichkeiten und seiner höheren Zustände befinden, dann müssen Sie zugeben, dass sich dieser Einwand auf einer Schlussfolgerung *a priori* gründet, die vom ersten Blick und von äußeren Umständen abgeleitet ist. Aber was ist »Gedächtnis« nach ihrer Auffassung überhaupt?

Das, was allgemein anerkannt ist: Die Fähigkeit unseres Verstandes, sich zu erinnern und das Wissen um frühere Gedanken, Taten und Ereignisse zu bewahren.

Bitte fügen Sie hinzu, dass es einen großen Unterschied zwischen den drei anerkannten Formen des Gedächtnisses gibt. Neben dem Gedächtnis im Allgemeinen gibt es die *unwillkürliche* und die *willentliche Erinnerung* sowie die *Reminiszenz.* Haben Sie jemals über den Unterschied nachgedacht? Bedenken Sie auch, dass das Wort Gedächtnis nur einen Gattungsnamen darstellt.

Ja, aber sie alle sind nur Synonyme.

Durchaus nicht, schon gar nicht in der Philosophie. Das Gedächtnis ist nichts anderes als eine den denkenden Wesen und sogar Tieren innewohnende Kraft, die vergangene Eindrücke durch eine Assoziation von Vorstellungen reproduziert, die in erster Linie durch objektive Dinge oder durch irgendeine Einwirkung auf unsere äußeren Sinnesorgane hervorgerufen wird. Das Gedächtnis ist eine Fähigkeit, die gänzlich von den mehr oder minder gesunden und normalen Funktionen unseres physischen Gehirns abhängt. Unwillkürliche und willentliche Erinnerung sind Eigenschaften und Dienerinnen dieses Gedächtnisses. *Reminiszenz* aber ist etwas davon gänzlich verschiedenes. Reminiszenz wird von den modernen Psychologen als etwas definiert, das zwischen der *unwillkürlichen* und *willentlichen Erinnerung* liegt als »ein bewusster Vorgang, vergangene Geschehnisse ins Gedächtnis zurückzurufen, *aber ohne jene volle und vielgestaltige Beziehung zu allen Einzelheiten*, welche die *willentliche Erinnerung* charakterisiert«. Locke sagt über die unwillkürliche und willentliche Erinnerung: »Wenn eine *Vorstellung* wieder aufsteigt, ohne dass der gleiche Gegenstand auf unsere äußeren Sinnesorgane einwirkt, so ist dies *unwillkürliche Erinnerung.* Wenn der Verstand nach einer Vorstellung sucht, sie mit Anstrengung und Mühe findet und sich wieder vor Augen führt, so ist dies *willentliche Erinnerung.*« Aber auch Locke muss die Reminiszenz ohne klare Definition lassen, denn sie ist keine Fähigkeit oder Eigenschaft unseres physischen Gedächtnisses, sondern eine intuitive Wahrnehmung, gesondert und außerhalb unseres physischen Gehirns. Eine Wahrnehmung, die, durch das immerwährende Wissen unseres spirituellen Egos in Tätigkeit gebracht, alle jene Visionen des Menschen umfasst, die als abnorm bezeichnet werden, von den Bildern, die das Genie erschaut, bis zu den Fieberträumen und selbst den Halluzinationen des Wahnsinns. Von all diesen behauptet die Wissenschaft, dass sie außerhalb unserer Einbildung keine *Existenz* hätten. Die Theosophie betrachtet die *Reminiszenz* jedoch in einem ganz anderen Licht. Während das *Gedächtnis* für uns etwas Physisches und Vergängliches ist und gänzlich vom physiologischen Zustand des Gehirns abhängt – eine grundlegende Auffassung aller Lehrer der Mnemonik, die dafür auch die Vorstellungen der modernen wissenschaftlichen Psychologie als Stütze haben – bezeichnen wir die *Reminiszenz* als das *Gedächtnis der Seele*. Es ist *dieses* Gedächtnis, welches nahezu jedem menschlichen Wesen, bewusst oder unbewusst, die Gewissheit gibt, dass es schon früher einmal gelebt hat und wieder leben wird. Es ist in der Tat so, wie Wordsworth es ausgedrückt hat:

> Unsere Geburt ist ein Schlaf und ein Vergessen nur,
> die Seele, die mit uns aufbricht, der Stern unseres Lebens,
> hatte schon an anderem Ort ihr Untergehn
> und kommt aus weiter Ferne.

Wenn sich Ihre Lehre auf diese Art von Gedächtnis stützt, auf poetische und abnorme Fantasien, wie Sie selbst zugeben, dann ist wohl zu befürchten, dass Sie nur sehr wenige überzeugen werden.

Ich habe nicht »zugegeben«, dass es Fantasie ist. Ich sagte nur, dass Physiologen und Wissenschaftler diese Reminiszenzen als Halluzination und Einbildung betrachten, und sie sollen meinetwegen solche *akademischen* Schlussfolgerungen gerne ziehen. Wir leugnen nicht, dass solche Visionen des Vergangenen und Rückblicke in die Korridore ferner Zeiten nicht üblich sind, verglichen mit unseren täglichen Lebenserfahrungen und unserem physischen Gedächtnis. Doch mit Prof. W. Knight behaupten wir, dass »das Nichtvorhandensein einer Erinnerung an eine in einem früheren Zustand getane Handlung kein endgültiger Beweis dafür ist, dass wir sie nicht durchlebt hätten«. Jeder aufrichtige Gegner muss damit übereinstimmen, was in Butlers Vorlesungen über »Die platonische Philosophie« gesagt wird, wonach »das Gefühl der Überspanntheit, das die Idee der Wiederverkörperung in uns hervorruft, seine geheime Quelle in materialistischen oder halbmaterialistischen Vorurteilen hat«. Außerdem behaupten wir mit Olympiodorus, dass Gedächtnis nur »Fantasie[27] und das unzuverlässigste Ding in uns ist«. Ammonios Sakkas behauptet, dass die einzige menschliche Fähigkeit, die dem Schauen in die Zukunft direkt entgegengesetzt ist, gerade das Gedächtnis ist. Ferner wird daran erinnert, dass Gedächtnis eine Sache ist und Verstand oder Gedanke eine andere. Das Gedächtnis ist eine Maschine zum Aufzeichnen, ein Register, das leicht beschädigt werden kann; aber Gedanken sind ewig und unvergänglich. Würden Sie sich weigern, an die Existenz gewisser Menschen oder Dinge zu glauben, nur weil Ihre physischen Augen sie nicht gesehen haben? Ist nicht das kollektive Zeugnis vergangener Generationen, die ihn gesehen haben, eine ausreichende Garantie dafür, dass Julius Caesar gelebt hat? Warum sollte nicht auch das Zeugnis der psychischen Sinne der Massen in Betracht gezogen werden?

Aber sind das nicht zu feine Unterscheidungen, um von der Mehrzahl der Sterblichen angenommen zu werden?

Sagen Sie lieber, von der Mehrzahl der Materialisten. Und diesen sagen wir: Bedenkt, dass selbst in der kurzen Zeitspanne eines gewöhnlichen Lebens das Gedächtnis viel zu schwach ist, um alle Ereignisse einer Lebenszeit zu registrieren. Wie oft schlummern selbst höchst wichtige Ereignisse in unserem Gedächtnis, bis sie durch irgendeine Assoziation wieder wachgerufen oder durch andere Verkettung in Funktion und Tätigkeit gebracht werden. Das ist besonders bei älteren Personen der Fall, die oft an Vergesslichkeit und Erinnerungsschwäche leiden. Wenn man bedenkt, was wir über die physischen und spirituellen Prinzipien im Menschen wissen, dann ist das Überraschende nicht die Tatsache, dass unser Gedächtnis unsere früheren Leben nicht aufgezeichnet hat, sondern überraschend wäre im Gegenteil, wenn es solche Erinnerungen festhalten würde.

Warum wir uns nicht an vergangene Leben erinnern

Sie haben mir aus der Vogelperspektive einen Überblick über die sieben Prinzipien gegeben. Inwieweit sind aber diese verantwortlich für den Verlust jeglicher Erinnerung daran, schon einmal gelebt zu haben?

Das ist sehr einfach. Da diese »Prinzipien«, die wir physisch nennen und deren Existenz von der Wissenschaft nicht geleugnet wird, wenngleich sie ihnen auch andere Namen[28] gibt, nach dem Tode mitsamt den Elementen, aus denen sie sich zusammensetzen, zerfallen, so zerfällt das *Gedächtnis* gleichzeitig mit dem Gehirn, welches es trägt. Dieses dahingeschwundene Gedächtnis einer dahingeschwundenen Persönlichkeit kann sich in einer folgenden Inkarnation des Egos weder an etwas erinnern noch kann es etwas aufzeichnen. Reinkarnation bedeutet, dass dieses Ego einen anderen Körper, ein *neues* Gehirn und ein *neues* Gedächtnis erhält. Es würde daher ebenso absurd sein, zu erwarten, dass dieses *Gedächtnis* sich an irgendetwas erinnern kann, was es niemals aufgezeichnet hat, wie es vergeblich wäre, ein Hemd, das ein Mörder gar nicht getragen hat, unter dem Mikroskop nach Blutspuren zu untersuchen, die nur auf den Kleidern gefunden werden können, die er während des Verbrechens tatsächlich trug. Es sind also nicht die sauberen Kleider, die untersucht werden müssen, sondern diejenigen, die er während der Tat trug. Aber wenn diese Kleider verbrannt oder vernichtet wurden, wie soll man an sie herankommen?

Gut! Wie können Sie aber Gewissheit erlangen, dass das Verbrechen überhaupt begangen wurde und «der Mensch mit dem sauberen Hemd« schon vorher gelebt hat?

Sicherlich nicht durch physische Untersuchungen und auch nicht dadurch, dass man sich auf das Zeugnis von etwas stützt, was gar nicht mehr existiert. Aber es gibt so etwas wie einen »Indizienbeweis«, den auch unsere weisen Gesetze zulassen, mehr vielleicht, als sie es tun sollten. Um sich Überzeugung von der Tatsache der Reinkarnation und vergangener Leben zu verschaffen, muss man sich mit seinem bleibenden Ego in Verbindung setzen, nicht mit seinem vergänglichen Gedächtnis.

Aber wie kann man an etwas glauben, das man nicht kennt und das man nie gesehen hat, geschweige denn, womit man je in Verbindung treten kann?

Wenn Menschen und Gelehrte an Gravitation, Äther und Kräfte und was sonst noch alles glauben, an Abstraktionen und Arbeitshypothesen, die sie weder gesehen, berührt, gerochen, gehört oder geschmeckt haben, warum sollten nicht andere Menschen entsprechend dem gleichen Grundsatz an das eigene bleibende Ego glauben, welches eine viel logischere und wichtigere »Arbeitshypothese« ist als alle anderen?

Aber was ist dieses mysteriöse ewige Prinzip überhaupt? Können Sie seine Natur so erklären, dass es für alle verständlich wird?

Das Ego, welches reinkarniert, das *individuelle*, unsterbliche – nicht persönliche – »Ich«, das Werkzeug der atma-buddhischen Monade, das, was im Devachan belohnt und auf der Erde bestraft wird, dasjenige schließlich, woran sich nur die Spiegelung der *Skandhas* oder Eigenschaften jeder Inkarnation heftet.[29]

Was verstehen Sie unter Skandhas?

Was ich gerade sagte: »Eigenschaften«, wozu das *Gedächtnis* gehört. Sie alle vergehen einer Blume gleich und lassen nur einen schwachen Duft zurück. Es sei hier ein Absatz aus H. S. Olcotts *Buddhistischem Katechismus*[30] wiedergegeben, der sich auf diesen Gegenstand bezieht und die Frage wie folgt behandelt: »Der gealterte Mensch erinnert sich der Erlebnisse seiner Jugend, ungeachtet der physischen und geistigen Veränderungen, welche er durchgemacht hat. Warum wird dann die Rückerinnerung an vergangene Leben nicht in das gegenwärtige Leben herübergebracht? Weil das Gedächtnis in den Skandhas enthalten ist und sich die Skandhas mit der neuen Existenz geändert haben; und ein Gedächtnis, die Aufzeichnung dieses besonderen Daseins, entwickelt sich. Aber die Aufzeichnung oder Spiegelung all der vergangenen Leben muss dennoch überleben, denn als Prinz Siddhartha zum Buddha wurde, konnte er die ganze Folge seiner früheren Geburten sehen. Und jeder, der den Zustand von *Jnana* erlangt, kann rückblickend die Spuren seiner früheren Leben verfolgen.« Dies beweist, während sich die unsterblichen Eigenschaften der Persönlichkeit, wie Liebe, Güte, Mitleid usw., an das unsterbliche *Ego* heften und auf dieses sozusagen ein bleibendes Bild des göttlichen Aspektes des Menschen, der er war, fotografieren, sind die materiellen Skandhas hingegen (welche die bedeutendsten karmischen Wirkungen erzeugen) flüchtig wie das Aufleuchten eines Blitzes und können keinerlei Eindrücke auf dem neuen Gehirn der neuen Persönlichkeit hinterlassen. Dies beeinträchtigt aber in keiner Weise die Identität des reinkarnierenden Egos.

Wollen Sie damit sagen, dass das, was überlebt, nur das Seelengedächtnis ist, wie Sie es nennen, wobei Seele und Ego ein und dasselbe sind, während von der Persönlichkeit nichts übrig bleibt?

Nicht ganz; etwas von jeder Persönlichkeit muss überleben, da sie, sofern es sich nicht um einen *absoluten* Materialisten handelte, in dessen Natur auch nicht die kleinste Öffnung vorhanden war, durch die ein geistiger Strahl eindringen konnte, ihren ewigen Eindruck auf das reinkarnierende bleibende Selbst oder geistige Ego[31] hinterlässt. Die Persönlichkeit mit ihren Skandhas verändert sich jeweils mit jeder Geburt. Sie ist, wie schon gesagt, nur die Rolle, die vom Schauspieler, dem wahren Ego, für eine Nacht gespielt wird. Darum bleibt auf der physischen Ebene keine Erinnerung an unsere vergangenen Leben erhalten, obgleich das wahre Ego alle Leben durchlebt hat und sie alle kennt.

Wie kommt es dann, dass der wirklich geistige Mensch seinem neuen persönlichen Ich dieses Wissen nicht vermittelt?

Woher kommt es, dass die Mägde in einem ärmlichen Bauernhaus in ihrem somnambulen Zustand (Trance) hebräisch sprechen und Violine spielen konnten, aber nichts davon wussten, wenn sie sich in ihrem normalen Zustand befanden? Weil, wie jeder echte Psychologe der alten Schule, nicht der heutigen modernen, Ihnen erklären kann, das spirituelle Ego nur dann handeln kann, wenn das persönliche Ego gelähmt wird. Das spirituelle »Ich« im Menschen ist allwissend und hat sämtliches Wissen in sich, während das persönliche Ich ein Geschöpf seiner Umgebung und der Sklave des physischen Gedächtnisses ist. Wenn sich das geistige Ich kontinuierlich und ohne Hindernisse manifestieren könnte, dann gäbe es heute auf Erden keinen Menschen mehr, sondern wir würden alle Götter sein.

Es muss aber doch Ausnahmen geben, und wenigstens einige müssten sich doch erinnern.

So ist es auch, aber wer glaubt ihren Berichten? Derartige sensitive Personen werden vom modernen Materialismus als Hysteriker betrachtet, die Halluzinationen haben, als verrückte Enthusiasten oder als Schwindler. Sie sollten Werke über dieses Thema lesen, wie z. B. *Reincarnation, a Study of Forgotten Truth* von E. D. Walker, und die Unmenge von Beweisen sehen, die der vortreffliche Autor in Bezug auf diese verwirrenden Fragen erbringt. Wenn man zu den Menschen von der Seele spricht, fragen einige: »Was ist die Seele, konnte ihre Existenz jemals bewiesen werden?« Es ist natürlich nutzlos, mit diesen Materialisten zu diskutieren. Aber ich möchte diesen doch die Frage stellen: »Können Sie sich an das erinnern, was Sie waren oder taten, als Sie ein Baby waren? Haben Sie auch nur die geringste Erinnerung an Ihr Leben, Ihre Gedanken und Ihr Tun, ja überhaupt an die Tatsache Ihrer Existenz während der ersten eineinhalb bis zwei Jahre Ihres Lebens bewahrt? Wenn nicht, warum leugnen Sie nach dem gleichen Grundsatz nicht auch, dass Sie überhaupt ein Baby waren?« Wenn wir dem noch hinzufügen, dass das reinkarnierende Ego, die Individualität, während der Dauer im Devachan nur die Essenz der Erfahrung der Persönlichkeit seines letzten Erdenlebens behält – die gesamte physische Erfahrung, involviert in einen *potenziellen* Zustand, wird sozusagen in spirituelle Formeln übersetzt – und wenn wir uns daran erinnern, dass uns gesagt wird, dass die Zeit zwischen zwei Wiedergeburten zehn bis fünfzehn Jahrhunderte beträgt und während dieser Zeit das physische Bewusstsein vollkommen inaktiv ist, da es keine Organe besitzt, durch welche es tätig werden könnte, und daher auch *keine Existenz* hat, dann wird der Grund für das Fehlen jeglicher Erinnerungen im rein physischen Gedächtnis offenkundig.

Sie sagten gerade, dass das spirituelle Ego allwissend sei. Wo bleibt dann diese gepriesene Allwissenheit während seines Lebens im Devachan, wie Sie es nennen?

Während dieser Zeit ist es latent und potenziell, zum einen weil das spirituelle Ego (eine Zusammensetzung von Buddhi-Manas) *nicht* das Höhere Selbst ist, das eins mit der Universalseele oder dem Universalgeist und allein allwissend ist, und zum anderen, weil Devachan nur die idealisierte Fortsetzung des gerade abgeschlossenen Erdenlebens ist, eine Periode des Ausgleichs für unverdientes Unrecht oder Leiden in jenem besonderen Leben. Das spirituelle Ego ist im Devachan nur *potenziell* allwissend, *de facto* ist es allwissend ausschließlich im Nirvana, wenn das Ego mit der Universal-Geist-Seele verschmolzen ist. trotzdem kann es während gewisser kurzer Zeiten auch auf Erden *quasi allwissend* werden, wenn es durch ungewöhnliche Bedingungen und physiologische Veränderungen des Körpers von den Fesseln der Materie frei wird. Das oben angegebene Beispiel von den beiden Somnambulen, von denen eine, eine arme Dienstmagd, hebräisch sprach und eine andere Violine spielte, gibt Ihnen eine Darstellung eines solchen Falles. Das bedeutet aber nicht, dass die vonseiten der medizinischen Wissenschaft angebotenen Erklärungen dieser beiden Tatsachen keine Wahrheit enthalten, denn eines der beiden Mädchen war in früheren Jahren bei einem Geistlichen, der die hebräischen Werke laut las, und das andere hatte auf ihrem Bauernhof einen Künstler Violine spielen gehört. Aber keine von beiden hätte es mit einer solchen Vollendung tun können, wären sie nicht beide von DEM beseelt gewesen, das infolge der Gleichheit seiner Natur mit dem Universalgeist allwissend ist. Hier wirkte das höhere Prinzip auf die Skandhas und bewegte sie, beim anderen wurde die Persönlichkeit gelähmt und die Individualität selbst manifestierte sich. Man verwechsele nicht das eine mit dem anderen.

Individualität und Persönlichkeit[32]

Was ist der Unterschied zwischen den beiden? Ich muss zugeben, ich befinde mich immer noch im Dunkel. In der Tat ist es gerade dieser Unterschied, den Sie uns noch nicht genügend nahegebracht haben.

Ich werde es versuchen. Leider ist das bei manchen Menschen schwieriger, als in ihnen die Verehrung für kindliche Unmöglichkeiten zu erwecken, nur weil diese *orthodox* sind und weil man vor der Orthodoxie Respekt hat. Um diese Idee richtig zu verstehen, müssen Sie zuerst die Dualität der Prinzipien studieren: Die *spirituellen*, die zum unvergänglichen Ego gehören, und die *materiellen*, welche die ständig sich verändernden Körper oder die

Reihe der Persönlichkeiten dieses Egos bilden. Wir wollen diesen Prinzipien bestimmte bleibende Namen geben:

1. *Atma*, das *Höhere Selbst*, ist weder Ihr Geist noch der meine, es strahlt wie das Sonnenlicht überall. Es ist das alles durchdringende »*göttliche Prinzip*«, untrennbar von seinem einen und absoluten *Meta*-Geist, so wie der Sonnenstrahl untrennbar vom Sonnenlicht ist.

2. *Buddhi* (die spirituelle Seele) ist sein Träger. Für den Körper des Menschen sind weder beide getrennt voneinander noch beide gemeinsam von mehr Nutzen als die Sonnenstrahlen für einen Granitblock, der tief in der Erde begraben ist, *sofern die göttliche Zweiheit nicht von einem Bewusstsein assimiliert oder darin reflektiert wird.* Weder Atma noch Buddhi werden jemals von Karma erreicht, denn Atma ist selbst der höchste Aspekt Karmas, *sein eigener wirkender Mittler* in einem Aspekt, und Buddhi ist *auf dieser Ebene* unbewusst.

3. *Manas*[33]. Eine Ableitung, ein Produkt in reflektierter Form von *Ahamkara*, dem »Inbegriff des Ich«, der Ichheit. Wenn es untrennbar mit den ersten beiden Prinzipien verbunden ist, wird Manas das spirituelle Ego und *Taijasi* (»das Strahlende«) genannt. Es ist die wahre Individualität, der göttliche Mensch. Es ist dieses Ego – das ursprünglich in der *vernunftlosen* menschlichen Form inkarnierte, beseelt von der dualen Monade, aber sich deren Gegenwart in sich selbst unbewusst (da es kein Bewusstsein hatte) – das aus dieser menschenähnlichen Form einen *wirklichen Menschen* machte. Dieses Ego, dieser »Kausalkörper«, überschattet jede Persönlichkeit, in der zu inkarnieren es von Karma gezwungen wird. Und es ist dieses Ego, das für alle Sünden verantwortlich gemacht wird, die durch und in jedem neuen Körper, jeder neuen Persönlichkeit begangen werden – den vergänglichen Masken, welche das wahre Individuum während der langen Reihe von Wiedergeburten verbergen.

Ist das gerecht? Warum sollte dieses »Ego« bestraft werden für Taten, die es vergessen hat?

Es hat sie nicht vergessen. Es weiß seine Missetaten und erinnert sich ihrer genauso gut wie Sie sich dessen erinnern, was Sie gestern getan haben. Glauben Sie, dass das wirkliche »Ich« sie vergessen hat, nur weil sich das Bündel der physischen Bestandteile, genannt »Körper«, nicht daran erinnern kann, was sein Vorgänger (die *gewesene* Persönlichkeit) getan hat? Man könnte ebenso gut sagen, es sei ungerecht, dass die neuen Schuhe an den Füßen des Knaben, der verprügelt wird, weil er ein paar Äpfel gestohlen hat, bestraft werden sollen für etwas, von dem sie nichts wissen.

Aber gibt es denn keine Art von Kommunikation zwischen dem Spirituellen und dem menschlichen Bewusstsein oder Gedächtnis?

Gewiss gibt es eine solche. Aber sie wurde von den modernen Psychologen niemals anerkannt. Wem oder was sollte man das zuschreiben, was Intuition, die »Stimme des Gewissens«, was Vorahnungen, unbestimmte Erinnerungen genannt wird, wenn nicht einer solchen Kommunikation? Wenn die Mehrzahl der gebildeten Menschen wenigstens die feine spirituelle Empfänglichkeit von Coleridge hätte, der in einigen seiner Bemerkungen zeigt, wie intuitiv er ist. Hören Sie, was er in Bezug auf die Wahrscheinlichkeit sagt, dass »alle Gedanken in sich selbst unvergänglich sind«: »Wenn die intelligente Fähigkeit (die plötzliche »Wiederbelebung der Erinnerung«) umfassender wiedergegeben werden könnte, so wäre nur eine andere und geeignetere Organisation erforderlich, ein *himmlischer Körper* anstatt eines *irdischen*, um jeder menschlichen Seele *die gesamten Erfahrungen aller ihrer vergangenen Existenzen* gegenwärtig zu machen«. Und dieser *himmlische Körper* ist unser manasisches Ego.

Belohnung und Bestrafung des Egos

Nach Ihrer Aussage gibt es keine Bestrafung des Egos nach dem Tod, wie immer das Leben der Person gewesen ist, in der es auf Erden inkarniert war.

Niemals, außer in ganz seltenen Fällen, von denen wir hier nicht sprechen wollen, da die Natur der »Bestrafung« in keiner Weise mit Ihren theologischen Vorstellungen von Verdammnis zu vergleichen ist.

Aber wenn es in diesem Leben bestraft wird für Verfehlungen früherer Leben, so sollte es auch belohnt werden, entweder hier oder nach seiner Entkörperung.

So ist es auch. Wenn wir eine Bestrafung außerhalb der Erde nicht zugeben, so nur deshalb, weil der einzige Zustand, den das geistige Selbst nach dem Tode kennt, uneingeschränkte Seligkeit ist.

Was meinen Sie damit?

Einfach Folgendes: *Verbrechen und Sünden, die auf einer objektiven Ebene, in der Welt der Materie, begangen wurden, können nicht in einer Welt reiner Subjektivität bestraft werden.*

Wir glauben an keine Hölle und an kein Paradies als Örtlichkeit, an kein objektives Höllenfeuer und an keine nie endenden Qualen, aber auch an kein Jerusalem mit Straßen, die mit Saphiren und Diamanten gepflastert sind. Wir glauben an einen *nachtodlichen Zustand*, einen mentalen Zustand, wie wir ihn während eines lebhaften Traumes haben. Wir glauben an ein unveränderliches Gesetz absoluter Liebe, Gerechtigkeit und Barmherzigkeit. Und daran glaubend, sagen wir: Was immer die Sünden und schrecklichen Ergebnisse der ursprünglichen karmischen Verfehlungen[34] des jetzt inkarnierten Egos auch sein mögen, kein Mensch (oder die äußere materielle periodische Form der spirituellen Wesenheit) kann mit irgendeinem Maß von Gerechtigkeit für die Folgen seiner Geburt zur Verantwortung gezogen werden. Er fragt nicht danach, geboren zu werden, noch kann er sich die Eltern wählen, die ihm das Leben geben. In jeder Hinsicht ist er ein Opfer seiner Umgebung, das Kind von Verhältnissen, über die er keine Kontrolle hat. Und würde man jedes seiner Vergehen unparteiisch untersuchen, dann würde man in neun von zehn Fällen finden, dass eher an ihm gesündigt worden ist, als dass er gesündigt hat. Das Leben ist im günstigsten Fall ein herzloses Spiel, ein zu überquerendes stürmisches Meer und eine schwere Bürde, oftmals kaum zu ertragen. Die größten Philosophen haben vergeblich versucht, das Warum des Lebens zu ergründen, und mit Ausnahme derjenigen, die den Schlüssel dazu hatten, nämlich die Weisen des Ostens, haben sie versagt. Das Leben ist, wie Shakespeare es beschreibt:

> nur ein wandelnd Schattenbild, ein armer Komödiant,
> der spreizt und knirscht sein Stündchen auf der Bühn'
> und dann nicht mehr vernommen wird. Ein Märchen ist's,
> erzählt von einem Tollen, voller Klang und Wut,
> das nichts bedeutet …

Nicht in seinen getrennten Teilen, aber von größter Bedeutung in seiner Kollektivität oder Reihe von Leben. Auf jeden Fall ist fast jedes individuelle Leben in seiner vollen Entwicklung Kummer. Müssen wir glauben, dass der arme, hilflose Mensch, nachdem er wie ein Stück Treibholz auf den zürnenden Lebenswellen hin- und hergeworfen worden ist, für den Fall, dass er sich als zu schwach erwiesen hat, ihnen zu widerstehen, mit einer *ewigen* Verdammnis bestraft werden sollte oder mit einer zeitweiligen Strafe? Niemals! Ob es sich nun um einen großen oder einen durchschnittlichen Sünder handelt, um einen guten und schlechten Menschen, um einen Schuldigen oder Unschuldigen, sobald er einmal von der Bürde des physischen Lebens befreit ist, hat der ermüdete und erschöpfte Manu, das denkende Ego, ein Recht auf eine Periode völliger Ruhe und Seligkeit. Dasselbe unfehlbare, weise, eher gerechte als barmherzige Gesetz, das dem inkarnierten Ego die karmische Bestrafung für jede Sünde auferlegt, die es während des vorhergehenden Lebens auf Erden beging, hat für die nun entkörperte Wesenheit eine lange Periode mentaler Ruhe, also ein gänzliches Vergessen aller traurigen Ereignisse, die in seinem letzten Leben als Persönlichkeit stattfanden, vorgesehen. Nicht der kleinste schmerzvolle Gedanke verbleibt im Seelengedächtnis, sondern nur die Reminiszenz an alles, was Seligkeit war und zu Glück führte. Plotin, der sagte, dass unser Körper der wahre Fluss Lethe sei, denn »die Seelen, die in ihn eintauchen, vergessen alles«, meinte mehr, als er sagte. Denn noch viel mehr als unser irdischer Körper gleicht unser *himmlischer Körper* im Dechavan dem Fluss Lethe.

Dann ist anzunehmen, dass ein Mörder, der göttliches und menschliches Gesetz in jeder Form gebrochen hat, ungestraft davonkommt?

Wer hat dies je behauptet? Unsere Philosophie hat eine Lehre über die Bestrafung, die so streng ist wie die der strengsten Calvinisten. Nur ist sie weit philosophischer und mehr im Einklang mit vollkommener Gerechtigkeit. Keine Tat, nicht einmal ein sündiger Gedanke, bleibt ungestraft. Der Gedanke wird sogar strenger bestraft als die Tat, da Gedanken weit wirksamere böse Resultate schaffen als Taten.[35] Wir glauben an ein niemals irrendes Gesetz der Vergeltung, Karma genannt, welches als eine natürliche Verkettung von Ursachen und ihren unvermeidlichen Folgen wirkt.

Aber wie und wo wirkt es?

Jeder Arbeiter ist seinen Verdienst wert, sagt die Weisheit des Evangeliums; jede gute oder schlechte Tat ist ein fruchtbarer Erzeuger, sagt die Weisheit der Zeitalter. Fügen Sie beides zusammen, dann haben Sie das »Warum«. Nachdem der Seele, die der Pein des persönlichen Lebens entflohen ist, eine hinreichende, ja eine hundertfache Vergütung gewährt wurde, wartet Karma mit seiner Armee von Skandhas an der Schwelle des Devachan, wo das Ego wieder hervorkommt, um eine neue Inkarnation anzunehmen. In diesem Augenblick schwankt das zukünftige Schicksal des nun ausgeruhten Egos in der Waagschale gerechter Vergeltung, da es nun wieder unter den Einfluss des aktiven karmischen Gesetzes fällt. In dieser Wiedergeburt, die für das Ego nun bereit ist, einer Wiedergeburt, ausgewählt und vorbereitet durch das geheimnisvolle, unerbittliche, aber in der Unparteilichkeit und Weisheit seiner Entscheidungen unfehlbare GESETZ, werden die Sünden seines vorhergehenden Lebens bestraft. Nur ist es nicht in einer eingebildeten Hölle mit theatralischen Flammen, mit lächerlichen geschwänzten und gehörnten Teufeln, in die das Ego geworfen wird, sondern unsere eigene Erde, die Ebene und der Bereich, wo es gesündigt hat. Hier wird es nun für jeden schlechten Gedanken und jede schlechte Tat zu büßen haben. Wie es gesät hat, so wird es ernten. Die Wiedergeburt wird um dieses Ego alle anderen Egos sammeln, die direkt oder indirekt durch seine Hand oder nur durch die unbewusste Mitwirkung seiner letzten *Persönlichkeit* gelitten haben. All dies wird Nemesis dem *neuen* Menschen, der das *alte*, ewige Ego verbirgt, mit auf seinen Lebensweg geben.

Wo bleibt die Unparteilichkeit, von der Sie sprechen, da doch diese neuen Persönlichkeiten sich dessen nicht bewusst sind, dass sie gesündigt haben oder an ihnen gesündigt worden ist?

Die neue Persönlichkeit ist nicht mehr als ein neues Kleid mit seinen besonderen charakteristischen Eigenschaften wie Farbe, Form und Qualität, aber der wirkliche Mensch, der dieses Kleid trägt, ist derselbe Missetäter wie ehedem. Es ist die *Individualität*, welche durch ihre »Persönlichkeit« leidet. Das allein kann die schreckliche, aber doch nur *scheinbare* Ungerechtigkeit in der Verteilung der Lose im Leben der Menschen erklären. Warum werden so viele offensichtlich unschuldige und gute Menschen nur geboren, um ein ganzes Leben zu leiden? Warum werden so viele als Arme und in Elendsvierteln der Großstädte geboren, verurteilt zum Hunger, verlassen vom Schicksal und von den Menschen? Warum erblicken andere das Licht der Welt in Palästen? Warum scheint eine edle und reiche Geburt so oft den schlechtesten Menschen geschenkt zu sein und so selten den würdigen? Warum sind manche Bettler, deren innerstes Ich den edelsten und erhabensten Menschen ebenbürtig ist? Erst wenn es den modernen Philosophen oder Theologen gelungen sein wird, dafür und für vieles mehr einen stichhaltigen Grund anzugeben, erst dann und nicht früher haben Sie das Recht, die Theorie der Reinkarnation zurückzuweisen. Die höchsten und besten der Dichter haben diese Wahrheit der Wahrheiten dunkel geahnt. Shelley glaubte an sie, Shakespeare musste ihrer gedacht haben, als er über die Wertlosigkeit der Geburt schrieb. Man erinnere sich seiner Worte:

> Warum sollte meine Geburt den Flug meines Geistes bedrücken.
> Sind nicht alle Kreaturen Kinder der Zeit?
> Legionen von Bettlern gibt's auf dieser Erde,
> die ihren Ursprung von Königen haben,
> und Monarchen sieht man, deren Väter
> nur ein Auswurf waren ihrer Zeit.

Wandeln Sie das Wort »Väter« in »Egos« ab – und Sie haben die Wahrheit vor sich.

IX

Kamaloka und Devachan

Das Schicksal der niederen Prinzipien

Sie haben von Kamaloka gesprochen. Was ist das?

Wenn der Mensch stirbt, verlassen ihn seine drei niederen Prinzipien, der Körper, das Leben und der Träger des letzteren, der Astralkörper oder »Doppelgänger« des lebenden Menschen, für immer. Seine vier übrigen Prinzipien, das zentrale mittlere Prinzip (die Tierseele oder *Kamarupa* mit alldem, was sie vom niederen Manas assimiliert hat) sowie seine höhere Dreiheit finden sich dann im *Kamaloka*, welches eine astrale Örtlichkeit ist, das *Fegefeuer* der scholastischen Theologie, der *Hades* der Antike, und genau genommen eine Örtlichkeit nur im relativen Sinne. Es ist weder ein bestimmtes Gebiet noch hat es Grenzen, aber es existiert *innerhalb* des subjektiven Raumes, es liegt also jenseits unserer sinnlichen Wahrnehmung. Aber es existiert, und dort befinden sich die astralen *Eidolons* aller Wesen, die gelebt haben, einschließlich der Tiere, und erwarten dort ihren *zweiten Tod*. Für die Tiere kommt dieser mit der Auflösung und dem gänzlichen Dahinschwinden aller ihrer *astralen* Partikel. Für das menschliche *Phantom* beginnt der zweite Tod, wenn die Dreiheit von Atma-Buddhi-Manas sich von ihren niederen Prinzipien, dem Spiegelbild ihrer *Ex-Persönlichkeit*, dadurch sozusagen »trennt«, dass sie in den Devachan-Zustand eintritt.

Und was geschieht danach?

Dann bricht das *Kamarupa*-Phantom zusammen, da es seines informierenden Denkprinzips, des höheren *Manas* und seines niederen Aspekts, der tierischen Intelligenz, beraubt ist, keinerlei Erleuchtung vom höheren Verstand mehr erhält und kein physisches Gehirn mehr besitzt, durch welches es arbeiten könnte.

Wie geschieht so etwas?

Nun, es fällt in den Zustand eines Frosches, dem von Vivisektoren gewisse Teile des Gehirns herausgenommen wurden. Er kann nicht mehr denken, nicht einmal mehr auf der niedrigsten tierischen Ebene. Von jetzt an ist es nicht einmal mehr das niedere Manas, da dieses »niedere« ohne das »höhere« nichts ist.

Und diese Nichtwesenheit ist es wohl, die sich in Séance-Räumen durch Medien materialisiert?

So ist es. Nichtwesenheit jedoch nur, soweit es die Fähigkeiten des Denkens und Nachdenkens betrifft, aber noch *Wesenheit*, wenn auch nur astral und fluidisch. Dies zeigt sich in gewissen Fällen, wenn sie, magnetisch und unbewusst von einem Medium angezogen, für eine Weile wiederbelebt wird und nun sozusagen in diesem Medium durch *Stellvertretung* lebt. Dieser »Spuk« nun, das Kamarupa, lässt sich mit einer *Qualle* vergleichen, die, solange sie sich in ihrem eigenen Element, dem Wasser (beim Medium ist es dessen AURA), befindet, ein ätherisch-gallertartiges Aussehen hat. Aus dem Wasser genommen, zerfließt sie alsbald in der Hand oder auf dem Sand, besonders im Sonnenlicht. In der Aura des Mediums lebt sie eine Art stellvertretendes Leben und denkt und spricht entweder mittels des Gehirns des Mediums oder des Gehirns anderer anwesender Personen. Doch dies würde uns zu weit und auf ein anderes Gebiet führen, das zu betreten ich nicht den Wunsch habe. Bleiben wir beim Gegenstand der Reinkarnation.

Wie lange bleibt das inkarnierende Ego im Devachan-Zustand?

Dies, so wird uns gelehrt, hängt vom Grad der Spiritualität sowie vom Verdienst und vom Verschulden der letzten Inkarnation ab. Durchschnittlich beträgt die Zeit zehn bis fünfzehn Jahrhunderte.

Aber warum soll sich dieses Ego nicht von dort manifestieren und mit Sterblichen verkehren können, wie die Spiritisten sagen? Was hindert eine Mutter daran, mit ihren Kindern zu kommunizieren, die sie auf Erden zurückgelassen hat, und einen Ehegatten mit seiner Frau? Das ist doch ein sehr tröstlicher Glaube, wie man gestehen muss. Und ich wundere mich nicht, wenn jemand, der einen solchen Glauben hat, diesen nicht aufgeben will.

Dazu zwingt sie auch niemand, außer sie ziehen die Wahrheit der tröstenden Einbildung vor. Die theosophischen Anschauungen mögen den Spiritisten noch so widerstreben, doch nichts, was wir glauben und lehren, ist auch nur halb so selbstsüchtig und grausam wie die spiritistischen Ansichten.

Das verstehe ich nicht, was ist daran selbstsüchtig?

Ihre Lehre von der Rückkehr der Geister, den wirklichen »Persönlichkeiten«, wie sie sagen. Ich werde Ihnen auch den Grund dafür nennen. Wenn Devachan – oder nennen Sie es Paradies, wenn sie so wollen – ein Ort (oder *Zustand*) der Wonne und Glückseligkeit ist, so muss es logischerweise einer sein, in dem kein Kummer und kein Schatten des Schmerzes erfahren werden kann. »Gott wird wegwischen alle Tränen von den Augen« derer, die im Paradiese sind, so heißt es im Buche der Verheißungen. Wenn nun die »Geister der Toten« zurückkehren und alles sehen könnten, was auf Erden vorgeht und besonders in ihrem früheren Heim, was für eine Art von Seligkeit würde sie da erwarten?

Warum Theosophen nicht an die Rückkehr reiner »Geister« glauben

Was meinen Sie damit? Warum sollte dies ihre Seligkeit beeinträchtigen?

Nehmen Sie ein einfaches Beispiel: Eine Mutter stirbt und lässt ihre kleinen Kinder, die sie so geliebt hat, hilflos zurück und vielleicht auch ihren geliebten Gatten. Wir sagen nun Folgendes: Ihr »Geist« oder Ego, ihre Individualität, die nun für die gesamte Periode im Devachan mit den edelsten Gefühlen imprägniert ist, welche ihre vergangene *Persönlichkeit* hatte, nämlich Liebe zu ihren Kindern, Mitgefühl mit Leidenden usw., ist nun völlig von dem »Jammertal« abgesondert. Ihre künftige Seligkeit besteht eben in jener gesegneten Unkenntnis allen Leides, das sie zurückgelassen hat. Die Spiritisten behaupten dagegen, dass sie sich dessen lebendig bewusst sei, *ja sogar noch mehr als vorher*, denn »die Geister sehen mehr als die Sterblichen im Fleische«. Wir sagen, dass die Seligkeit des Egos im Devachan darauf beruht, dass es vollkommen davon überzeugt ist, die Erde gar nicht verlassen zu haben und es so etwas wie einen Tod gar nicht gibt. Das *spirituelle Bewusstsein* der Mutter *nach dem Tode* gibt ihr die Empfindung, dass sie umgeben von ihren Kindern und allen, die sie liebte, lebt. Da wird keine Lücke sein, kein Glied wird fehlen, um ihren entkörperten Zustand zu einem vollkommenen und absolut glücklichen zu machen. Die Spiritisten leugnen dies rundweg. Nach ihrer Lehre wird der unglückliche Mensch nicht einmal durch den Tod von den Kümmernissen dieses Lebens befreit, und da er jetzt alles sieht, muss er, ob er will oder nicht, den Lebenskelch von Schmerz und Leid bis zum letzten Tropfen leeren. Die liebende Frau, die, als sie lebte, bereit war, ihrem Mann möglichst alle Sorgen zu ersparen, ist nun in vollkommener Hilflosigkeit verurteilt, seine Verzweiflung zu sehen und alle heißen Tränen zu spüren, die er um sie weint. Oder schlimmer als das, sie muss vielleicht sehen, dass seine Tränen zu schnell trocknen und ihm, dem Vater ihrer Kinder, ein liebendes Antlitz strahlt und eine andere Frau ihren Platz einnimmt und diese Frau von ihren Kindern mit dem heiligen Namen »Mutter« angesprochen wird, denen sie aber gleichgültig gesonnen ist. Vielleicht muss sie mit ansehen, wie diese ihre Kinder vernachlässigt oder gar misshandelt. Entsprechend dieser Lehre wird »das sanfte Entschweben in die Unsterblichkeit« übergangslos zu einem neuen Weg des mentalen Leidens! Dennoch sind die Seiten des *Banner of Light*, des ältesten Magazins der amerikanischen Spiritisten, voll von Botschaften der Toten, »der teuren Dahingeschiedenen«, die davon berichten, wie *glücklich* sie sind! Ist solch ein Wissen vereinbar mit Seligkeit? In einem solchen Fall bedeutet »Seligkeit« den größten Fluch, und die orthodoxe Verdammnis muss im Vergleich dazu ein Trost sein.

Wie kann Ihre Theorie das vermeiden? Wie können Sie die Theorie von der Allwissenheit der Seele mit ihrer Blindheit für die Vorgänge auf Erden vereinbaren?

Weil es das Gesetz der Liebe und Barmherzigkeit ist. Das Ego, das allwissend ist *per se*, kleidet sich während jeder Periode im Devachan sozusagen in die *Spiegelung* der vergangenen »Persönlichkeit«. Ich habe Ihnen schon gesagt, dass die *ideelle* Blüte aller abstrakten und darum unsterblichen und unvergänglichen Eigenschaften, wie Liebe und Barmherzigkeit, die Liebe zum Wahren, Guten und Schönen, die je im Herzen der Persönlichkeit, während sie lebte, vorhanden war, nach dem Tode dem Ego anhaftet und ihm ins Devachan folgt. Für diese Zeit wird das Ego also zu einer ideellen Spiegelung des menschlichen Wesens, welches es während seines letzten Erdenlebens war, und dieses ist nicht allwissend. Wäre es allwissend, könnte es sich nie in dem Zustand befinden, den wir Devachan nennen.

Weshalb?

Wenn ich Ihnen gemäß der strengsten Grundsätze unserer Philosophie antworten darf, dann ist es, weil alles außerhalb der ewigen

Wahrheit Illusion oder *Maya* ist. Diese Wahrheit aber hat weder Form noch Farbe, noch irgendeine Begrenzung. Wer sich jenseits des Schleiers der Maya begeben hat, wie die höchsten Adepten und Eingeweihten, kann kein Devachan mehr haben. Die Seligkeit des gewöhnlichen Sterblichen ist im Devachan eine vollkommene. Es ist ein völliges *Vergessen* von allem, das ihm in seiner letzten Inkarnation Schmerzen und Sorgen verursachte, und sogar ein Vergessen, dass es solche Dinge wie Sorgen und Schmerzen überhaupt gibt. Der Devachani erlebt die Zwischenzeit zwischen zwei Inkarnationen umgeben von allem, was vergeblich erstrebt wurde, und in Gemeinschaft mit allen auf Erden geliebten Menschen. Das Ego hat die Erfüllung all seiner Seelensehnsüchte erreicht und lebt somit über Jahrtausende in *ungetrübtem* Glück, welches der Lohn für seine Leiden auf der Erde ist. Es badet sich in einem See ununterbrochener Glückseligkeit, überstrahlt nur von Geschehnissen noch größerer Glückseligkeit.

Aber dies ist schon mehr als eine bloße Täuschung, das sind Halluzinationen von Irrsinnigen!

Von Ihrem Standpunkt aus mag das der Fall sein, nicht aber von dem der Philosophie. Nebenbei bemerkt, ist nicht unser ganzes Erdenleben mit solchen Täuschungen erfüllt? Gibt es nicht Männer und Frauen, die jahrelang in einem Wahnparadies leben? Und wenn Sie die Entdeckung machen, dass der Mann, der von einer Frau geliebt wird, die sich auch von ihm geliebt glaubt, ihr untreu ist, würden Sie hingehen und ihr Herz brechen und den schönen Traum zerstören, indem Sie ihr roh die Wahrheit zeigten? Ich glaube nicht. Es muss nochmals gesagt werden, ein solches Vergessen und solche Halluzinationen, falls man sie so nennen will, sind nur ein barmherziges Naturgesetz und strenge Gerechtigkeit. Zweifellos ist das eine weit reizvollere Aussicht als die orthodoxe goldene Harfe mit dem Flügelpaar. Das Versprechen, »dass die Seele, welche lebt, häufig emporsteigt und die vertrauten Straßen des himmlischen Jerusalems besucht, bei den Patriarchen und Propheten weilt, die Apostel begrüßt und die Scharen der Märtyrer bewundert«, mag manchem wohl frömmer erscheinen, ist jedoch eine Halluzination von weit täuschenderem Charakter. Denn eine Mutter liebt, wie wir wissen, ihre Kinder mit einer unsterblichen Liebe, während die erwähnten Persönlichkeiten des »himmlischen Jerusalem« von eher zweifelhafter Natur sind. Aber noch eher könnte ich das »Neue Jerusalem« akzeptieren, mit seinen Straßen gepflastert wie die Schaufenster eines Juwelierladens, als in der herzlosen Lehre der Spiritisten Trost zu finden. Allein der Gedanke, dass die mit Verstand begabten, bewussten Seelen unserer Väter, Mütter, Töchter oder Brüder ihre Seligkeit in einem »Sommerland« finden könnten, das nur etwas natürlicher, aber ebenso lächerlich wie das »Neue Jerusalem« ist, würde ausreichen, jegliche Achtung für unsere Dahingegangenen zu verlieren. Zu glauben, dass ein reiner Geist sich glücklich fühlen könnte, während er dazu verdammt ist, alle Sünden, Missverständnisse, Verrätereien und vor allem die Leiden jener zu sehen, von denen er durch den Tod getrennt ist und die er am meisten liebt, ohne imstande zu sein, ihnen zu helfen, erscheint doch wahrlich als ein verrückter Gedanke.

Ihr Argument ist beeindruckend. Ich gestehe, in diesem Licht habe ich dies noch nie betrachtet.

Gewiss, man müsste schon ganz und gar egoistisch sein und den Sinn für ausgleichende Gerechtigkeit verloren haben, um sich so etwas auszudenken. Wir sind mit jenen, die wir in materieller Form verloren haben, zusammen und sind ihnen weit, weit näher als zu ihren Lebzeiten. Und es ist nicht eine Einbildung des Devachani, wie manche vielleicht glauben mögen, sondern Wirklichkeit. Denn reine göttliche Liebe ist nicht nur eine Blüte des menschlichen Herzens, sie hat ihre Wurzeln in der Ewigkeit. Die heilige spirituelle Liebe ist unvergänglich, und Karma wird früher oder später all jene, die einander in einer solch spirituellen Zuneigung liebten, wieder in der gleichen Familiengruppe zur Inkarnation bringen. Und Liebe über das Grab hinaus hat, wenn Sie sie auch eine Illusion nennen mögen, eine magische göttliche Kraft, die auf die Lebenden einwirkt. Das Ego einer Mutter sieht sich im Devachan umgeben von ihren Kindern. Sie leben ein Leben voll Glück, das so wirklich ist, als ob es auf Erden wäre, und diese Liebe wird von den noch auf Erden lebenden Kindern immer gefühlt werden. Sie wird sich in ihren Träumen zeigen und oft auch in verschiedenen Ereignissen, wo sie gewissermaßen von der *Vorsehung* beschützt werden und Unheil entrinnen, denn Liebe ist ein starker Schild und nicht durch Raum und Zeit begrenzt. So wie es mit der devachanischen »Mutter« ist, so ist es auch bei den übrigen menschlichen Beziehungen und Verbindungen, ausgenommen die rein egoistischen und materialistischen. Die Analogie wird Sie auf alles Übrige schließen lassen.

So geben Sie also in keinem Fall die Möglichkeit einer Kommunikation der Lebenden mit einem entkörperten Geist zu?

Doch, es gibt den Fall und sogar zwei Ausnahmen von der Regel. Die erste Ausnahme ist während einiger Tage unmittelbar nach dem Tode eines Menschen, bevor das Ego in den Devachan-Zustand eingeht. Ob allerdings irgendein lebender Sterblicher, von einigen Ausnahmefällen abgesehen (wenn nämlich die Intensität des Wunsches der sterbenden Person, zu einem bestimmten Zweck zurückzukehren, ihr höheres Bewusstsein zwang, *wach zu bleiben*, und deshalb war es wirklich die *Individualität*, der »Geist«, der sich mitteilte), viel Nutzen von der Rückkehr des Geistes in die *objektive* Ebene hätte, ist eine andere Frage. Der Geist ist nach dem Tode betäubt und fällt sehr bald in einen Zustand, den wir »*prädevachanische Bewusstlosigkeit*« nennen. Die zweite Ausnahme sind die *Nirmanakayas.*

Worum handelt es sich da, und was bedeutet dieser Name für Sie?

Dieser Name wird jenen gegeben, die, obwohl sie das Recht auf Nirvana und eine zyklische Ruhezeit errungen haben (nicht Devachan, denn das ist eine Täuschung unseres Bewusstseins, ein glücklicher Traum, und diejenigen, die reif geworden sind für Nirvana, müssen jeden Wunsch nach den Illusionen der Welt und jede Möglichkeit, ihnen zu erliegen, vollkommen verloren haben), aus Mitleid für die Menschheit und für jene, die sie auf Erden zurückgelassen haben, dem nirvanischen Zustand entsagen. Solch ein Adept oder Heiliger, oder wie immer Sie ihn nennen wollen, hält es für einen Akt der Selbstsucht, in Seligkeit zu ruhen, während die Menschheit unter der Bürde ihres von Unwissenheit hervorgerufenen Elends stöhnt. Er entsagt daher Nirvana und beschließt, unsichtbar im *Geist* auf dieser Erde zu bleiben. Die Nirmanakayas haben keinen materiellen Körper, denn diesen haben sie zurückgelassen. Im Übrigen aber bleiben sie mit allen ihren Prinzipien im *astralen* Leben in unserer Sphäre. Solche Wesen können sich einigen Erwählten mitteilen und tun es auch, aber sicherlich nicht *gewöhnlichen* Medien.

Die Frage nach den Nirmanakayas habe ich deshalb aufgeworfen, weil in einigen deutschen und anderen Büchern zu lesen ist, dass dies der Name ist, den die nördlichen buddhistischen Lehren den von den Buddhas angenommenen irdischen Erscheinungen oder Körpern geben.

Das ist so, nur haben die Orientalisten diesen irdischen Körper missverstanden und ihn mit dem *objektiven* und *physischen* Körper verwechselt, anstatt ihn als *astralen* und *subjektiven* Körper zu verstehen.

Was können Nirmanakayas auf Erden Gutes tun?

Nicht viel in Bezug auf Individuen, da sie kein Recht haben, in Karma einzugreifen; sie können die Sterblichen nur beraten und inspirieren für das allgemeine Gute. Dennoch tun sie mehr Segensreiches, als man sich vorstellen kann.

Die Wissenschaft und selbst die moderne Psychologie würde sich niemals dazu bekennen. Für sie kann kein Teil der Intelligenz das physische Gehirn überleben. Was würden Sie ihnen antworten?

Ich würde mir gar nicht die Mühe machen zu antworten, sondern einfach mit den Worten M. A. Oxons sagen: »Intelligenz dauert fort, auch nachdem der Körper tot ist. Denken ist nicht nur eine Frage des Gehirns. … Es ist durchaus vernunftgemäß zu behaupten, dass unserem Wissen nach der menschliche Geist unzerstörbar ist«.

Aber »M. A. Oxon« ist Spiritist?

Gewiss, und der einzige uns bekannte *wahre* Spiritist, obgleich wir mit ihm in manchen geringeren Fragen nicht übereinstimmen mögen. Aber davon abgesehen, kommt kein Spiritist den geistigen Wahrheiten näher als er. Wie jeder von uns spricht auch er unentwegt »von den Gefahren, die auf den schlecht ausgerüsteten, verworrenen Pfuscher im Okkultismus lauern, der die Schwelle zum Geistigen überschritt, ohne sich der Folgen bewusst zu sein«. Der einzige Punkt, in dem unsere Meinungen auseinandergehen, ist die Frage der »Geist-Identität«. Im Übrigen bin ich mit ihm vollkommen einverstanden und nehme die drei Lehrsätze an, die seine Ansprache von 1884 enthält. Es ist wohl eher dieser großartige Spiritist, der nicht mit uns übereinstimmt, als wir mit ihm.

Wie lauten diese Lehrsätze?

Es sind die Folgenden:

1. Dass es ein mit dem physischen Leben des Körpers gleichzeitiges und davon unabhängiges Leben gibt;
2. dass, als logische Folge, sich dieses Leben über das Leben des Körpers hinaus erstreckt. (Wir sagen, es erstreckt sich über das ganze Devachan:).
3. Dass es eine Verbindung zwischen den Bewohnern dieses Daseinszustandes und der Welt, in der wir leben, gibt.

Wie man sieht, hängt alles von den untergeordneten und zweitrangigen Aspekten dieser fundamentalen Lehrsätze ab. Alles hängt davon ab, welchen Gesichtspunkt wir von Geist und Seele, von *Individualität* und *Persönlichkeit* haben. Die Spiritisten werfen beide zusammen. Wir trennen sie und sagen, dass, von den beiden oben genannten Ausnahmen abgesehen, kein *Geist* die Erde wieder besucht, wenngleich die tierische Seele dies tun mag. Aber lassen Sie uns wieder zum Gegenstand der Skandhas zurückkehren.

Langsam beginne ich, alles besser zu verstehen. Es ist sozusagen der Geist jener edelsten Skandhas, der sich dem reinkarnierenden Ego anhaftet, überlebt und ihm sozusagen die Summe der engelhaften Erfahrungen hinzufügt. Jene Eigenschaften, die mit den materiellen Skandhas verbunden sind, mit selbstsüchtigen und persönlichen Motiven, verschwinden zwischen zwei Inkarnationen vom Tätigkeitsfeld und erscheinen dann wieder bei der darauffolgenden Inkarnation als karmische Ergebnisse, die auszugleichen sind. Deshalb wird der Geist das Devachan nicht verlassen. Ist das richtig?

Beinahe! Wenn Sie dem noch hinzufügen, dass das Gesetz der Vergeltung oder Karma die Höchsten und Spirituellsten im Devachen belohnt und niemals versäumt, diese auf der Erde auch wieder zu belohnen, indem es ihnen eine weitere Entwicklung ermöglicht und das Ego mit einem dafür geeigneten Körper versieht, dann liegen sie ganz richtig.

Einige Worte über die Skandhas

Was wird aus den anderen, den niederen Skandhas der Persönlichkeit nach dem Tod des Körpers? Werden sie gänzlich zerstört?

Ja und doch auch wieder nicht; ein neues metaphysisches Rätsel für Sie. Als Arbeitswerkzeug in der Hand der Persönlichkeit werden sie zerstört. Sie bleiben aber als *karmische Wirkungen*, als Keime, in der Atmosphäre der irdischen Ebene hängen, bereit, wieder in das Leben zu treten, um sich als rachsüchtige Feinde an die neue Persönlichkeit des Egos zu haften, wenn dieses wiedergeboren wird.

Das übersteigt meine Auffassungskraft und ist sehr schwer zu verstehen.

Nicht, sobald Sie alle Einzelheiten erfasst haben. Dann werden Sie sehen, dass die Lehre von der Reinkarnation, was Logik, Folgerichtigkeit, philosophische Tiefgründigkeit, göttliche Barmherzigkeit und Gerechtigkeit betrifft, auf Erden nicht ihresgleichen hat. Sie ist der Glaube an einen immerwährenden Fortschritt für jedes inkarnierende Ego oder jede göttliche Seele, in einer Evolution, die von außen nach innen, vom Materiellen zum Spirituellen führt und am Ende jeder Stufe absolute Einheit mit dem göttlichen Prinzip erreicht. Sie führt von Stärke zu Stärke, von der Schönheit und Vollkommenheit einer Ebene zur größeren Schönheit und Vollkommenheit der nächsten. Jeder Zyklus bringt den Erwerb neuer Herrlichkeit, neuen Wissens und neuer Macht. Dies ist die Bestimmung jedes Egos, das so in jeder Welt und jeder Inkarnation sein eigener Erlöser wird.

Aber das Christentum lehrt das Gleiche, auch dort gibt es eine Weiterentwicklung.

Gewiss. Nur fügt es noch etwas hinzu: Es spricht von der *Unmöglichkeit*, die Erlösung ohne einen wunderbaren Retter zu erreichen, und damit bestimmt es alle diejenigen zur Verdammnis, die dieses Dogma nicht annehmen wollen. Darin liegt der Unterschied zwischen christlicher Theologie und Theosophie. Die erstere erzwingt den Glauben an das Herabsteigen des geistigen Egos in das *niedere Selbst*; die letztere prägt die Notwendigkeit ein, sich zu bemühen, um sich selbst zum Christos- oder Buddhi-Zustand zu erheben.

Wenn Sie aber die Vernichtung des Bewusstseins im Falle des Misslingens lehren, könnte dies von Nichtmetaphysikern nicht als Vernichtung des Selbstes verstanden werden?

Vom Standpunkt derjenigen, die an die Auferstehung des Körpers im *buchstäblichen* Sinne glauben und meinen, dass jeder Knochen, jede Arterie und jedes fleischliche Atom am jüngsten Tage physisch wieder da sein wird, mag das der Fall sein. Wenn Sie darauf bestehen, dass die vergängliche Form und die endlichen Eigenschaften den unsterblichen Menschen ausmachen, dann werden wir einander kaum verstehen. Und wenn Sie nicht verstehen, dass man durch die Begrenzung der Existenz jedes Egos auf ein Erdenleben aus der Gottheit einen ewig trunkenen Indra des puranischen toten Buchstabens macht, einen grausamen Moloch, einen Gott, der ein unmögliches Durcheinander auf Erden anrichtet und dafür noch Dank begehrt, dann ist es besser, unsere Unterredung abzubrechen.

Da das Thema der Skandhas ausreichend behandelt wurde, lassen sie uns bitte zu der Frage des Bewusstseins, das den Tod überlebt, zurückkehren. Das ist der Punkt, der die meisten Menschen interessiert. Besitzen wir im Devachan mehr Wissen als im irdischen Leben?

In einem gewissen Sinne können wir mehr Wissen erlangen. Wir können jede Fähigkeit, die wir wertschätzten und nach der wir während des Lebens strebten, weiter entfalten, sofern sie abstrakte und ideelle Dinge betrifft, wie Musik, Malerei, Poesie usw., denn das Devachan ist lediglich eine idealisierte und subjektive Fortsetzung des Erdenlebens.

Aber wenn im Devachan der Geist frei von Materie ist, warum sollte er dort nicht alles Wissen haben?

Weil das Ego, wie ich schon gesagt habe, dort mit der Erinnerung an seine letzte Inkarnation sozusagen verheiratet ist. Wenn Sie alles überdenken, was ich gesagt habe, und alle diese Fakten miteinander verknüpfen, dann werden Sie sehen, dass der Devachan-Zustand kein Zustand von Allwissenheit ist, sondern eine transzendente Fortsetzung des eben beendeten persönlichen Lebens. Es ist ein Ausruhen der Seele von den Mühen des Erdenlebens.

Aber die wissenschaftlichen Materialisten behaupten, dass nach dem Tod des Menschen nichts übrig bleibt, dass der Körper einfach in seine Bestandteile zerfällt und das, was wir Seele nennen, nur ein zeitweiliges Selbstbewusstsein ist, welches als Nebenprodukt organischer Funktionen entsteht und sich wie Dampf verflüchtigt. Ist das nicht eine seltsame Einstellung?

Durchaus nicht. Wenn sie behaupten, dass das Selbstbewusstsein mit dem Körper aufhört, dann äußern sie in ihrem Fall nichts anderes als eine unbewusste Prophezeiung. Denn wenn sie wirklich fest von dem, was sie behaupten, überzeugt sind, kann es für sie kein bewusstes Weiterleben geben. Aber jede Regel *hat* ihre Ausnahmen.

Über das Bewusstsein nach dem Tode und nach der Geburt

Wenn das menschliche Selbstbewusstsein in der Regel den Tod überlebt, warum sollte es dann Ausnahmen davon geben?

In den Grundprinzipien der geistigen Welt sind Ausnahmen unmöglich. Aber es gibt Regeln für jene, die sehen, und für jene, die es vorziehen, blind zu bleiben.

Gut, ich verstehe. Das ist nur die Verirrung eines Blinden, der die Existenz der Sonne leugnet, weil er sie nicht sieht. Aber nach dem Tod werden ihn seine geistigen Augen sicherlich zwingen zu sehen. Ist das gemeint?

Er wird weder gezwungen noch wird er irgendetwas sehen. Er hat während des Lebens beharrlich die Fortsetzung des Daseins nach dem Tode geleugnet und wird deshalb unfähig sein, es wahrzunehmen. Da seine geistige Fähigkeit im Leben verkümmert ist, kann er sie auch nach dem Tode nicht entwickeln und wird deshalb blind bleiben. Wenn Sie darauf bestehen, dass er sehen muss, dann meinen Sie wahrscheinlich etwas anderes als ich! Sie sprechen vom Geist des Geistes oder von der Flamme der Flamme, also von Atma, und verwechseln es mit der menschlichen Seele, mit Manas. Sie verstehen mich nicht; ich möchte es deshalb noch einmal klarstellen. In Ihrer Frage geht es darum, zu wissen, ob im Fall eines richtigen Materialisten der vollständige Verlust des Selbstbewusstseins und der Selbstwahrnehmung nach dem Tode möglich ist. Darauf ist zu antworten: Es ist möglich. Da wir fest an unsere esoterische Lehre glauben, die die Zeit nach dem Tod oder die Zwischenzeit zwischen zwei Leben oder Geburten nur als einen Übergangszustand betrachtet, sage ich, dass, ob nun dieser Zustand zwischen diesen beiden Auftritten des illusionären Lebensdramas ein Jahr oder eine Million Jahre dauert, dieser nachtodliche Zustand – ohne Verstoß gegen das fundamentale Gesetz – dem Zustand eines Menschen in einer tödlichen Ohnmacht gleicht.

Aber da Sie gerade gesagt haben, dass die fundamentalen Gesetze des nachtodlichen Zustandes keine Ausnahmen zulassen, wie kann dies möglich sein?

Ich sage auch nicht, dass Ausnahmen zulässig sind. Aber das geistige Gesetz der Kontinuität ist nur auf Dinge anwendbar, die wirklich wahr sind. Wer die *Mundaka Upanishad* gelesen und den *Vedanta* studiert hat, für den wird alles ganz klar. Weiter ist zu sagen: Es genügt zu verstehen, was mit Buddhi und der Dualität des Manas gemeint ist, um eine klare Vorstellung zu gewinnen, warum ein Materialist kein bewusstes Weiterleben nach dem Tode haben wird. Da Manas in seinem niederen Aspekt der Sitz des irdischen Verstandes ist, kann es vom Universum auch nur eine solche Erkenntnis geben, die auf dem Zeugnis dieses Verstandes beruht. Es kann keine spirituellen Visionen vermitteln. In den östlichen Schulen wird gelehrt, dass zwischen Buddhi und Manas (dem Ego) oder Ishvara und Prajna[36] in Wirklichkeit kein anderer Unterschied ist als der *zwischen einem Wald und seinen Bäumen, einem See und seiner Wassermenge*, so lehrt die *Mundaka*. Wenn ein Baum oder hundert Bäume wegen Verlustes der Lebenskraft absterben oder entwurzelt werden, hindert es den Wald nicht, ein Wald zu bleiben.

Wenn ich richtig verstehe, stellt Buddhi in diesem Gleichnis den Wald und Manas-Taijasi die Bäume dar. Wenn nun Buddhi unsterblich ist, wie kann das, was ihm ähnlich ist, Manas-Taijasi[37]*, gänzlich sein Bewusstsein verlieren bis zum Tage einer neuen Geburt? Das verstehe ich nicht.*

Sie können es nicht verstehen, weil Sie eine abstrakte Darstellung des Ganzen mit seiner ursächlichen Veränderung der Form verwechseln. Wenn es von Buddhi-Manas heißt, dass es unbedingt unsterblich ist, so gilt das aber nicht für das niedere Manas, noch weniger für Taijasi, das bloß ein Merkmal ist. Weder Manas noch Taijasi können getrennt von Buddhi, der *göttlichen Seele*, existieren. Ersteres (Manas) ist in seinem *niederen* Aspekt eine qualitative Eigenschaft der irdischen Persönlichkeit. Letzteres (Taijasi) ist identisch mit dem ersteren, weil es dasselbe Manas ist, aber mit dem in ihm gespiegelten Licht Buddhis. Buddhi wiederum würde nur ein unpersönlicher Geist bleiben ohne dieses Element, das es sich von der menschlichen Seele ausleiht, die den Geist bedingt und aus ihm in diesem *illusorischen* Universum für die gesamte Dauer der Verkörperung sozusagen *etwas Getrenntes vom Universalgeist macht.* Sagen wir also lieber, dass *Buddhi-Manas* weder sterben noch sein zusammengesetztes Selbstbewusstsein in Ewigkeit jemals verlieren kann, ebenso wenig wie die Rückerinnerungen an frühere Verkörperungen, in welchen die beiden, die spirituelle und die menschliche Seele, eng miteinander verbunden waren. Aber im Fall eines Materialisten ist es nicht so. Seine menschliche Seele empfängt nicht nur nichts von der göttlichen Seele, sondern weigert sich sogar, ihre Existenz anzuerkennen. Man kann dieses Axiom kaum auf die Merkmale und Eigenschaften der menschlichen Seele anwenden, denn das wäre gleichbedeutend mit der

Behauptung, dass, nur weil die göttliche Seele unsterblich ist, auch das Rot der Wangen unsterblich sein müsse, während dieses Rot gleich Taijasi nur eine vorübergehende Erscheinung ist.

Wollen Sie damit sagen, dass man das Noumenon nicht mit dem Phänomen, die Ursache nicht mit ihrer Wirkung verwechseln darf?

Ja, und ich wiederhole, dass das Strahlen von Taijasi, beschränkt auf Manas, die menschliche Seele, lediglich eine Frage der Zeit ist, denn sowohl Unsterblichkeit als auch Bewusstsein werden für die irdisch-menschliche Persönlichkeit nach dem Tode schlicht zu bedingten Eigenschaften, da sie völlig vom Glauben und den Umständen abhängig sind, welche sich die menschliche Seele während ihres körperlichen Lebens selbst geschaffen hat. Karma ist unaufhörlich tätig. In unserem *nachtodlichen Leben* ernten wir jene Früchte, die wir in diesem Leben gesät haben.

Aber wenn mein Ego nach der Zerstörung meines Körpers in einen Zustand völliger Bewusstlosigkeit getaucht wird, wo findet dann die Bestrafung für die Sünden meines vergangenen Lebens statt?

Unsere Philosophie lehrt, dass die karmische Bestrafung das Ego nur in der nächsten Verkörperung erreicht. Nach dem Tode empfängt es nur den Ausgleich für die unverdienten Leiden, die es während der letzten Verkörperung[38] erduldet hat. Die ganze Bestrafung nach dem Tode, auch für den Materialisten, besteht deshalb in der Abwesenheit jeglicher Belohnung und im vollkommenen Verlust des Bewusstseins von Seligkeit und Frieden. Karma ist das Kind des irdischen Egos, die Frucht der Handlungen des Baumes, der als objektive Persönlichkeit allen sichtbar ist, sowie die Frucht aller Gedanken und sogar Beweggründe des spirituellen »Ich«. Aber Karma ist auch die zärtliche Mutter, welche die von ihr im vergangenen Leben zugefügten Wunden heilt, bevor sie beginnt, dieses Ego durch Zufügung neuer Wunden wieder zu quälen. Es muss betont werden, dass es im Leben eines Sterblichen kein geistiges oder physisches Leiden gibt, das nicht die unmittelbare Wirkung und Folge irgendeiner Sünde in einem vergangenen Leben wäre. Da der Mensch aber in seinem aktuellen Leben nicht die leiseste Rückerinnerung daran bewahrt, empfindet er die Strafe als unverdient, denn er denkt, er leide ohne eigenes Verschulden. Das allein schon berechtigt zu höchstem Trost, Frieden und Seligkeit im Dasein nach dem Tode. Der Tod kommt zu unserem spirituellen Selbst stets als Befreier und Freund. Für den Materialisten, der trotz seines Materialismus kein schlechter Mensch war, wird die Zwischenzeit zwischen zwei Leben gleich dem ununterbrochenen und ruhigen Schlaf eines Kindes sein, der entweder ganz traumlos oder mit Bildern erfüllt sein wird, von denen er keine bestimmte Wahrnehmung haben wird. Für den Durchschnitts-Sterblichen wird es ein Traum sein, der lebendig wie das Leben und voll von wirklichkeitsnaher Seligkeit und Visionen ist.

Dann muss also der persönliche Mensch immer wieder blind die karmischen Bestrafungen erdulden, für die das Ego den Anlass gegeben hat?

Nicht ganz. Im feierlichen Augenblick des Todes, selbst wenn dieser ein ganz plötzlicher ist, sieht jeder Mensch sein ganzes vergangenes Leben in allen Einzelheiten vor sich. Für einen kurzen Augenblick wird das *persönliche* mit dem *individuellen* und allwissenden Ego eins. Aber dieser Augenblick ist ausreichend, um ihm die Kette von Ursachen zu zeigen, die während seines Lebens wirksam waren. Er sieht und versteht sich nun, wie er ist, unbeschönigt von Schmeichelei und Selbsttäuschung. Er liest sein Leben einem Zuschauer gleich, der noch einmal auf die Arena hinabblickt, die er soeben verlässt. Er fühlt und begreift die Gerechtigkeit aller Leiden, die ihm widerfahren sind.

Geschieht das bei jedem?

Ohne Ausnahme. Sehr gute und heilige Menschen sehen, wie uns gelehrt wird, nicht nur das Leben, das sie gerade verlassen, sondern sogar mehrere vorherige Leben, welche die Ursachen sind, die sie zu dem gemacht haben, was sie im eben beendeten Leben waren. Sie erkennen das Gesetz von Karma in seiner ganzen majestätischen Größe und Gerechtigkeit.

Gibt es etwas Entsprechendes vor der Wiedergeburt?

Sicherlich. Wie der Mensch im Augenblick des Todes eine Rückschau auf das vergangene Leben hat, so hat er im Augenblick der Geburt in ein neues Erdenleben, wenn das Ego aus dem Devachan erwacht, eine vorausschauende Vision auf das, das ihn erwartet, und er begreift all die Ursachen, die dazu geführt haben. Er begreift diese und sieht die Zukunft, weil das Ego zwischen Devachan und Wiedergeburt das volle *manasische* Bewusstsein wiedererlangt und für eine kurze Zeit wieder der Gott wird, der es war, ehe es dem karmischen Gesetz entsprechend zum ersten Mal in die Materie hinabstieg und in den ersten Menschen aus Fleisch inkarnierte. Der goldene Faden sieht alle seine »Perlen« und vermisst keine einzige.

Was versteht man wirklich unter Vernichtung?

Ich habe einige Theosophen von einem goldenen Faden sprechen hören, an dem ihre Leben aufgereiht sein sollen. Was meinen sie damit?

In den heiligen Büchern der Hindus wird gesagt, dass das, was sich der periodischen Inkarnation unterzieht, der *Sutratma* ist, was wörtlich »Fadenseele« bedeutet. Es ist dies ein Synonym für das reinkarnierende Ego (Manas in Verbindung mit *Buddhi*), welches die manasischen Erinnerungen all unserer vergangenen Leben in sich aufnimmt. Es wird so genannt, weil die lange Reihe der menschlichen Leben gleich Perlen auf diesem einen Faden aufgereiht sind. In einigen *Upanishaden* werden diese Wiedergeburten mit dem Leben eines Sterblichen verglichen, das periodisch zwischen Schlafen und Wachen pendelt.

Das scheint mir nicht sehr klar, und ich sage Ihnen auch warum. Für den Menschen, der aufwacht, beginnt ein neuer Tag, aber dieser Mensch ist in Seele und Körper derselbe wie am Tag zuvor. In jeder neuen Inkarnation jedoch erfolgt nicht nur ein vollkommener Wechsel in der äußeren Umhüllung, dem Geschlecht und der Persönlichkeit, sondern auch in den mentalen und psychischen Fähigkeiten. Der Vergleich erscheint mir nicht ganz richtig. Der Mensch, der vom Schlaf erwacht, erinnert sich ganz klar an alles, was er am Tag zuvor, ja selbst Monate und Jahre zuvor getan hat. Aber niemand von uns hat auch nur die leiseste Erinnerung an ein vorheriges Leben oder an irgendwelche Tatsachen oder Geschehnisse, die es betreffen. Ich mag am Morgen vergessen haben, was ich nachts träumte, dennoch weiß ich, dass ich geschlafen habe und während des Schlafes lebte. Aber welche Rückerinnerung kann ich an meine früheren Leben bis zum Tode haben? Wie können Sie das vereinbaren?

Manche Menschen erinnern sich wohl ihrer vergangenen Inkarnationen während des Lebens, aber das sind Buddhas und Eingeweihte. Die Yogis nennen dieses Wissen um die ganze Reihe vergangener Inkarnationen *Samma-Sambuddha.*

Aber wie sollen wir gewöhnlichen Sterblichen, die Samma-Sambuddha noch nicht erreicht haben, diesen Vergleich verstehen?

Indem wir ihn studieren und versuchen, die Merkmale und die drei Arten des Schlafes genauer zu verstehen. Schlaf ist für Mensch und Tier ein allgemeines unabänderliches Gesetz, aber es gibt verschiedene Arten von Schlaf und noch mehr Unterschiede in Träumen und Visionen.

Aber das führt uns zu einem anderen Gegenstand. Kehren wir bitte zu dem Materialisten zurück, der zwar nicht die Existenz von Träumen leugnet, wohl aber die Unsterblichkeit im Allgemeinen und das Weiterleben seiner eigenen Individualität.

Und der Materialist hat dabei, ohne es zu wissen, recht. Jemand, der kein inneres Empfinden für und Glauben an die Unsterblichkeit seiner Seele hat, dessen Seele kann niemals Buddhi-Taijasi werden, sie wird einfach Manas bleiben, und für Manas allein ist Unsterblichkeit nicht möglich. Um in der jenseitigen Welt ein bewusstes Leben führen zu können, muss man vor allem schon während des irdischen Daseins an dieses Leben glauben. Auf diesen beiden Gedanken der Geheimwissenschaft ist die ganze Philosophie über das *nachtodliche* Bewusstsein und der Unsterblichkeit der Seele aufgebaut. Das Ego erhält immer das, was es verdient. Nach der Auflösung des Körpers beginnt für das Ego entweder eine Periode voll erwachten Bewusstseins, ein Zustand chaotischer Träume oder ein völlig traumloser Schlaf, der von Vernichtung nicht zu unterscheiden ist. Das sind die drei Arten von Schlaf. Wenn unsere Physiologen annehmen, dass unsere Träume und Visionen unbewusst während der Stunden des Wachseins vorbereitet werden, warum kann das alles nicht auch für unsere Träume *nach dem Tod* angenommen werden? Ich wiederhole: Tod ist Schlaf. *Nach dem Tod* beginnt vor den geistigen Augen der Seele eine Vorführung, deren Programm wir selbst erlernt und oft unbewusst zusammengestellt haben: Die *praktische* Ausführung entweder von richtigen Anschauungen oder von Illusionen, die wir selbst geschaffen haben. Der Christ wird, zumindest für einige Zeit, ein Christ und der Muslim ein Muslim bleiben, in einer vollkommenen Traumwelt, die jeder Mensch sich selbst geschaffen und aufgebaut hat. Das sind die *nachtodlichen* Früchte des Baumes des Lebens. Natürlich kann der Umstand, dass wir an die Unsterblichkeit glauben oder nicht glauben, nicht die Wirklichkeit dieser Tatsache selbst beeinflussen. Aber der Glaube oder Unglaube an diese Unsterblichkeit, als Eigenschaften unabhängiger oder getrennter Wesenheiten, muss die Wirkung dieser Tatsache auf diese Wesenheiten färben. Beginnen Sie nun zu verstehen?

Ich glaube ja. Der Materialist, der an nichts glaubt, was nicht durch seine fünf Sinne oder wissenschaftliche Schlussfolgerungen bewiesen werden kann, durch Beweisführungen, die ausschließ-

lich auf Erfahrungen dieser fünf Sinne – trotz ihrer Unzulänglichkeit – begründet sind, und der jegliche spirituelle Manifestationen zurückweist, erkennt das irdische Leben als einziges bewusstes Dasein an. Ihm wird es daher seinem Glauben gemäß ergehen. Er wird sein persönliches Ego verlieren und bis zum nächsten Erwachen in einen traumlosen Schlaf fallen. Ist es so?

Beinahe. Erinnern Sie sich an die praktisch universelle Lehre von den zwei Arten bewusster Existenz – der irdischen und der spirituellen. Die letztere muss als wirklich betrachtet werden aufgrund der Tatsache, dass sie von der ewigen, unveränderlichen und unsterblichen Monade bewohnt wird, während sich das reinkarnierende Ego in neue Gewänder kleidet, die von denen seiner vorhergehenden Inkarnation vollkommen verschieden sind und in denen alles, mit Ausnahme des spirituellen Prototyps, zu einer so drastischen Wandlung verurteilt ist, dass keinerlei Spuren übrig bleiben.

Wieso? Kann denn mein bewusstes irdisches Ich nicht nur zeitweilig dahinschwinden, wie das Bewusstsein des Materialisten, und zwar so vollkommen, dass es nicht einmal eine Spur hinterlässt?

Entsprechend der Lehre muss es vollkommen schwinden, mit Ausnahme jenes Prinzips, welches dadurch, dass es sich mit der Monade vereinigt hat, zu einer rein spirituellen unzerstörbaren Wesenheit geworden ist, eins mit ihr in Ewigkeit. Im Falle eines Menschen, der durch und durch Materialist war und in dessen persönlichem Ich Buddhi sich niemals widergespiegelt hat, wie sollte ein solcher auch nur irgendein Teilchen seiner irdischen Persönlichkeit mit in die Ewigkeit tragen können? Unser spirituelles »Ich« ist unsterblich, aber es kann von Ihrem gegenwärtigen Selbst nur das mit sich in die Ewigkeit nehmen, was der Unsterblichkeit würdig geworden ist, das heißt, nur den Duft der Blume, die vom Tod hinweggemäht wurde.

Und was geschieht mit der Blume, dem irdischen Ich?

Diese Blume wird zum Staub zurückkehren, so wie alle vergangenen und zukünftigen Blumen, die am mütterlichen Zweig, dem *Sutratma*, geblüht haben oder noch blühen werden und die alle Kinder der einen Wurzel oder Buddhis sind. Ihr gegenwärtiges »Ich«, so, wie Sie sich selbst kennen, ist nicht der Körper, der vor mir sitzt, noch ist es das, was ich Sutratma-Manas nennen würde, sondern Sutratma-Buddhi.

Aber das ist noch keine Erklärung dafür, warum Sie das Leben nach dem Tod als etwas Unsterbliches, Unbegrenztes und Wirkliches bezeichnen, das irdische Leben aber nur als ein Phantom oder eine Täuschung. Denn auch dieses Leben nach dem Tod hat doch Begrenzungen, wenn sie auch ausgedehnter sein mögen als die des irdischen Lebens.

Zweifellos. Das spirituelle Ego des Menschen bewegt sich in Ewigkeit gleich einem Pendel zwischen den Stunden von Geburt und Tod. Aber wenn diese Stunden, welche die Perioden des irdischen und spirituellen Lebens markieren, auch in ihrer Dauer begrenzt sind, und wenn die Zahl solcher Abschnitte in der Ewigkeit zwischen Schlaf und Erwachen, zwischen Täuschung und Wirklichkeit ihren Anfang und ihr Ende hat, so ist andererseits der geistige Pilger ewig. Darum sind die Stunden seines *nachtodlichen* Lebens, in denen er entkörpert der Wahrheit und nicht den Spiegelungen seiner vergänglichen irdischen Existenzen von Angesicht zu Angesicht gegenübersteht, diese Periode der Pilgerschaft, die wir den »Zyklus der Wiedergeburten« nennen, unserer Auffassung nach die einzige Wirklichkeit. Solche Pausen hindern trotz ihrer Begrenzungen das Ego nicht daran, sich unentwegt zu vervollkommnen und schrittweise und langsam, aber ohne jemals abzuweichen, den Pfad bis zu seiner letzten Umwandlung zu verfolgen, in der es sein Ziel erreicht und ein göttliches Wesen wird. Diese Zwischenpausen und Abschnitte verhelfen ihm zu diesem Endziel und behindern es nicht. Ohne solche zeitweiligen Begrenzungen könnte das göttliche Ego sein letztes Ziel nie erreichen. Ich habe Ihnen schon einmal ein praktisches Beispiel gegeben, indem ich das Ego, die *Individualität*, mit einem Schauspieler verglich und seine zahlreichen und mannigfaltigen Inkarnationen mit den Rollen, die er spielt. Wollen Sie diese Rollen oder die Kostüme als die Individualität des Schauspielers bezeichnen? Gleich einem solchen Schauspieler ist das Ego während des Zyklus der Notwendigkeiten, bis es an der Schwelle von Paranirvana steht, gezwungen, viele Rollen zu spielen, auch solche, die ihm unerfreulich sein mögen. Aber so wie die Biene ihren Honig aus jeder Blume sammelt und den Rest den Erdenwürmern als Futter hinterlässt, so tut dies auch unsere spirituelle Individualität, ob wir sie nun Sutratma oder Ego nennen. Aus jeder irdischen Persönlichkeit, in der zu inkarnieren Karma sie zwingt, sammelt sie nur den Nektar der spirituellen Qualitäten und des höheren Bewusstseins, vereint alle diese zu einem Ganzen und taucht dann aus ihrer Hülle als strahlender Dhyan Chohan empor. Umso schlimmer für jene irdischen Persönlichkeiten, von denen sie nichts ernten konnte. Solche Persönlichkeiten können sicherlich ihre irdische Existenz nicht bewusst überleben.

Für die irdische Persönlichkeit scheint die Unsterblichkeit also immer noch etwas Bedingtes zu sein. Ist die Unsterblichkeit nicht etwas Unbedingtes?

Nein, überhaupt nicht. Aber Unsterblichkeit kann das *Nicht-Existente* nicht berühren; denn alles, was als *Sat* existiert oder aus *Sat* emaniert, Unsterblichkeit und Ewigkeit, ist absolut. Materie ist der Gegenpol des Geistes – und doch sind beide eins. Das Wesen von Geist, Kraft und Stoff, beziehungsweise von diesen Dreien in Einem, ist ebenso ohne Ende, wie es ohne Anfang ist. Aber die Form, die diese dreifache Einheit während ihrer Inkarnationen erworben hat, ihr Äußeres, ist ganz gewiss nur die Illusion unserer persönlichen Auffassungen. Darum nennen wir Nirvana und das universale Leben allein eine Wirklichkeit, während wir das irdische Leben einschließlich der irdischen Persönlichkeit und auch sein Dasein im Devachan in das Scheinreich der Illusion verweisen.

Aber warum bezeichnen Sie in solch einem Fall den Schlaf als Wirklichkeit und den Wachzustand als Täuschung?

Das ist nur ein Vergleich, der gemacht wird, um das Verstehen dieses Gegenstandes zu erleichtern, und vom Standpunkt der irdischen Auffassung aus ist es ein sehr zutreffender.

Trotzdem kann ich Folgendes nicht verstehen. Wenn das künftige Leben auf Gerechtigkeit und auf dem verdienten Ausgleich für alle unsere Leiden auf Erden begründet ist, wie kann dann bei Materialisten, von denen doch viele wirklich ehrenhafte und wohltätige Menschen sind, von ihrer Persönlichkeit nichts anderes übrig bleiben als die Überreste einer verwelkten Blume?

So etwas hat niemand behauptet. Kein Materialist, wie ungläubig er auch sein mag, kann in seiner ganzen spirituellen Individualität für immer sterben. Was ich gesagt habe, ist nur, dass das Bewusstsein im Falle eines Materialisten ganz oder teilweise verschwinden kann, so dass keine bewussten Reste seiner Persönlichkeit übrig bleiben.

Aber das bedeutet doch Vernichtung?

Durchaus nicht. Man kann während einer langen Eisenbahnfahrt in einen tiefen Schlaf fallen und mehrere Stationen durchfahren, ohne auch nur die geringste Erinnerung daran zu haben, und bei einer späteren Station wieder aufwachen und die Reise fortsetzen, bis nach zahllosen weiteren Haltestellen das Ziel der Reise erreicht ist. Ich habe drei Arten des Schlafes bereits erwähnt: Den traumlosen, den chaotischen und den, der so wirklich ist, dass er für den Schlafenden volle Wirklichkeit bedeutet. Wenn Sie daran glauben, warum können Sie dann das andere nicht verstehen? Der Mensch wird nach dem Tode jenes Leben haben, an welches er geglaubt hat und das er erwartet. Wer kein Leben erwartet hat, wird in der Zwischenzeit zwischen zwei Geburten eine absolute Leere haben, die einer Vernichtung ähnlich ist. Der Materialist führt daher das

Programm durch, das er selbst für sich aufgestellt hat. Allerdings gibt es, wie Sie sagen, verschiedene Arten von Materialisten. Ein selbstsüchtiger, bösartiger Egoist, der nie eine Träne für irgendjemand anderen vergossen hat als für sich selbst, ein Mensch also, der zu seinem Unglauben noch der Welt gegenüber vollkommen gleichgültig ist, muss an der Pforte des Todes seine Persönlichkeit für immer zurücklassen. Da diese Persönlichkeit nicht eine einzige Ranke des Mitleids für die Welt getrieben hat, mit der sie sich am Sutratma festhalten könnte, muss mit dem letzten Atemzug jede Verbindung zwischen diesen beiden zerreißen. Da es für einen solchen Materialisten kein Devachan gibt, wird dieses Sutratma nahezu unmittelbar darauf reinkarnieren. Jene Materialisten hingegen, die in nichts anderem irrten, als in ihrem Unglauben, werden nur eine Station verschlafen; und es wird die Zeit kommen, wo dieser ehemalige Materialist sich in der Ewigkeit wahrnehmen und vielleicht bereuen wird, auch nur einen Tag, eine Station, vom ewigen Leben verloren zu haben.

Wäre es dann nicht richtiger zu sagen, dass der Tod die Geburt zu einem neuen Leben oder eine erneute Rückkehr in die Ewigkeit ist?

Man könnte so sagen. Nur darf man nicht vergessen, dass die Geburten unterschiedlich sind und es auch Geburten von totgeborenen Wesen gibt, welche Fehlschläge der Natur sind. Jedoch mit Ihren westlichen fixen Ideen über das materielle Leben sind die Worte »lebend« oder »seiend« auf den rein subjektiven Zustand *nach dem Tode* nicht anwendbar. Ausgenommen bei wenigen Philosophen, die nur von wenigen gelesen werden und die selbst zu verworren sind, um ein deutliches Bild zu geben. Auch sind die westlichen Vorstellungen von Leben und Tod so eng geworden, dass sie einerseits zu einem krassen Materialismus führten und andererseits zu der noch materialistischeren Auffassung des jenseitigen Lebens, das die Spiritisten als ihr »Sommerland« bezeichnen. Dort essen, trinken, heiraten die menschlichen Seelen und leben in einem Paradies, so sinnlich wie das des Mohammed, aber keineswegs so philosophisch. Auch ist die gewöhnliche Vorstellung des ungebildeten Christen nicht besser, sie ist sogar noch materialistischer. Es nimmt sich wie eine Märchenszene einer Weihnachtspantomime aus, was da der christliche Himmel an Engeln, Trompeten, goldenen Harfen und dem materiellen Höllenfeuer aufweist. Wegen dieser engen Vorstellungen ist das Erfassen der Tatsachen so schwierig. Gerade weil dem Leben der entkörperten Seele jene objektive Form des irdischen Lebens fehlt, während sie es doch lebendig und real erlebt wie in bestimmten Träumen, haben es die östlichen Philosophen mit Visionen während des Schlafes verglichen.

Bestimmte Worte für bestimmte Dinge

Glauben Sie nicht, dass die Verwirrung unserer Vorstellungen über die verschiedenen Funktionen der sogenannten Prinzipien daher kommt, dass es keine bestimmten festen Bezeichnungen für jedes einzelne »Prinzip« im Menschen gibt?

Daran habe ich auch schon gedacht. Die ganze Schwierigkeit ist dadurch entstanden, dass wir bei unseren Erklärungen und Erörterungen der Prinzipien von Anfang an ihre Sanskrit-Bezeichnungen gebrauchten, anstatt sofort entsprechende englische Ausdrücke dafür zu prägen. Wir müssen dies nun nachträglich versuchen und Abhilfe schaffen.

Dies wäre zur Vermeidung weiterer Verwirrungen wichtig. Es scheint mir, dass es keine zwei theosophischen Autoren gibt, die bisher das gleiche Prinzip mit dem gleichen Namen bezeichnet haben.

Die Verwirrung ist jedoch mehr scheinbar als wirklich. Ich habe gehört, dass einige Theosophen darüber erstaunt waren und einige Artikel kritisierten, die von den Prinzipien handeln. Prüft man diese jedoch, dann findet sich aber kein schlimmerer Fehler, als dass das Wort »Seele« gebraucht worden ist, um die drei Prinzipien abzudecken, ohne deren Unterschiede im Einzelnen anzuführen. Der erste und zweifellos klarste theosophische Autor ist A. P. Sinnett. Bei ihm gibt es einige gut verständliche und hervorragend geschriebene Textstellen über das »Höhere Selbst« (*Transactions of the London Lodge*, No. 7, Okt. 1885). Sein tatsächlicher Gedanke wurde auch von einigen missverstanden, da er das Wort »Seele« in einem zu allgemeinen Sinn gebrauchte. Einige Auszüge sollen zeigen, wie klar und einleuchtend alles ist, was er über diesen Gegenstand schreibt:

> »Die menschliche Seele, einmal eingetaucht in den Strom der Evolution als eine menschliche Individualität[39], geht durch abwechselnde Perioden von physischen und relativ geistigen Existenzen. Unter der Leitung karmischer Affinität geht sie von einer Ebene, einer Schicht oder einem Zustand der Natur zum anderen über. Sie lebt in den Verkörperungen des Lebens, welches Karma vorbestimmt. Sie modifiziert ihren Fortschritt innerhalb der Grenzen der Umstände, und indem sie durch Gebrauch oder Missbrauch der Verhältnisse neues Karma schafft, kehrt sie zur spirituellen Existenz (Devachan) nach jedem physischen Leben zurück – durch die Zwischenregion von Kamaloka hindurch –, um zu ruhen und sich zu erfrischen und um stufenweise alle Erfahrungen in ihre Essenz zu absorbieren, wodurch ihr kosmischer Fortschritt in dem Maße ermöglicht wird, als sie während der physischen Existenz »auf der Erde« an Erfahrungen gewonnen hat. Diese Betrachtung des Gegenstandes wird zweifellos demjenigen, der über dieses Problem nachdenkt, viele parallel laufende Schlussfolgerungen bieten, etwa dass der Übergang[40] des Bewusstseins von Kamaloka in den devachanischen Zustand notwendigerweise stufenweise ist. In Wahrheit trennt keine feste Grenze die verschiedenen geistigen Bedingungen, und selbst die spirituellen und physischen Ebenen sind, wie die psychischen Fähigkeiten in lebenden Menschen zeigen, nicht so

hoffnungslos voneinander vermauert, wie materialistische Theorien behaupten. Alle Zustände der Natur sind gleichzeitig um uns herum vorhanden und sprechen verschiedene Wahrnehmungsfähigkeiten an. Es ist klar, dass Menschen, die während der physischen Existenz psychische Fähigkeiten besitzen, in Verbindung mit den Welten des überphysischen Bewusstseins bleiben, und obgleich heute die meisten Menschen nicht mit solchen Fähigkeiten begabt sind, so beweisen doch die Erscheinungen des Schlafes und besonders diejenigen des Somnambulismus oder Mesmerismus, dass wir alle fähig sind, in Bewusstseinsbedingungen einzutreten, die nichts mit den fünf Sinnen zu tun haben. Wir, die Seelen in uns, sind nicht gänzlich dem Meer des Stoffes ausgeliefert. Wir behalten deutlich in uns ein überlebendes Interesse oder Recht auf die Küste, von der wir vor Zeiten fortgeschwemmt wurden. Der Vorgang der Inkarnation ist daher nicht ausreichend beschrieben, wenn man von einer abwechselnden Existenz auf der physischen und spirituellen Ebene spricht und dadurch von der Seele das Bild einer vollständigen Wesenheit vermittelt, die gänzlich von einem Daseinszustand in den anderen schlüpft. Eine richtigere Erklärung wäre es, den Vorgang der Verkörperung auf der physischen Ebene als ein emanierendes Ausströmen der Seele darzustellen. Der spirituelle Bereich wäre dann während der ganzen Zeit die Wohnung der Seele und würde ihn niemals ganz verlassen. Und der nicht materialisierbare Teil der Seele, der ständig auf der spirituellen Ebene verweilt, könnte sinngemäß vielleicht als das HÖHERE SELBST bezeichnet werden«.

Das »Höhere Selbst« ist ATMA und daher »nicht materialisierbar«, wie Sinnett sagt. Mehr noch, es kann niemals »objektiv« sein, nicht einmal für die höchste spirituelle Wahrnehmung. Denn *Atma* oder das »Höhere Selbst« ist wirklich Brahma, das ABSOLUTE, und von ihm nicht zu unterscheiden. In den Stunden von *Samadhi* ist das höhere geistige Bewusstsein des Eingeweihten vollkommen absorbiert in die *Eine* Wesenheit, welche Atman ist, und da es eins mit dem Ganzen ist, kann es nichts Objektives dafür geben. Einige Theosophen haben die Gewohnheit, die Worte »Selbst« und »Ego« im gleichen Sinne zu gebrauchen. So wird der Ausdruck »Selbst« mit dem persönlichen »Selbst«, dem Ego oder der höheren Individualität des Menschen in Verbindung gebracht, während dieser Begriff nur auf das *Eine universale Selbst* angewendet werden sollte. Daher die Verwirrung. Sofern man von Manas, dem Kausalkörper, in Verbindung mit der buddhischen Ausstrahlung spricht, sollte man es *Höheres Ego*, niemals »Höheres Selbst« nennen. Denn auch Buddhi, die spirituelle Seele, ist nicht das Selbst, sondern nur dessen Träger. Alle anderen »Selbste«, wie das individuelle Selbst und das persönliche Selbst, sollten immer mit den sie charakterisierenden Adjektiven angesprochen und beschrieben werden.

So wird in diesem ausgezeichneten Artikel der Ausdruck »Höheres Selbst« für das *sechste Prinzip, Buddhi*, gebraucht (natürlich in Verbindung mit Manas, denn ohne diese Verbindung wäre es kein *denkendes* Prinzip oder Element in der spirituellen Seele) und davon sind viele Missverständnisse ausgegangen. Die Erklärung, dass »ein Kind das sechste Prinzip bis zu seinem siebten Lebensjahr nicht erwirbt und daher kein moralisch verantwortliches Wesen ist, das Karma erzeugt«, beweist, was mit dem HÖHEREN SELBST gemeint ist. Deshalb ist unser Autor berechtigt zu sagen, dass, nachdem das »Höhere Selbst« in die menschliche Wesenheit eingezogen ist und die Persönlichkeit mit ihrem Bewusstsein gesättigt hat – nur in einigen feineren Anordnungen –, »Menschen mit psychischen Fähigkeiten in der Tat das Höhere Selbst durch ihre feineren Sinne von Zeit zu Zeit wahrnehmen können«. Aber diejenigen, die den Ausdruck »Höheres Selbst« auf das universale göttliche Prinzip beschränken, sind »berechtigt«, ihn misszuverstehen. Denn wenn man liest, ohne auf den Wechsel[41] der metaphysischen Begriffe vorbereitet zu sein, dass »das Höhere Selbst, während es sich in der physischen Welt manifestiert … immer noch ein bewusstes spirituelles Ego auf der entsprechenden Ebene der Natur bleibt«, kann man geneigt sein, im »Höheren Selbst« dieses Satzes »Atma« zu sehen, und im spirituellen Ego »Manas«, oder eher *Buddhi-Manas*, um dann die ganze Sache als nicht korrekt zu kritisieren.

Um weitere Missverständnisse zu vermeiden, sollen die Entsprechungen der esoterischen östlichen Begriffe wörtlich übersetzt für den zukünftigen Gebrauch angeboten werden.

DAS HÖHERE SELBST IST:	Atma, der untrennbare Strahl des Universalen Einen Selbst. Es ist der Gott, der mehr über als in uns ist. Glücklich der Mensch, dem es gelingt sein *inneres* Ego mit ihm zu erfüllen!
DAS SPIRITUELLE GÖTTLICHE EGO IST:	Die spirituelle Seele oder *Buddhi* in enger Verbindung mit *Manas*, dem Verstandes-Prinzip, ohne welches es kein EGO ist, sondern nur der *Träger* Atmas.
DAS INNERE ODER HÖHERE EGO IST:	Manas, das, wenn unabhängig von Buddhi, das fünfte Prinzip genannt wird. Das Verstandes-Prinzip ist nur dann das spirituelle Ego, wenn es mit Buddhi in eins verschmolzen ist. Von keinem Materialisten kann angenommen werden, dass er ein *solches* Ego in sich hat, wie groß auch seine intellektuellen Fähigkeiten sein mögen. Dies ist die bleibende Individualität oder das »reinkarnierende Ego«.
DAS NIEDERE ODER PERSÖNLICHE EGO IST:	Der physische Mensch in Verbindung mit seinem niederen Selbst, seinen tierischen Instinkten, Leidenschaften, Wünschen usw. Er wird die »unechte Persönlichkeit« genannt und besteht aus dem niederen Manas verbunden mit Kamarupa und wirkt durch den physischen Körper und sein Schattenbild, seinen »Doppelgänger«.

Das verbleibende Prinzip, *Prana* oder *Leben*, ist streng genommen die ausstrahlende Kraft oder Energie Atmas – das Universalleben, das EINE SELBST –, sein niederer oder richtiger (in seinen Wirkungen) körperlicher, sich manifestierender Aspekt. Prana oder Leben durchdringt das ganze Sein des objektiven Universums. Es wird deshalb ein »Prinzip« genannt, weil es ein unentbehrlicher Faktor, der *Deus ex machina* des lebenden Menschen, ist.

Diese Einteilung erscheint in ihrer Einfachheit besser als die frühere, die zu metaphysisch war.

Wenn Außenstehende und auch Theosophen sie akzeptieren würden, so würde es sicher dem besseren Verständnis dienen.

X

Die Natur des Denkprinzips

Das Mysterium des Egos

In dem von Ihnen zuvor erwähnten Zitat aus dem Buddhistischen Katechismus *stelle ich einen Widerspruch fest, den ich gerne erklärt haben möchte. Es wird gesagt, dass die Skandhas, einschließlich des Gedächtnisses, mit jeder neuen Inkarnation wechseln, und trotzdem wird behauptet, dass das Spiegelbild der vergangenen Leben, das, wie uns gesagt wird, gänzlich aus den Skandhas gestaltet ist, »überleben muss«. Ich bin mir jetzt nicht ganz klar darüber, was überlebt. Können Sie das bitte erklären? Was ist es? Ist es nur dieses »Spiegelbild«, sind es die Skandhas oder ist es immer das gleiche Ego, das Manas?*

Ich habe gerade erklärt, dass das reinkarnierende Prinzip oder das, was wir den *göttlichen* Menschen nennen, den ganzen Lebenszyklus hindurch unzerstörbar ist; unzerstörbar als eine denkende *Wesenheit* und sogar als eine ätherische Form. Das »Spiegelbild« ist nur die während der Devachan-Periode spiritualisierte *Erinnerung* der *Ex-Persönlichkeit*, von Herrn A oder Frau B, mit der sich das Ego während dieser Periode identifiziert. Da letztere nur eine Fortsetzung des Erdenlebens ist, sozusagen die Höhepunkte in einer ununterbrochenen Aneinanderreihung der wenigen glücklichen Augenblicke in dem zu Ende gegangenen Dasein, muss das Ego sich mit dem *persönlichen* Bewusstsein dieses Lebens identifizieren, wenn irgendetwas davon überdauern soll.

Das bedeutet, dass das Ego trotz seiner göttlichen Natur jede solche Periode zwischen zwei Inkarnationen in einem Zustand mentaler Umnachtung oder zeitweiligen Wahnsinns verbringt?

Sie können es betrachten, wie Sie wollen, aber da wir glauben, dass nichts außerhalb der *Einen* Wirklichkeit mehr als eine vergängliche Illusion ist – das ganze Universum eingeschlossen –, so betrachten wir dies nicht als Wahnsinn, sondern als die durchaus natürliche Folge oder Entwicklung des irdischen Lebens. Was ist das Leben? Ein Bündel aus den verschiedensten Erfahrungen und täglich wechselnden Vorstellungen, Gefühlen und Meinungen. In unserer Jugend geben wir uns oft enthusiastisch einem Ideal hin oder versuchen, einem Helden oder einer Heldin nachzufolgen oder nachzuleben; einige Jahre später, wenn der Überschwang unserer jugendlichen Gefühle dahingeschwunden ist und wir nüchterner geworden sind, sind wir die ersten, um über unsere früheren Vorstellungen zu lachen. Und doch gab es eine Zeit, in der wir unsere eigene Persönlichkeit so sehr mit jener unseres Ideals identifizierten – besonders, wenn es sich um eine lebende Person handelte –, dass wir darin verschmolzen und versunken waren. Kann man von einem Menschen im Alter von fünfzig Jahren sagen, dass er noch das gleiche Wesen ist, das er mit zwanzig Jahren war? Der innere Mensch ist derselbe, die im Äußeren lebende Persönlichkeit ist vollkommen umgewandelt und verändert. Wollen Sie auch diese Veränderungen im mentalen Zustand eines Menschen als Wahnsinn bezeichnen?

Wie würden Sie sie bezeichnen, und wie würden Sie vor allem die Dauerhaftigkeit des einen und die Flüchtigkeit des anderen Zustandes erklären?

Wir haben unsere Lehre, und für uns enthält sie keinerlei Schwierigkeiten. Der Schlüssel liegt im zweifältigen Bewusstsein unseres Verstandes und in der dualen Natur unseres mentalen »Prinzips«. Es gibt ein spirituelles Bewusstsein, der manasische Verstand erleuchtet vom Licht Buddhis, dasjenige in uns, das subjektiv Abstraktionen wahrnimmt; und es gibt ein empfindendes Bewusstsein (das niedere manasische Licht), das untrennbar von unserem physischen Gehirn und unseren Sinnesorganen ist. Dieses letztere Bewusstsein ist vom Gehirn und den physischen Sinnen beherrscht. Es hängt seinerseits von ihnen ab und muss daher notwendigerweise, sobald Gehirn und physische Sinne verschwunden sind, ebenfalls dahinschwinden und schließlich sterben. Nur die erstgenannte Art von Bewusstsein, deren Wurzel in der Ewigkeit liegt, überlebt und lebt ewig und kann daher als unsterblich betrachtet werden. Alles andere gehört zu den vergänglichen Illusionen.

Was ist in diesem Fall eigentlich unter Illusion zu verstehen?

Das ist sehr gut in dem oben angeführten Artikel über das »Höhere Selbst« beschrieben, wo der Autor sagt:

> »Die Theorie, die wir in Betracht ziehen (der Austausch von Ideen zwischen dem *Höheren Ego* und dem niederen Selbst), stimmt sehr gut überein mit der Vorstellung von dieser Welt, in der wir leben, als einer phänomenalen Welt der Illusion und der geistigen Welt als einer noumenalen Welt oder Ebene der Wirklichkeit. Der Bereich der Natur, in welchem sozusagen die bleibende Seele wurzelt, ist wirklicher als derjenige, in welchem ihre vergänglichen Blüten für eine kurze Zeitspanne erscheinen, um dann zu verwelken und zu zerfallen, während die Pflanze neue Kraft sammelt, um eine frische Blüte hervorzubringen. Angenommen, für die gewöhnlichen Sinne wären nur die Blüten wahrnehmbar und deren Wurzeln befänden sich in einem für den Menschen unsichtbaren, nicht greifbaren Zustand, dann würden Philosophen, die intuitiv erkennen, dass es so etwas wie Wurzeln in einer anderen Daseinsebene gibt, geneigt sein von den Blumen zu sagen: Diese Blumen sind nicht wirklich die Pflanzen. Sie haben keine relative Wichtigkeit und sind nur die illusionären Erscheinungen des Augenblicks.«

Ich meine also: Die Welt, in der die vergänglichen und flüchtigen Blumen des persönlichen Lebens blühen, ist nicht die wirkliche, bleibende Welt; das ist diejenige, in der wir die Wurzel des Bewusstseins finden, diese Wurzel, die jenseits aller Illusion ist und die in der Ewigkeit wohnt.

Was meinen Sie mit der Wurzel, die in der Ewigkeit wohnt?

Ich meine damit die denkende Wesenheit, das inkarnierende Ego, ob wir es als einen »Engel«, als »Geist« oder als eine Kraft betrachten. Von dem, was wir mit unseren Sinnen wahrnehmen können, kann nur das an dem unsterblichen Leben des Egos teilhaben, was unmittelbar aus dieser unsichtbaren Wurzel erwächst oder mit ihr verbunden ist. Darum muss jeder edle Gedanke, jede edle Vorstellung und Bestrebung der Persönlichkeit, die sie informieren, bleibend sein, da sie aus dieser Wurzel stammen und von ihr genährt werden. Das physische Bewusstsein aber, das eine Eigenschaft des empfindenden niederen Prinzips, der menschlichen Seele ist (des Kamarupa, des tierischen Instinktes, erleuchtet durch das niedere manasische Spiegelbild), muss vergehen. Das, was Tätigkeit entfaltet, während der Körper schläft oder gelähmt ist, ist das höhere Bewusstsein. Unser Gedächtnis registriert solche Erfahrungen nur automatisch, daher schwach und ungenau, und oft wird es von ihnen überhaupt nicht beeindruckt.

Wie kommt es, dass Manas, obwohl Sie es Nous, einen »Gott«, nennen, während seiner Inkarnationen so schwach ist, dass es von seinem Körper geradezu beherrscht und gefesselt wird?

Da könnte ich ebenso fragen: Wie kommt es, dass er, den Sie als Gott der Götter betrachten und als den Einen lebenden Gott, *so schwach* ist, um dem Bösen (oder dem Teufel) zu erlauben, sich das Beste von *ihm* und seiner Schöpfung zu nehmen, ob er nun im Himmel verbleibt oder auf der Erde inkarniert ist? Sie werden sicher antworten, dass das ein Mysterium bleibt und es verboten ist, dieses Mysterium von Gott zu erforschen. Da es uns aber unsere religiöse Philosophie nicht verbietet, werde ich Ihnen antworten: Wenn ein Gott nicht als ein *Avatar* herabsteigt, dann kann das göttliche Prinzip nicht anders, als von der ungestümen tierischen Materie umklammert und gelähmt zu werden. Auf dieser Ebene der Täuschungen wird das Heterogene immer die Oberhand über das Homogene haben. Und je mehr sich ein Wesen seinem Grundprinzip, der ursprünglichen Homogenität, nähert, desto schwieriger ist es für die letztere, sich auf Erden zu behaupten. Spirituelle und göttliche Kräfte ruhen schlafend in jedem menschlichen Wesen. Je weiter die spirituelle Reichweite seiner Vision, umso mächtiger wird der Gott in ihm sein. Aber da nur wenige Menschen diesen Gott fühlen, und da die Gottheit in unseren Gedanken durch frühere Vorstellungen immer gebunden und begrenzt ist durch jene Ideen, die uns von Kindheit an eingeprägt wurden, ist es für Sie so schwierig, unsere Philosophie zu verstehen.

Ist also dieses Ego unser Gott?

Durchaus nicht. »Ein Gott« ist nicht die universale Gottheit, sondern nur ein Funke aus dem einen Meer des göttlichen Feuers. Der Gott in *uns*, »unser Vater im Verborgenen«, ist das, was wir das Höhere Selbst, *Atman*, nennen. Unser inkarnierendes Ego war in seinem Ursprung ein Gott, so wie alle ursprünglichen Emanationen des Einen Unerkennbaren Prinzips. Aber seit seinem »Fall in die Materie«, seit es den ganzen Zyklus hindurch von Inkarnation zu Inkarnation wandern muss, von der ersten bis zur letzten, ist es kein freier und glücklicher Gott mehr, sondern ein armer Pilger, der auf dem Weg ist, das wiederzugewinnen, was er verloren hat. Ich kann Ihnen zur besseren Aufklärung auch damit antworten, was über den *inneren Menschen* in *Isis entschleiert*, (Bd. II, S. 600) steht:

> »Vom frühesten Altertum an *war die Menschheit als Ganze immer vom Vorhandensein einer persönlichen spirituellen Wesenheit innerhalb des persönlichen physischen Menschen überzeugt.* Diese innere Wesenheit war mehr oder

weniger göttlich, entsprechend ihrer Nähe zu ihrer *Krone* – dem Christos. Je enger diese Vereinigung, desto heiterer des Menschen Schicksal, umso weniger bedrohlich die äußeren Verhältnisse. Dieser Glaube ist weder Frömmelei noch Aberglaube, sondern ein immer gegenwärtiges, instinktives Empfinden der Nähe einer anderen spirituellen und unsichtbaren Welt, welche, obgleich für die Sinne des äußeren Menschen subjektiv, doch vollkommen objektiv ist für das innere Ego. *Weiter bestand der Glaube, dass es äußere und innere Bedingungen gibt, welche die Einflussnahme unseres Willens auf unsere Handlungen bewirken.* Sie verwarfen den Fatalismus, denn dieser bedeutet den blinden Lauf einer noch blinderen Kraft. Aber sie glaubten an das *Schicksal* (Karma), das jeder Mensch Faden für Faden, von der Geburt bis zum Tod, um sich selbst spinnt, wie die Spinne ihr Netz; und dieses Schicksal wird entweder von jener Gegenwart, die von manchen Schutzengel genannt wird, oder von unserem inneren astralen Menschen geleitet, der nur zu oft der böse Genius des körperlichen Menschen, der *Persönlichkeit*, ist. Beide führen den Menschen, aber einer von ihnen muss die Oberhand gewinnen. Und von Beginn des unsichtbaren Kampfes an *nimmt das strenge und unerbittliche Gesetz des Ausgleichs und der Vergeltung seinen Lauf*, getreulich allen Schwankungen des Kampfes folgend. Wenn die letzte Strähne gewoben ist und der Mensch anscheinend in dem Netzwerk seines eigenen Tuns gefangen, dann findet er sich selbst vollkommen unter der Herrschaft dieser selbsterzeugten Bestimmung. Entweder fesselt sie ihn wie eine träge Auster an einen unbeweglichen Felsen oder sie trägt ihn empor wie eine Feder im Wirbelwind, der durch seine eigenen Handlungen hervorgerufen wurde.«

Das ist die Bestimmung des Menschen, des wahren Egos, nicht des Automaten, der Schale, die diesen Namen trägt. Er muss die Materie besiegen.

Die komplexe Natur von Manas

Sie wollten mir etwas über die wesentliche Natur von Manas und seiner Beziehung zu den Skandhas des physischen Menschen erzählen.

Gerade diese Natur von Manas ist so geheimnisvoll, proteusartig und unbegreiflich sowie so schattenhaft in ihren Beziehungen zu den anderen Prinzipien, dass sie äußerst schwer zu verstehen und noch schwerer zu erklären ist. Manas ist ein »Prinzip«, aber gleichzeitig ist es eine »Wesenheit«, eine Individualität, ein Ego. Manas ist ein »Gott«, und doch ist es zu einem endlosen Zyklus von Inkarnationen verurteilt, für deren jede es verantwortlich gemacht wird und zu leiden hat. All dies erscheint ebenso widerspruchsvoll wie verwirrend. Dennoch gibt es Hunderte von Menschen, auch in Europa, die alles perfekt verstehen, denn sie begreifen das Ego nicht nur in seiner Ganzheit, sondern auch in seinen vielen Aspekten. Um mich jedoch völlig verständlich zu machen, muss ich am Anfang beginnen und Ihnen eine kurze Übersicht über die Genealogie dieses Egos geben.

Ich bitte darum.

Versuchen Sie, sich einen »Geist« vorzustellen, ein Himmelswesen, mit welchem Namen Sie es auch benennen mögen, das in seiner wesentlichen Natur göttlich ist, das aber doch nicht rein genug ist, *um eins mit dem All* zu sein. Es muss daher seine Natur so reinigen, dass es dieses Ziel erreichen kann. Dies kann es nur tun, wenn es *individuell* und *persönlich*, also spirituell und physisch, jede Erfahrung und jede Empfindung durchmacht, die es in dem mannigfaltigen, vielfältig differenzierten Universum gibt. Es muss daher, nachdem es solche Erfahrungen in den niederen Reihen erworben hat und mit jeder Sprosse auf der Leiter des Lebens höher gestiegen ist, nun durch jede Erfahrung auf den menschlichen Ebenen hindurchgehen. Seinem eigentlichen Wesen nach ist es *Gedanke*, in der Mehrzahl spricht man daher von den *Manasa Putras*, »den Söhnen des (universalen) Geistes«. Dieser *individualisierte Gedanke* ist das, was wir Theosophen das *wirkliche* menschliche Ego nennen, die denkende Wesenheit, die in einem Gehäuse aus Fleisch und Knochen eingekerkert ist. Dies ist eine spirituelle Wesenheit, nicht *Materie*, und solche Wesenheiten sind die inkarnierenden Egos, welche jenes Bündel tierischer Materie, Menschheit genannt, belebt und deren Name *Manasa* (»Geist«) ist. Sobald sie aber inkarniert oder eingekerkert sind, wird ihr Wesen zweifältig, das heißt, die als individuelle Wesenheiten betrachteten *Strahlen* des ewigen göttlichen Geistes zeigen eine zweifache Eigenschaft: a) ihr essenzielles innewohnendes Charakteristikum, der himmelstrebende Geist (das höhere Manas), und b) die menschliche Fähigkeit des Denkens, das ist das durch die Überlegenheit des menschlichen Gehirns vernünftig gewordene tierhafte Denken, das Kama zugeneigte oder niedere Manas. Das eine strebt Buddhi entgegen, das andere neigt sich dem Sitz der Leidenschaften und tierischen Begierden zu. Für das letztere ist im Devachan kein Raum, auch kann es sich nicht mit der göttlichen Dreiheit verbinden, die als eine Einheit zur mentalen Seligkeit emporsteigt. Dennoch wird das Ego, die manasische Wesenheit, für alle Sünden seiner niederen Eigenschaften verantwortlich gemacht, so wie Eltern für Missetaten ihrer Kinder verantwortlich sind, solange diese selbst noch nicht zur Verantwortung gezogen werden können.

Ist dieses »Kind« die »Persönlichkeit«?

Ja. Wenn aber gesagt wird, dass die »Persönlichkeit« mit dem Körper stirbt, so ist diese Aussage unvollständig. Der Körper, der nur das objektive Symbol des Herrn A. oder der Frau N. war, schwindet dahin mit allen seinen stofflichen Skandhas, die sein sichtbarer Ausdruck sind. Aber alles, was sich während des Lebens an *geistigen* Erfahrungen angesammelt hat, die edlen Bestrebungen, die bleibenden Zuneigungen und die *selbstlose* Natur von Herrn A. oder Frau N., heftet sich während der Zeit im Devachan an das Ego, welches sich mit dem spirituellen Teil der nun dahingeschwundenen irdischen Wesenheit identifiziert. Der *Schauspieler* ist von der *Rolle*, die er soeben gespielt hat, so durchdrungen, dass er während der ganzen Nacht des Devachan von ihr träumt. Diese Schau dauert an, bis ihm die Stunde schlägt, in der er auf die Bühne des Lebens zurückkehren muss, um eine andere Rolle zu spielen.

Aber wie kommt es, dass diese Lehre, von der Sie behaupten, dass sie so alt ist wie das Denken der Menschen, keinen Platz in der christlichen Theologie gefunden hat?

Sie irren sich, denn sie hat ihn gefunden; nur die Theologie hat sie bis zur Unkenntlichkeit entstellt, wie sie das auch mit anderen Lehren getan hat. Die Theologie nennt das *Ego* den Engel, den uns Gott im Augenblick der Geburt gibt, *damit er Sorge für unsere Seele trage*. Statt diesen Engel für die Verfehlungen der armen hilflosen Seele verantwortlich zu machen, wird letztere, entsprechend der theologischen Logik, für alle Sünden des Körpers und des Geistes bestraft. Es ist die Seele, der *immaterielle* Atem Gottes und seine *angebliche Schöpfung*, die durch ein erstaunliches intellektuelles Jonglieren verurteilt ist, in einer materiellen Hölle für immer zu brennen, ohne von deren Flammen je verzehrt zu werden, während der Engel ungestraft entschlüpft und, mit einigen Tränen benetzt, seine weißen Flügel entfaltet. Ja, das sind unsere »dienenden Geister«, die »Botschafter der Gnade«, welche gesandt sind, wie Bischof Mant uns sagt:

> Gutes zu vollbringen für der Erlösung Erben,
> zu trauern, wenn in Sünde wir fallen,
> zu jubeln, wenn wir wieder bereuen.

Es ist wohl klar ersichtlich, dass, würde man alle Bischöfe der Welt auffordern, ein für alle Mal definitiv zu erklären, was sie unter *Seele* und deren Tätigkeit tatsächlich verstehen, sie ebenso unfähig wären dies zu tun, wie sie auch keinen Schatten von Logik in dem orthodoxen Glauben nachweisen könnten.

Diese Wahrheit wird im Johannes-Evangelium gelehrt

Darauf könnten die Bekenner dieses Glaubens antworten: Wenn auch das orthodoxe Dogma dem verstockten Sünder und Materialisten eine schlimme Zeit in einer allzu realistischen Hölle verspricht, so gibt es ihm doch auf der anderen Seite bis zum letzten Augenblick die Möglichkeit der Reue. Überdies lehrt es nicht die Vernichtung oder den Verlust der Persönlichkeit, was ja dasselbe ist.

Wenn auch die Kirche nichts dergleichen lehrt, so tut es doch Jesus; das ist wenigstens etwas für jene, die Christus höher stellen als das Christentum.

Lehrt Christus irgendetwas Derartiges?

Ja. Jeder gut informierte Esoteriker und auch Kabbalist wird Ihnen dies bestätigen. Christus oder zumindest das vierte Evangelium lehrt sowohl die Reinkarnation als auch die Vernichtung der Persönlichkeit, wenn Sie nur den toten Buchstaben beiseite lassen und sich an die esoterische Bedeutung halten. Denken Sie an die Verse 1 bis 6 im 15. Kapitel des Johannes-Evangeliums. Wovon anders kann dieses Gleichnis sprechen als von der *höheren Dreiheit* im Menschen. *Atma* ist der Weingärtner, das spirituelle Ego oder *Buddhi* (Christos) ist der Weinstock, während die tierhafte vitale Seele, die *Persönlichkeit*, die Rebe ist. »Ich bin der *wahre* Weinstock, und mein Vater ist der Weingärtner. Eine jede Rebe an mir, die keine Frucht bringt, wird er wegnehmen … Wie die Rebe keine Frucht bringen kann aus sich selbst, wenn sie nicht am Weinstock bleibt, so auch ihr nicht, wenn ihr nicht in mir bleibt. Ich bin der Weinstock, ihr seid die Reben … Wer nicht in mir bleibt, der wird weggeworfen wie eine Rebe, er verdorrt und wird ins Feuer geworfen und verbrannt.«

Wir erklären dies folgendermaßen: Da wir an das Höllenfeuer nicht glauben, von dem die Theologie sagt, dass es der Drohung an die Reben zugrunde liegt, sagen wir, dass der Weingärtner Atma darstellt, das Symbol für das unendliche, unpersönliche Prinzip,[42] während der Weinstock für die spirituelle Seele, Christos, steht, und jede Rebe eine neue Inkarnation darstellt.

Welche Beweise haben Sie, um eine so willkürliche Auslegung zu unterstützen?

Die universale Symbolik ist ein Garant für die Richtigkeit dieser Auslegung und dafür, dass sie nicht willkürlich ist. Hermes sagt von »Gott«, dass er »den Weingarten pflanzte«, also die Menschheit erschuf. In der Kabbala wird gezeigt, dass der Alte der Alten oder das »lange Gesicht« einen Weingarten anlegt, der die Menschheit, und den Weinstock pflanzt, der das Leben bedeutet. Der Geist des »*Königs* Messias« wird daher gezeigt, wie er seine Gewänder seit der *Erschaffung* der Welt im *Wein* von oben wäscht (*Zohar*, Kommentar über die Genesis, 40, 10). Der König *Messias* ist das gereinigte Ego, das seine *Gewänder* (seine Persönlichkeiten in der Wiedergeburt) *im Wein von oben* oder Buddhi *gewaschen hat.* Adam oder A-Dam bedeutet »Blut«. Das Leben des Fleisches ist im Blut (Nephesh-Seele, Levitikus 17), und Adam-Kadmon ist der Eingeborene. Auch Noah pflanzt einen Weingarten, das allegorische Treibhaus der künftigen Menschheit. Wir finden dieselbe Allegorie übernommen auch im *Nazaraeus-Kodex.* Sieben Weinstöcke wurden ins Leben gerufen – unsere sieben Rassen mit ihren sieben Heilanden oder *Buddhas* – die aus Kebar-Zivo hervorgingen, und Ferho (oder Parcha) Rabo bewässert sie. (Codex Nazarus, Vol. III, S. 60,61). Wenn der Gesegnete mit den Geschöpfen des Lichtes aufsteigt, werden sie Iavar-Zivo, den Herrn des LEBENS und den ersten WEINSTOCK, sehen. (C.N. Vol. II, S. 281) Diese kabbalistischen Gleichnisse werden somit im Johannes-Evangelium ganz natürlich wiedergegeben.

Wir dürfen nicht vergessen, dass beim Menschen das Ego, der *denkende Mensch*, auch von jenen Philosophien, die unsere siebenfältige Einteilung nicht kennen, der Logos genannt wird, der Sohn von Seele und Geist. Ein esoterisches Werk sagt: »Manas ist der angenommene Sohn von König und Königin« (esoterische Bezeichnungen für Atma und Buddhi). Er ist der »Mensch-Gott« Platons, der sich, zur Erlösung der MATERIE, im Raum (der Dauer des Lebenszyklus) selbst kreuzigt. Dies tut er, indem er immer wieder inkarniert und auf diese Weise einerseits die Menschheit zur Vollkommenheit emporführt, andererseits Raum schafft, damit niedrige Formen sich höher entwickeln können. Während keines einzigen Lebens hört er auf, sich selbst vorwärts zu entwickeln und der ganzen physischen Natur zum Fortschritt zu verhelfen. Selbst das gelegentlich äußerst seltene Geschehnis, dass er eine seiner Persönlichkeiten verliert, wenn diese jeglichen Funkens an Geistigkeit ermangelt, hilft ihm zu seinem Fortschritt.

Aber wenn das Ego verantwortlich gemacht wird für die Verfehlungen seiner Persönlichkeiten, dann muss es auch an den Folgen des Verlustes oder der gänzlichen Vernichtung einer der Persönlichkeiten zu leiden haben.

Keineswegs: Ausgenommen es hätte nichts getan, um dieses schlimme Schicksal abzuwenden. Aber wenn trotz aller Anstrengungen seine Stimme, die *Stimme des Gewissens*, unfähig war, die Mauer der Materie zu durchdringen, dann ist deren Stumpfheit, die von der unvollkommenen Natur des Materiellen herrührt, ein Fehler der Natur. Das Ego ist dann durch den Verlust von Devachan genügend bestraft und besonders dadurch, dass es fast unmittelbar darauf wieder inkarnieren muss.

Diese Lehre von der Möglichkeit, seine Seele (oder wie Sie es nennen, seine Persönlichkeit) zu verlieren, steht völlig im Widerspruch zu den idealen Theorien sowohl der Christen als auch der Spiritisten; nur Swedenborg nimmt sie bis zu einem gewissen Ausmaß an in dem, was er den geistigen Tod nennt. Die Christen werden sie niemals annehmen.

Das kann eine Naturtatsache nicht ändern, wenn es eine solche ist, und auch nicht verhindern, dass etwas Derartiges gelegentlich passiert. Das Universum und alles in ihm – moralisch, mental, physisch, psychisch und spirituell – ist auf einem vollkommenen Gesetz des Gleichgewichts und der Harmonie aufgebaut. Wie bereits gesagt (siehe *Isis entschleiert*) könnte sich die zentripetale Kraft ohne die zentrifugale in den harmonischen Kreisbewegungen der Himmelskörper nicht manifestieren, und alle Formen und deren Fortschritt sind die Ergebnisse dieser zweifältigen Kraft in der Natur. Nun ist der Geist (Buddhi) die zentrifugale und die Seele (Manas) die zentripetale spirituelle Energie. Um ein Ergebnis zu erzielen, müssen sich diese beiden in vollkommener Einheit und Harmonie befinden. Wenn die zentripetale Bewegung der irdischen Seele gegen den Mittelpunkt, der sie anzieht, gebrochen oder beeinträchtigt wird, wenn sie dadurch gehemmt ist, dass sich ein schwereres Gewicht von Materie an sie heftet, als sie zu tragen vermag oder als für den Devachan-Zustand möglich ist, dann ist die Harmonie des Ganzen gestört. Das persönliche Leben oder vielmehr die ideelle Spiegelung desselben kann nur fortgesetzt werden, wenn es durch diese zweifältige Kraft, durch die enge Verbindung von Buddhi und Manas, in jeder Wiedergeburt oder jedem persönlichen Leben erhalten wird. Jede Abweichung von der Harmonie schädigt es; wenn sie aber so zerstört wird, dass sie nicht wiederhergestellt werden kann, dann trennen sich die beiden Kräfte im Augenblick des Todes. Während die geistige Blüte der persönlichen Form sich an das Ego heftet, ihm ins Devachan folgt und so der *bleibenden Individualität vorläufig ihre persönliche Färbung gibt*, wird diese persönliche Form (*Kamarupa* oder *Mayavirupa* genannt) selbst weggetrieben und verbleibt in Kamaloka, um dort allmählich in nichts zu zerfallen. Für den gänzlich verdorbenen, ungeistigen und unverbesserlich bösen Menschen kommt nach dem Tod der kritische und letzte Augenblick. Wenn während des Lebens alle verzweifelten Anstrengungen des *inneren Selbst* (Manas), wenigstens etwas von der Persönlichkeit mit dem schimmernden Strahl des göttlichen Buddhi zu vereinigen, scheitern, wenn die Persönlichkeit gestattet, dass dieser Strahl von der sich immer stärker verhärtenden Kruste des physischen Gehirns mehr und mehr ausgeschlossen wird, dann bleibt das spirituelle Ego oder Manas, sobald es vom Körper befreit ist, vollkommen von den ätherischen Überresten der Persönlichkeit getrennt. Letztere (Kamarupa) folgen der irdischen Anziehung, sie werden in den Hades gezogen, den wir Kamaloka nennen, und bleiben dort. Das sind die »verdorrten Reben«, von denen Jesus sagt, dass sie vom Weinstock abgeschnitten werden. Die Vernichtung tritt aber niemals sofort ein, es mag manchmal Jahrhunderte dauern, bis sie ganz vollzogen ist. Die Persönlichkeit bleibt dort zusammen mit den Überresten anderer glücklicherer persönlicher Egos und wird mit ihnen zu einer *Schale* und einem *Elementarwesen*. Es sind, wie in *Isis* gesagt wird, diese beiden Klassen von »Geistern«, die *Schalen* und die *Elementarwesen*, welche die führenden »Stars« auf der großen spiritistischen Bühne der Materialisationen sind. Und Sie können sicher sein, dass nicht diese es sind, die reinkarnieren. Darum wissen so wenige »teure Verstorbene« etwas von Reinkarnation und führen dadurch die Spiritisten in die Irre.

Aber wird nicht die Autorin des frühen theosophischen Buches Isis entschleiert *beschuldigt, gegen die Reinkarnation gesprochen zu haben?*

Nur von denen, die das dort Gesagte missverstanden haben. Zu der Zeit, als dieses Buch geschrieben wurde, glaubten weder die englischen noch die amerikanischen Spiritisten an die Reinkarnation. Was dort über Reinkarnation gesagt wurde, richtete sich gegen die französischen Spiritisten, deren Theorie so unphilosophisch und absurd ist, wie die östliche Lehre logisch ist und deren Wahrheitsgehalt sich selbst beweist. Die Reinkarnationsanhänger der Allan-Kardec-Schule glauben an eine willkürliche und unmittelbare Reinkarnation. Bei ihnen kann beispielsweise der verstorbene Vater in seiner noch ungeborenen Tochter reinkarnieren. Sie kennen weder Devachan noch Karma und besitzen keine Philosophie, welche die Notwendigkeit aufeinanderfolgender Wiedergeburten rechtfertigen oder beweisen würde. Aber wie kann die Autorin von *Isis* gegen eine karmische Reinkarnation von unterschiedlichen Zeiträumen, zwischen 1000 und 1500 Jahren, argumentieren, wenn dies der grundlegende Glaube sowohl der Buddhisten als auch der Hindus ist?

Dann verwerfen Sie also die Theorie der Spiritisten ganz und gar?

Nicht in ihrer Gesamtheit, sondern nur in Beziehung auf ihre hauptsächlichsten Glaubenssätze. Sowohl die französischen als auch die englischen Spiritisten glauben, was ihre Geister ihnen sagen. Aber beide Richtungen unterscheiden sich voneinander ebenso stark, wie die Theosophen von ihnen beiden. Die Wahrheit ist nur eine einzige, und wenn man hört, dass die französischen Spukgeister die Wiederverkörperung predigen, die englischen Spukgeister sie aber leugnen, so sagen wir, dass entweder die französischen oder die englischen »Geister« nicht wissen, worüber sie reden. Die Theosophie nimmt ebenso wie die Spiritisten die Existenz von Geistern an, oder von unsichtbaren Wesen mit mehr oder weniger Intelligenz. Aber während es in unserer Lehre unzählige Arten und Klassen von Wesen gibt, lassen unsere Gegner nur eine einzige Art zu, nämlich menschliche entkörperte Geister, die nach der theosophischen Erkenntnis meistens nichts anderes sind als kamalokische Schalen.

Sie scheinen sehr gegen Geister eingenommen zu sein. Nachdem Sie Ihre Anschauungen, die gegen den Glauben an die Materialisation von entkörperten Menschen oder an eine Kommunikation mit ihnen in spiritistischen Sitzungen sprechen, dargelegt haben, bedarf es noch einer Erklärung. Weshalb wiederholen manche Theosophen unermüdlich, wie gefährlich der Verkehr mit Geistern und die Medialität überhaupt sind? Haben sie einen besonderen Grund dafür?

Sicherlich. Ich zumindest habe einen Grund. Ich bin durch mehr als ein halbes Jahrhundert mit diesen unsichtbaren, aber nur allzu fühlbaren und unleugbaren »Einflüssen« vertraut, von den bewussten Elementalen, halbbewussten Schalen bis zu den völlig empfindungslosen, nicht im Einzelnen zu beschreibenden Spukerscheinungen aller Art. Ich behaupte daher, ein Recht auf meine Anschauung zu haben.

Ist es möglich, einige Andeutungen darüber zu geben, warum *solche Dinge gefährlich sind?*

Dies würde eine sehr ausführliche Darlegung erfordern. Jede Ursache muss nach den Wirkungen beurteilt werden, die sie hervorbringt. Betrachten Sie die Geschichte des Spiritismus in den letzten fünfzig Jahren seit seinem Wiedererwachen in Amerika und beurteilen Sie selbst, ob er seinen Anhängern mehr Nutzen oder Schaden gebracht hat. Verstehen Sie mich recht: Es soll gar nicht gegen den wirklichen Spiritualismus gesprochen werden, sondern gegen jene moderne Bewegung, welche diesen Namen benützt, und gegen die sogenannte Philosophie, welche erfunden worden ist, um die Phänomene zu erklären.

Glauben Sie gar nicht an die Phänomene der Spiritisten?

Eben weil ich mit gutem Grund an sie glaube und weiß, dass sie (von einigen Fällen bewussten Betrugs abgesehen) ebenso wahr sind wie die Tatsache, dass Sie und ich leben, lehnt sich mein ganzes Wesen gegen sie auf. Ich spreche dabei nur von den physischen, nicht von den mentalen und psychischen Phänomenen. Gleiches zieht Gleiches an. Ich kenne persönlich verschiedene hochgesinnte, reine und gute Menschen, die Jahre ihres Lebens unter unmittelbarer Führung und sogar unter dem Schutz hoher »Geister« verbracht haben, seien es entkörperte oder planetarische Geister. Aber *diese* Intelligenzen sind nicht vom Typ der John Kings oder Ernests, die in *Seance*-Räumen erscheinen. Diese Intelligenzen führen und lenken Sterbliche nur in seltenen Ausnahmefällen; sie werden zu ihnen durch die karmische Vergangenheit der betreffenden Individuen magnetisch hingezogen. Um solche Geister anzuziehen, genügt es nicht, sich nur hinzusetzen, »um sich zu entwickeln«. Dies öffnet nur die Tür für einen Schwarm von »Spukwesen«, seien sie gut, böse oder indifferent, unter deren Herrschaft das Medium dann für sein ganzes Leben gerät. Gegen solche verworrene Medialität und solchen unterschiedslosen Verkehr mit Kobolden erhebe ich meine Stimme, nicht gegen spirituelle Mystik. Diese letztere ist veredelnd und heilig. Die erstere ist von derselben Art wie die Erscheinungen vor zwei Jahrhunderten, für welche zahllose Hexen und Zauberer leiden mussten. Lesen Sie Glanvil und andere Autoren über den Gegenstand der Hexenkünste, und Sie werden dort Parallelen zu den meisten, wenn nicht zu allen physischen Erscheinungen des Spiritismus des 19. Jahrhunderts aufgezeichnet finden.

Wollen Sie behaupten, dass dies alles Hexerei ist und nicht mehr?

Ich behaupte, dass dieser ganze Umgang mit den Toten, bewusst oder unbewusst, *Nekromantie* und daher eine höchst gefährliche Praxis ist. Schon lange Zeit vor Moses wurde ein solches Erwecken der Toten von allen intelligenten Völkern als sündig und grausam betrachtet, da es die Ruhe der Seelen stört und ihre evolutionäre Entwicklung in höhere Zustände hemmt. Die Weisheit aller vergangenen Jahrhunderte hat kollektiv solche Praktiken stets laut und deutlich abgelehnt. Schließlich behaupte ich noch, und ich habe seit fünfzehn Jahren nicht aufgehört, dies mündlich und schriftlich zu wiederholen: Während einige dieser sogenannten »Geister« überhaupt nicht wissen, worüber sie sprechen, da sie wie Papageien bloß das wiederholen, was sie in dem Gehirn der Medien und der anderen Leute finden, sind andere Geister sehr gefährlich und können nur zum Bösen führen. Dies sind zwei sich selbst beweisende Tatsachen. Gehen Sie in die spiritistischen Zirkel der Alan-Kardec-Schule, und Sie werden »Geister« finden, welche die Reinkarnation bestätigen und wie geborene römische Katholiken sprechen; wenden Sie sich zu den »teuren Verstorbenen« in England und Amerika, so werden Sie hören, dass sie die Reinkarnation absolut verneinen, deren Lehrer verleumden und protestantische Anschauungen vertreten. Und wenn Sie Ihre besten und fähigsten Medien betrachten, so haben diese alle in ihrer körperlichen und geistigen Gesundheit gelitten. Denken Sie an das traurige Ende von Charles Foster, der in einer Anstalt starb, ein rasender Verrückter; an Slade, einen Epileptiker; an Eglinton, gegenwärtig das beste Medium in England, ebenfalls Epileptiker. Blicken Sie auf das Leben von D. D. Home zurück, der durchdrungen war von Galle und Bitterkeit gegen alle, von denen er meinte, dass sie psychische Kräfte besitzen, und der jedes Medium bis zum bitteren Ende bekämpfte. Dieser Calvin des Spiritismus litt jahrelang an einer schrecklichen Rückenmarkskrankheit, die er sich durch den Verkehr mit den »Geistern« zuzog. Er starb als völliges Wrack. Denken Sie an das traurige Schicksal von Washington Irving Bishop. Ich kannte ihn von New York her, als er vierzehn Jahre alt war. Er war unleugbar ein Medium. Es ist wahr, dass dieser arme Mann seinen »Geistern« den Rang ablief, indem er sie, zur Belustigung der ganzen Gesellschaft von hochgebildeten und wissenschaftlichen Narren und zur Auffüllung seiner eigenen Tasche, eine »unbewusste Muskeltätigkeit« nannte. Aber »de mortuis nil nisi bene« (von den Toten soll man nur Gutes reden); sein Ende war ein trauriges. Er hatte seine epileptischen Anfälle mit großer Mühe verborgen gehalten – Epilepsie ist das erste und stärkste Symptom echter Medialität. Auch weiß man nicht, ob er tot oder noch in Trance war, als die nachtodliche Untersuchung stattfand. Seine Verwandten behaupten fest, dass er lebte, wenn wir dem Telegramm Reuters glauben dürfen. Denken Sie an die Veteran-Medien, die Gründer und antreibenden Kräfte der modernen Spiritisten, die Fox-Schwestern. Nach mehr als 40-jähriger Verbindung mit den »Engeln« wurden sie zu unheilbar Verrückten, die jetzt in öffentlichen Vorträgen ihr eigenes Lebenswerk und ihre eigene Philosophie als Betrug erklären. Ich frage Sie, was für eine Art von Geistern muss das gewesen sein, die ihnen so etwas eingeben?

Aber ist Ihre Schlussfolgerung richtig?

Was würden Sie daraus schließen, wenn die besten Schüler einer bestimmten Gesangsschule wegen überanstrengter und wunder

Kehlen zusammenbrächen? Doch zweifellos, dass die Gesamtmethode schlecht war. Die gleiche Schlussfolgerung muss beim Spiritismus gemacht werden, wenn es sich zeigt, dass die besten Medien solch einem Schicksal verfallen. Wir können nur sagen: Lasst diejenigen, die an der Frage interessiert sind, den Baum des Spiritismus an seinen Früchten beurteilen und über die Lektionen nachdenken. Wir haben die Spiritisten immer als Brüder betrachtet, die die gleiche mystische Tendenz wie wir haben, aber wir sind von ihnen immer als Feinde angesehen worden. Da wir im Besitz einer älteren Philosophie sind, haben wir stets versucht, ihnen zu helfen und sie zu warnen. Sie aber haben unsere Absichten verkannt und uns auf jede mögliche Art verleumdet. Dennoch sagen die besten englischen Spiritisten nichts anderes als wir, sobald sie ihren Glauben ernsthaft behandeln. Hören Sie, was M. A. Oxon sagt: »Die Spiritisten neigen viel zu sehr dazu, bei der Vermittlung äußerer Geister in dieser unserer Welt zu verweilen *und dabei die Kräfte des inkarnierten Geistes zu ignorieren.*« (*Second Sight*, Introduction). Warum beschimpft man die Theosophen, wenn sie das Gleiche sagen? Aber lassen sie uns zur Besprechung der Reinkarnation zurückkehren.

XI

Über die Geheimnisse der Reinkarnation

Periodische Wiedergeburten

Sie sind also der Meinung, dass wir alle schon in vielen vergangenen Inkarnationen auf der Erde gelebt haben und dies auch in der Zukunft so weitergehen wird?

Ja. Der Lebenszyklus, oder besser gesagt der Zyklus des bewussten Lebens, beginnt mit der Trennung des sterblichen Tiermenschen in die Geschlechter und wird erst am Ende der letzten Entwicklungsstufe in der siebten Runde und siebten Rasse der Menschheit enden. Wenn man bedenkt, dass wir uns heute erst in der fünften Rasse der vierten Runde befinden, dann wird seine Dauer etwas besser vorstellbar.

Und während dieser ganzen Zeit sollen wir immer wieder in neuen Persönlichkeiten inkarnieren?

Sicherlich, denn dieser Lebenszyklus oder die Periode der Inkarnationen kann am besten mit einem Menschenleben verglichen werden. So wie jedes dieser Leben aus Tagen der Tätigkeit zusammengesetzt ist, die durch Nächte des Schlafens oder der Untätigkeit voneinander getrennt sind, so folgt im Zyklus der Inkarnationen jedem aktiven Leben die Ruhe im Devachan.

Und diese Aufeinanderfolge von Geburten wird als Reinkarnation bezeichnet?

Ja. Nur durch diese Geburten kann der unaufhörliche Fortschritt der zahllosen Millionen von Egos zu ihrer endgültigen Vervollkommnung und Ruhe (die dann ebenso lange dauern wird wie die Periode der Aktivität) erreicht werden.

Was regelt die Dauer und die besonderen Merkmale der einzelnen Inkarnationen?

Karma, das universale Gesetz der vergeltenden Gerechtigkeit.

Ist Karma ein intelligentes Gesetz?

Für den Materialisten, der das Gesetz der Periodizität, welches die Anordnung der verschiedenen Körper reguliert, ebenso wie alle anderen Gesetze in der Natur nur blinde Kräfte und mechanische Gesetze nennt, wäre Karma zweifellos nur ein Gesetz des Zufalls und nicht mehr. Von unserem Standpunkt aus gibt es für das, was unpersönlich und keine Wesenheit, aber ein universal wirkendes Gesetz ist, keine Worte, die es beschreiben oder näher bezeichnen können. Wenn Sie mich nach der verursachenden Intelligenz in ihm fragen, so muss ich Ihnen antworten, ich kenne sie nicht. Wenn Sie mich aber nach seinen Wirkungen fragen, dann kann ich sagen, dass die Erfahrung tausender Zeitalter aufgezeigt hat, dass sie absolute, unfehlbare *Gerechtigkeit*, Weisheit und Intelligenz sind. Denn Karma ist in seinen Wirkungen unfehlbare Wiedergutmachung sowohl menschlicher Ungerechtigkeit als auch aller Fehlschläge der Natur. Es führt in Strenge alles Unrecht wieder zur Ordnung und ist ein vergeltendes Gesetz, das absolut unparteiisch belohnt und bestraft. Es wirkt im vollsten Sinn des Wortes »ohne Rücksicht auf die Person« und kann auch durch Gebet weder günstig gestimmt noch beiseitegeschoben werden. Das ist der gemeinsame Glaube von Hindus und Buddhisten, die beide an Karma glauben.

Die christlichen Dogmen stehen zu beiden in Widerspruch, und es ist zu bezweifeln, ob irgendein Christ diese Lehre jemals annehmen wird.

Nein; und Inman gab schon vor vielen Jahren den Grund dafür an. Er sagt: »Die Christen werden jeden Unsinn akzeptieren, sobald er von der Kirche als Glaubenssatz anerkannt ist … Die Buddhisten sagen, dass nichts, was der gesunden Vernunft widerspricht, eine echte Lehre des Buddha sein kann.« Die Buddhisten glauben nicht an irgendeine Vergebung ihrer Sünden, sondern an eine vollkommene und gerechte Bestrafung jeder bösen Tat und jedes bösen Gedankens in einer zukünftigen Verkörperung, und an einen entsprechenden Ausgleich für jene, die geschädigt worden sind.

Wo ist dies zu lesen?

In den meisten ihrer Heiligen Schriften. Im *Rad des Gesetzes* sind folgende theosophische Lehrsätze zu finden: »Die Buddhisten glauben, dass jede Tat, jedes Wort oder jeder Gedanke ihre Konsequenzen haben, die früher oder später, im gegenwärtigen oder in einem zukünftigen Leben, wirken werden. Böse Taten werden böse Folgen hervorbringen, gute Taten werden gute Folgen hervorbringen: Glückliche Zeiten in dieser Welt oder Geburt im Himmel (Devachan) … im zukünftigen Zustand.

Glauben die Christen nicht an das Gleiche?

Durchaus nicht. Sie glauben an die Vergebung und den Nachlass aller Sünden. Ihnen wurde versprochen, wenn sie nur an das Blut Christi (eines *unschuldigen* Opfers!) glauben, an das Blut, das von ihm als Sühneopfer für die Sünden der ganzen Menschheit dargebracht wurde, so würde dies jede irdische Sünde sühnen. Wir glauben aber weder an eine stellvertretende Sühne noch an die Möglichkeit eines Nachlasses auch nur der kleinsten Sünde durch irgendeinen Gott, ja nicht einmal durch ein *persönliches* Absolutes oder »Unendliches«, wenn es so etwas überhaupt geben könnte. Das, woran wir glauben, ist strenge unparteiische Gerechtigkeit. Unsere Vorstellung von der unbekannten universalen Gottheit, die sich im Karma-Gesetz darstellt, ist, dass es eine Kraft ist, die nicht irren kann und die daher weder Zorn noch Gnade, sondern nur absolute Gerechtigkeit sein kann, eine Gerechtigkeit, die jeder kleinen oder großen Ursache ihre unausweichliche Wirkung sichert. Das Wort Jesu »mit welchem Maß ihr messet, mit dem soll auch euch zugemessen werden« (Matth.7, 2) lässt weder seinem Wortlaut noch seinem Sinn nach irgendeine Hoffnung auf künftige Gnade oder stellvertretende Erlösung zu. Eben weil wir in unserer Philosophie die Richtigkeit dieser Feststellung anerkennen, können wir bei wechselseitigen Beleidigungen gar nicht stark genug Erbarmen, Güte und Vergebung empfehlen. *Widerstrebe nicht dem Übel* und *Vergelte Böses mit Gutem* sind buddhistische Vorschriften, die vor allem wegen der Unversöhnlichkeit des Karma-Gesetzes gepredigt wurden. Jedenfalls aber ist es eine gotteslästerliche Anmaßung, wenn der Mensch das Gesetz in seine eigenen Hände nimmt. Menschliches Gesetz darf einschränkende, aber nicht strafende Maßnahmen vorsehen. Ein Mensch, der, obwohl er an Karma glaubt, sich trotzdem selbst rächt und sich weigert, jedes Unrecht zu vergeben und dadurch Böses mit Gutem zu vergelten, ist ein Verbrecher und verletzt sich nur selbst. Karma wird den Menschen, der ihm Unrecht getan hat, mit Bestimmtheit bestrafen. Wenn der Verletzte daher versucht, seinem Feind eine zusätzliche Bestrafung zuzufügen, anstatt die Bestrafung dem großen Gesetz zu überlassen, und diesem noch sein bisschen eigenes Gewicht hinzufügt, schafft er eine Ursache für eine künftige Belohnung seines Feindes und eine künftige Bestrafung seiner selbst. Der unfehlbare Regulator beeinflusst in jeder Inkarnation die Qualität der nachfolgenden, und die Summe von Verdienst und Schuld der vorhergehenden bestimmt sie.

Können wir daher aus der Gegenwart eines Menschen auf seine Vergangenheit schließen?

Nur insofern, um darauf zu vertrauen, dass sein gegenwärtiges Leben so ist, wie es gerechterweise sein muss, um für die Sünden des vergangenen Lebens Sühne zu leisten. Abgesehen von Sehern oder großen Adepten können wir als gewöhnliche Sterbliche natürlich nicht wissen, welcher Art diese Sünden waren. Mangels Kenntnis näherer Daten ist es uns sogar unmöglich zu erkennen, wie die Jugend eines alten Menschen gewesen sein mag; aus dem gleichen Grund können wir aus dem, was wir in dem gegenwärtigen Leben irgendeines Menschen wahrnehmen, auch keine sicheren Schlüsse über sein vergangenes Leben ziehen.

Was ist Karma?

Aber was ist Karma?

Wie ich schon gesagt habe, betrachten wir es als das *grundlegende* Gesetz des Universums, als Ursprung und Quelle aller anderen Gesetze, die in der Natur existieren. Karma ist das unfehlbare Gesetz, welches auf der physischen, mentalen und spirituellen Ebene des Seins die Wirkungen den Ursachen anpasst. Von der größten bis zur geringsten Ursache, von einer kosmischen Störung bis zu einer Bewegung unserer Hand bleibt nichts ohne seine gebührende Wirkung. Gleiches ruft wieder Gleiches hervor. *Karma* ist daher jenes unsichtbare und unerkennbare Gesetz, *welches weise, verständig und gerecht jede Wirkung ihrer Ursache anpasst*, wobei sie diese auf ihren Erzeuger zurückführt. Wenn es auch selbst *unerkennbar* ist, so kann doch seine Wirkung wahrgenommen werden.

So ist es also wieder das »Absolute« und »Unerkennbare«, das als Erklärung der Lebensprobleme von wenig Wert ist?

Im Gegenteil: Wenn wir auch nicht wissen, was Karma *per se* ist, so wissen wir doch, *wie es wirkt*, und wir können die Art seiner Wirkungsweise genau definieren und beschreiben. Wir kennen nur seine letzte *Ursache* nicht; genau wie die moderne Philosophie, die allgemein zugibt, dass die *letzte* Ursache von allem »unerkennbar« ist.

Und was hat die Theosophie zur Lösung der mehr praktischen Bedürfnisse der Menschheit zu sagen? Welche Erklärung bietet sie für die schrecklichen Leiden und die große Not in den sogenannten »unteren Klassen«?

Die großen sozialen Übel, der Unterschied zwischen den Klassen der Gesellschaft, den Geschlechtern, die ungleiche Verteilung von Kapital und Arbeit, sind nach unserer Lehre auf das zurückzuführen, was wir kurz Karma nennen.

Aber sicherlich sind doch alle diese Übel, die die Masse ziemlich unterschiedslos zu befallen scheinen, nicht ein verdientes individuelles Karma?

Nein. Sie können in ihren Wirkungen nicht so genau bestimmt werden, um zeigen zu können, dass jede individuelle Umgebung und die besonderen Lebensbedingungen, in denen sich eine Person befindet, nichts anderes sind als das vergeltende Karma, welches ein Individuum in einem vergangenen Leben erzeugt hat. Wir dürfen nicht die Tatsache aus den Augen verlieren, dass jedes Atom dem allgemeinen Gesetz unterliegt, welches den ganzen Körper beherrscht, zu dem es gehört, und hier kommen wir zu einem umfassenderen Verständnis des karmischen Gesetzes. Können Sie nicht verstehen, dass die Summe des individuellen Karmas zu jenem der Nation wird, zu welcher diese Individuen gehören, und weiter, dass die Gesamtsumme des nationalen Karmas das Karma der Welt ist? Die Übel, von denen Sie sprechen, sind nicht den einzelnen Individuen eigen, ja nicht einmal der einzelnen Nation, sie sind mehr oder weniger universell; und auf diesem weiten Feld wechselseitiger menschlicher Abhängigkeit findet das Karma-Gesetz seine gerechte und ausgleichende Wirkungsmöglichkeit.

Verstehe ich also richtig, dass das Karma-Gesetz nicht unbedingt ein individuelles Gesetz ist?

Das ist es, was ich sagen will. Es wäre unmöglich, dass Karma das Gleichgewicht der Kräfte im Leben und Fortschreiten der Welt herstellen könnte, wenn es nicht ein weites allgemeines Wirkungsfeld hätte. Es wird von den Theosophen als eine Wahrheit betrachtet, dass die wechselseitige Abhängigkeit der Menschheit die Ursache ist für das, was man verteilendes Karma nennt, und dieses Gesetz ist es, welches die Lösung der großen Frage des kollektiven Leidens und seiner Linderung bietet. Außerdem ist es ein geistiges Gesetz, dass kein Mensch sich über seine individuellen Mängel hinausheben kann, ohne zugleich, und sei es noch so gering, die ganze Gemeinschaft, von welcher er ein integraler Bestandteil ist, mitzuheben. In gleicher Weise kann niemand sündigen und unter den Wirkungen der Sünde alleine leiden. Es gibt in Wirklichkeit keine »Getrenntheit«. Die nächste Annäherung an diesen egoistischen Zustand, welchen die Gesetze des Lebens zulassen, ist die Absicht oder der Beweggrund.

Gibt es kein Mittel, durch welches das Gruppen- oder nationale Karma gewissermaßen gesammelt zu seiner natürlichen und rechtmäßigen Erfüllung gebracht werden könnte, ohne all das Leiden?

Als allgemeine Regel und innerhalb gewisser Grenzen, die unser Zeitalter bestimmen, kann das Gesetz von Karma in seiner Erfüllung weder beschleunigt noch verzögert werden. Aber ich bin sicher, dass diese Möglichkeiten bisher noch nie berührt worden sind. Lesen Sie die folgende Darstellung einer Phase nationalen Elends und fragen Sie sich dann, ob solche Übel, bei Anerkennung der wirkenden Kräfte des individuellen, relativen und verteilenden Karmas, nicht einer durchgreifenden Umwandlung und allgemeinen Abhilfe fähig sind. Was hier angeführt wird, ist aus der Feder einer nationalen Wohltäterin, die über die engen Grenzen des eigenen Selbst hinausgewachsen ist und es aus freier Wahl übernommen hat, der Menschheit zu dienen, indem sie so viel von dem nationalen Karma auf ihre Schultern geladen hat, wie sie tragen kann. Sie sagt Folgendes:

> »Ja, die Natur spricht immer. Glauben Sie das nicht? Nur machen wir zuweilen so viel Lärm, dass wir ihre Stimme übertönen. Daher ist es so erholsam, sich aus der Stadt hinauszubegeben und sich in die Arme der Mutter Natur zu schmiegen. Ich denke an den Abend in Hampstead Heath, als wir den Sonnenuntergang betrachteten. Aber, ach, über wie viel Elend und Mühsal ging die Sonne dahin! Eine Frau brachte mir gestern einen Strauß von wilden Blumen. Ich dachte, einige meiner East-End-Familien hätten ein größeres Recht darauf als ich, und so nahm ich ihn am Morgen in eine sehr arme Schule in Whitechapel mit. Sie hätten die strahlenden Gesichtchen der blassen Kleinen sehen sollen. Dann bezahlte ich für einige Kinder Mittagessen in einem kleinen Speisehaus. Dieses lag in einer abgelegenen, engen Gasse, wo sich die Leute drängten. Ein unbeschreiblicher Geruch von Fischen, Fleisch und anderen Esswaren lag in der Luft. Alles stank in der Sonne, die in Whitechapel die Dinge nicht reinigt, sondern eher zum Faulen bringt. Das Speisehaus war eine Ansammlung aller schlechten Gerüche. Unbeschreiblich schlechte Fleischpasteten zu einem Penny, ekelerregende Speisereste und eine Menge von Fliegen, ein wahrer Altar von Beelzebub! Und überall Kinder, die etwas zu ergattern suchten. Eines mit einem wahren Engelsgesicht suchte sich Kirschkerne, um sich seinen Hunger zu stillen. Ich kam in den Westen zurück, mit den Nerven am Ende, und fragte mich erschüttert, ob denn einige Teile von London anders gerettet werden könnten als dadurch, dass seine Bewohner von einem Erdbeben verschlungen werden und durch die reinigenden Wasser der Lethe gehen, aus denen es keine Rückerinnerung gibt. Dann dachte ich zurück an Hampstead Heath und überlegte: Wenn man doch durch irgendein Opfer die Kraft gewinnen könnte, diese Menschen

zu retten, keine Kosten wären zu hoch. Aber sehen Sie, man müsste sie ganz ändern, aber wie kann man das machen? In dem Zustand, in dem sie sich jetzt befinden, würde es ihnen gar nichts nützen, sie in eine andere Umgebung zu bringen. In ihrer gegenwärtigen Umwelt müssen sie aber weiter verkommen. Es bricht mir das Herz, dieses endlose, hoffnungslose Elend zu sehen und die tierische Entwürdigung, die ihre Folge und ihre Wurzel zugleich ist. Es ist wie beim Banyanbaum, bei dem jeder Zweig selbst Wurzeln schlägt und so wieder Schößlinge hervorbringt. Welch ein Unterschied zwischen diesen Gefühlen und der friedvollen Szene in Hampstead! Und doch haben wir, die Brüder und Schwestern dieser armen Geschöpfe, nur das Recht, die Hampstead Heaths zu nutzen, um Kraft zu gewinnen, die Whitechapels zu retten.«
(Unterzeichnet mit einem Namen, der zu geachtet und zu bekannt ist, um ihn Spöttern preiszugeben.)

Dies ist ein trauriger, aber schöner Brief, und er schildert mit schmerzlicher Offenheit das, was die Theosophie relatives und Gruppen-Karma nennt. Aber es besteht ja keine Hoffnung auf eine etwaige Lösung durch ein Erdbeben oder Ähnliches?

Was gibt uns das Recht, so zu denken, wo die Hälfte der Menschheit in einer Lage ist, eine unmittelbare Linderung des Elends ihrer Mitbrüder herbeiführen zu können? Wenn jeder Einzelne zum allgemeinen Wohl das beitragen würde, was er an Geld, Arbeit und edlen Gedanken tun kann, dann, und nur dann, würde ein Gleichgewicht im nationalen Karma möglich sein, und solange das nicht geschieht, haben wir kein Recht und keinen Grund zu sagen, dass es auf der Erde mehr Leben gibt, als ernährt werden kann. Es ist den heroischen Seelen, den Heilanden unserer Nationen und Rassen vorbehalten, die Ursachen für den ungleichen Druck des Gruppen-Karmas herauszufinden und durch eine außergewöhnliche Anstrengung das Gleichgewicht der Kräfte wiederherzustellen und dadurch die Menschen vor einem moralischen Verfall zu retten, der tausendmal schlimmer und auch andauernder wäre als so eine physische Katastrophe, in welcher viele den einzigen Ausweg aus dem angehäuften Elend zu sehen scheinen.

Sagen Sie mir nun bitte, wie Sie ganz allgemein dieses Karma-Gesetz definieren.

Wir definieren Karma als das Gesetz der Wiederherstellung, welches immer versucht, ein gestörtes Gleichgewicht in der physischen und eine gestörte Harmonie in der moralischen Welt wiederherzustellen. Wir sagen nicht, dass Karma immer in dieser oder jener besonderen Art wirkt, sondern dass es immer so wirkt, dass die Harmonie wiederhergestellt und das Gleichgewicht, vermöge dessen das Universum existiert, gewahrt wird.

Geben Sie mir ein Beispiel.

Später werde ich Ihnen ein ausführliches Beispiel geben. Denken Sie jetzt an einen Teich. Ein Stein fällt in das Wasser und verursacht störende Wellen. Diese Wellen bewegen sich vorwärts und rückwärts, bis sie schließlich aufgrund der Wirkung dessen, was die Physiker Energiestreuung nennen, zur Ruhe gebracht werden und das Wasser in seinen Zustand unbeweglicher Ruhe zurückkehrt. In ähnlicher Weise verursacht jegliche Tätigkeit auf jeder Ebene eine Störung in der ausgeglichenen Harmonie des Universums, und die dadurch hervorgerufenen Schwingungen werden sich, wenn der Raum begrenzt ist, so lange vorwärts und rückwärts bewegen, bis das Gleichgewicht wiederhergestellt ist. Da aber jede solche Störung von einem besonderen Punkt ausgeht, ist es klar, dass Gleichgewicht und Harmonie nur dadurch wiederhergestellt werden können, dass alle Kräfte, die von einem Punkt aus in Bewegung gesetzt worden sind, *an diesem gleichen Punkt wieder zusammenlaufen.* Hier haben Sie den Beweis, dass die Folgen der Taten und Gedanken eines Menschen alle auf *ihn* selbst mit der gleichen Kraft zurückwirken müssen, mit der sie in Bewegung gesetzt wurden.

Aber ich kann keinen moralischen Charakter in diesem Gesetz wahrnehmen, es scheint mir völlig dem einfachen physikalischen Gesetz zu gleichen, dass Aktion und Reaktion gleich und entgegengesetzt sind.

Ich bin nicht überrascht, Sie so sprechen zu hören. Die Europäer können sich nicht von der tief eingewurzelten Gewohnheit lösen, Recht und Unrecht, Gut und Böse als Angelegenheiten eines willkürlichen Gesetzeskodex zu betrachten, der entweder von den Menschen selbst festgelegt oder ihnen von einem persönlichen Gott auferlegt wurde. Wir Theosophen hingegen sagen, dass »gut« und »Harmonie« und ebenso »böse« und »Disharmonie« Synonyme sind. Außerdem sind wir der Auffassung, dass alle Schmerzen und Leiden Ergebnisse fehlender Harmonie sind, und dass der einzige schreckliche Grund der Störung der Harmonie die Selbstsucht in der einen oder anderen Form ist. Darum gibt Karma jedem Menschen die *tatsächlichen Folgen seiner eigenen Handlungen zurück*, ohne Rücksicht auf ihren moralischen Charakter. Aber, da er das ihm Gebührende für *alles* erhält, ist es offensichtlich, dass er ebenso, wie er für alle Leiden, die er verursacht hat, sühnen muss, auch die Früchte allen Glücks und aller Harmonie ernten wird, die zu erzeugen er geholfen hat. Ich kann nichts Besseres tun, als eine Anzahl gewisser Stellen aus Büchern und Artikeln anzuführen, die von Theosophen geschrieben sind, die eine richtige Vorstellung von Karma besitzen.

Das wäre gut, da Ihre Literatur in Bezug auf diesen Gegenstand sehr spärlich ist.

Weil es der schwierigste unserer Lehren ist. Vor kurzer Zeit erschien aus der Feder eines Christen folgender Einwand:

> »Angenommen, die theosophische Lehre sei richtig in Bezug darauf, dass der Mensch sein eigener Erlöser sein muss, sein Selbst und das Böse, das in seiner dualen Natur liegt, überwinden und besiegen muss, um die Befreiung

seiner Seele zu erlangen. Was muss der Mensch dann tun, nachdem er sich seiner Niederträchtigkeiten und Unzulänglichkeiten bewusst geworden ist und sich in einem gewissen Maße bessert? Wie erlangt er Befreiung, Vergebung oder Auslöschung dessen, was er an Bösem oder aus Gemeinheit bereits begangen hat?«

Darauf antwortet J. H. Connelly sehr eindringlich, dass niemand hoffen kann, die theosophische Lokomotive auf dem theologischen Gleis laufen zu lassen. Er sagt:

»Die Möglichkeit, individueller Verantwortung aus dem Wege zu gehen, gibt es im Konzept der Theosophie nicht. In diesem Glauben gibt es so etwas wie Vergebung oder Auslöschen von bereits begangenem Übel oder Niederträchtig keiten nicht, außer durch die entsprechende Bestrafung des Übeltäters und die Wiederherstellung der von ihm gestörten Harmonie des Universums. Das Böse kam von ihm, und da andere darunter gelitten haben, kann es von niemandem außer von ihm selbst gesühnt werden … Die beabsichtigte Verfassung, »in der er sich seiner Niederträchtigkeiten und Unzulänglichkeit bewusst werden und sich im gewissen Maße bessern soll«, ist jene, in der er erkennt, dass sein Tun böse ist und deshalb eine Bestrafung verdient. In dieser Erkenntnis ist unweigerlich das Gefühl der persönlichen Verantwortlichkeit gegeben, und das Gefühl für diese schreckliche Verantwortung muss im gleichen Verhältnis zum Grade seines Bewusstwerdens oder seiner »Besserung« stehen … Wenn es zu schwer auf ihm lastet, fühlt er sich gedrängt, die Lehre vom stellvertretenden Sühneopfer anzunehmen … Man sagt ihm, er müsse auch bereuen, aber nichts ist leichter als das. Es ist eine liebenswerte Schwäche der menschlichen Natur, das Böse, das wir begangen haben, zu bereuen, wenn unsere Aufmerksamkeit darauf gelenkt wird und wir entweder darunter selbst gelitten oder uns der Früchte erfreut haben. Eine genauere Analyse unserer Gefühle würde uns möglicherweise zeigen, dass wir eher die Erforderlichkeit des Übels als notwendiges Hilfsmittel zur Erlangung unserer egoistischen Ziele bereuen als das Übel selbst.

Der gewöhnliche Verstand mag an dieser Betrachtung, »die Last der Sünden am Fuß des Kreuzes niederzulegen«, Gefallen finden, sie empfiehlt sich aber nicht für den Studierenden der Theosophie. Er kann nicht begreifen, warum ein Sünder durch Erkennen seiner Sünde Vergebung oder Auslöschung seiner begangenen Gemeinheit erlangen sollte, und weshalb Reue oder zukünftig richtiges Leben berechtigen sollte, dass das Weltgesetz von Ursache und Wirkung zu seinen Gunsten aufgehoben wird. Die Folgen seiner bösen Taten dauern fort, die Leiden, die er anderen durch seine Schlechtigkeit verursacht hat, sind nicht ausgelöscht. Der Studierende der Theosophie bezieht die Wirkungen der Übeltaten auf die Unschuldigen in sein Gesamtproblem mit ein. Er betrachtet nicht nur die schuldige Person, sondern auch seine Opfer.

Das Böse ist eine Störung der Harmonie-Gesetze, die das Universum regieren, und die Strafe dafür muss den treffen, der diese Gesetze verletzt. Christus warnte: »Sündige nicht mehr, sollen nicht schlimmere Dinge über dich kommen.« Und Paulus sagt: »Bewirke deine eigene Erlösung. Was der Mensch sät, das wird er auch ernten.« Dies ist, nebenbei bemerkt, eine schöne metaphorische Wiedergabe des Satzes aus den – lange vorher geschriebenen – *Puranas*, dass »der Mensch die Folgen seiner eigenen Taten erntet«. Das ist die Grundlage des Gesetzes von Karma, wie es die Theosophie lehrt. Sinnett spricht in seinem *Esoterischen Buddhismus* von Karma als »dem Gesetz der ethischen Verursachung«. »Gesetz der Vergeltung«, wie es Frau Blavatsky übersetzt, ist besser. Es ist die Macht, die

»gerecht, jedoch geheimnisvoll uns unfehlbar führt
auf nicht markierten Wegen von Schuld zur Strafe«.

Aber es bedeutet noch mehr. Es belohnt den Verdienst ebenso unfehlbar und reichlich, wie es die Schuld bestraft. Es ist das Ergebnis jeglichen Tuns, von Gedanken, Worten und Taten. Und durch dieses Gesetz gestalten die Menschen sich selbst ihr Leben und ihre Ereignisse. Die östliche Philosophie verwirft die Idee einer Neuschöpfung der Seele für jedes neugeborene Kind. Sie glaubt an eine begrenzte Zahl von Monaden, die sich entwickeln und immer vollkommener werden, durch die Assimilation von vielen nachfolgenden Persönlichkeiten. Diese Persönlichkeiten sind das Ergebnis von Karma, und durch Karma und Reinkarnation kehrt die menschliche Monade mit der Zeit zu ihrer Quelle, zur absoluten Göttlichkeit, zurück.«

E. D. Walker gibt in seinem Werk *Reincarnation* die folgende Erklärung:

»In wenigen Worten ausgedrückt, bedeutet die Lehre von Karma, dass wir uns durch unsere früheren Handlungen selbst zu dem gemacht haben, was wir sind, und dass wir unsere zukünftige Ewigkeit durch unsere gegenwärtigen Handlungen aufbauen. Es gibt kein Schicksal, sondern nur das, was wir selbst bestimmen. Es gibt keine Erlösung oder Verdammnis, ausgenommen jene, die wir selbst über uns verhängen … Weil es keinen Schutz für sträfliche Handlungen bietet und eine echte Mannhaftigkeit verlangt, ist Karma schwachen Naturen weniger willkommen als die leichten religiösen Glaubenssätze einer stellvertretenden Sühne, Fürsprache, Vergebung und Bekehrung auf dem Totenbett … Im Bereich der ewigen Gerechtigkeit sind Missetat und Strafe untrennbar miteinander verbunden, wie die Glieder eines einzigen Ereignisses, weil es keine Trennung gibt von einer Handlung und dem, was aus ihr wird … Es sind Karma oder unsere alten Handlungen aus früheren Leben, die uns wieder in das Erdenleben zurückführen … Des Geistes Wohnung ändert sich seinem Karma entsprechend, und dieses Karma verbietet ein längeres Verweilen in einem Zustand, denn es verändert sich fortwährend. Solange das Handeln des Menschen von materiellen und egoistischen Motiven gelenkt wird, so lange müssen sich die Wirkungen solchen Handelns physischen Wiedergeburten manifestieren. Nur der vollkommen selbstlose Mensch kann sich der Anziehungskraft des materiellen Lebens entziehen. Wenige haben dies erreicht, aber es ist das Ziel der Menschheit.«

Und dann zitiert der Autor aus der *Geheimlehre*:

> »Wer an Karma glaubt, muss an das Schicksal glauben, welches jeder Mensch von seiner Geburt bis zu seinem Tod Faden um Faden um sich herum webt, wie eine Spinne ihr Netz spinnt. Dieses Schicksal wird entweder von der himmlischen Stimme des unsichtbaren Urbildes außerhalb von uns gelenkt oder durch unseren astralen inneren Menschen, der nur zu oft der böse Genius jener verkörperten Wesenheit ist, die man Mensch nennt. Beide lenken den äußeren Menschen, aber einer davon muss die Vorherrschaft erlangen. Und vom ersten Anfang dieses unsichtbaren Kampfes schreitet das strenge, unerbittliche Gesetz des Ausgleichs ein und nimmt, den Schwankungen des Kampfes getreulich folgend, seinen Lauf. Wenn der letzte Faden verwoben und der Mensch sichtlich im Netz seiner eigenen Taten eingeschlossen ist, findet er sich vollkommen unter der Herrschaft dieses selbsterzeugten Schicksals … (GL I, S. 700-701). Ein Esoteriker oder Philosoph wird nicht von der Güte oder Grausamkeit der Vorsehung sprechen; aber sie mit Karma-Nemesis gleichsetzend, wird er dennoch lehren, dass sie die Guten schützt und über sie in diesem sowie im zukünftigen Leben wacht; und dass sie den Übeltäter bestraft – bis zu seiner siebten Wiedergeburt –, kurzum so lange, bis die Wirkung auch nur des kleinsten Atoms in der unendlichen Welt der Harmonie, die er gestört hat, schließlich wieder in Ordnung gebracht ist. Denn die

einzige Fügung Karmas – eine ewige und unveränderliche Fügung – ist unbedingte Harmonie sowohl in der Welt des Stoffes als auch in der Welt des Geistes. Nicht Karma ist es daher, welches belohnt oder bestraft, sondern wir belohnen oder bestrafen uns selbst, je nachdem wir entweder mit und gemäß der Natur wirken, indem wir den Gesetzen, von denen diese Harmonie abhängt, gehorchen oder sie brechen … (GL I, S. 704-705). Auch wären die Wege Karmas nicht unerforschlich, wenn die Menschen in Einigkeit und Harmonie wirken würden, anstatt in Uneinigkeit und Streit. Denn unsere Unkenntnis dieser Wege – welche ein Teil der Menschheit die Wege der Vorsehung nennt, dunkel und verworren, während ein anderer in ihnen die Wirkung des blinden Fatalismus sieht und ein dritter einfachen Zufall, ohne Götter und ohne Teufel zu ihrer Leitung – würde sicherlich verschwinden, wenn wir sie nur ihrer richtigen Ursache zuschreiben würden … Wir stehen verwirrt vor dem Mysterium unseres eigenen Tuns und vor den Rätseln des Lebens, die wir *nicht* lösen *wollen*, und dann klagen wir die große Sphinx an, dass sie uns verschlingt. Aber fürwahr, es gibt keinen Zufall in unserem Leben, keinen missglückten Tag, kein Missgeschick, das nicht auf unser eigenes Tun in diesem oder einem anderen Leben zurückgeführt werden könnte … (GL I, S. 705). Das Gesetz von Karma ist unentwirrbar verwoben mit jenem der Reinkarnation. Nur diese Lehre vermag das geheimnisvolle Problem von Gut und Böse zu erklären und den Menschen mit der scheinbar furchtbaren Ungerechtigkeit im Leben zu versöhnen. Nur eine solche Gewissheit vermag unser revoltierendes Gerechtigkeitsempfinden zu beruhigen; denn wenn jemand, der mit dieser edlen Lehre nicht vertraut ist, um sich blickt und die Ungleichheiten von Geburt und Vermögen, von Intelligenz und Fähigkeiten beobachtet, wenn er sieht, wie Toren und Verbrechern, auf die das Glück durch bloßes Vorrecht der Geburt seine Gaben gestreut hat, Ehre erwiesen wird, während ihr nächster Nachbar, der dies weit mehr verdienen würde, trotz all seiner Intelligenz und seiner edlen Tugenden kein Mitleid findet und in Not und Mangel zugrunde geht – wenn er all dies sieht und sich abwenden muss, unfähig, das unverdiente Leid zu erleichtern, wenn einem die Ohren klingen und das Herz bricht von den Schmerzensschreien ringsumher, dann ist das gesegnete Wissen von Karma das Einzige, was ihn zu hindern vermag, das Leben und die Menschen samt ihrem vermeintlichen Schöpfer zu verfluchen. (GL II, S. 317-318).« Dieses Gesetz, ob bewusst oder unbewusst, teilt keinem Menschen und keiner Sache eine Vorherbestimmung zu. Es existiert von Ewigkeit zu Ewigkeit, denn es ist selbst Ewigkeit. Und da keine Handlung der Ewigkeit gleichgestellt ist, so kann auch nicht von einem Handeln gesprochen werden, denn es ist selbst Handlung. Nicht die Welle ertränkt den Menschen, sondern die *persönliche* Handlung des armen Kerls, der sich freiwillig unter die unpersönliche Handlung des Gesetzes begibt, das die Bewegungen des Ozeans regiert. Karma schafft nichts, noch plant es. Es ist der Mensch selbst, der die Ursachen schafft, und das karmische Gesetz gleicht die Wirkungen nur aus. Dieser Ausgleich ist kein Handeln, sondern nur die universale Harmonie, die immer wieder ihre ursprüngliche Gleichgewichtslage einzunehmen sucht, gleich einem Ast, der, wenn er mit Gewalt niedergebogen worden ist, mit der gleichen Kraft wieder zurückschnellt. Wenn daher der Arm verrenkt wird, der versucht hat, ihn aus seiner natürlichen Lage niederzudrücken, sollen wir dann sagen: Der Ast habe ihn verrenkt oder unsere eigene Torheit habe den Kummer verursacht? Karma hat es niemals darauf abgesehen, die intellektuelle oder individuelle Freiheit zu beschränken, wie das bei dem Gott der Monotheisten der Fall ist. Es hüllt seine Fügung nicht absichtlich in Dunkelheit, um den Menschen zu verwirren, noch bestraft es ihn, wenn er es wagt, seine Geheimnisse zu erforschen. Im Gegenteil, derjenige, der durch Studium oder durch Nachdenken in seine Wege einzudringen und Licht auf seine dunklen Wege zu wer-

> fen versucht, in deren Irrgängen so manche aus Unkenntnis des Lebenslabyrinths umkommen, wirkt für das Heil seiner Mitmenschen. Karma ist ein absolutes und ewiges Gesetz in der Welt der Erscheinungen; und da es nur eine absolute, eine ewige, eine allgegenwärtige Ursache geben kann, dürfen die Bekenner von Karma nicht als Atheisten oder Materialisten, noch weniger als Fatalisten angesehen werden, denn Karma ist eins mit dem Unerkennbaren, von welchem es einen Aspekt in seinen Wirkungen in der Erscheinungswelt darstellt ...« (Gl. II, S. 319 - 320).

Eine andere theosophische Autorin, Frau Sinnett, schreibt in *Purpose of Theosophy*:

> »Jedes Individuum schafft sich gutes oder böses Karma, mit jeder Handlung und mit jedem Gedanken seines alltäglichen Lebens, und arbeitet zugleich in diesem Leben das Karma ab, das es aus einem früheren Leben durch Handlungen und Wünsche mitgebracht hat. Wenn wir jemanden mit einem angeborenen Leiden sehen, so ist mit Sicherheit anzunehmen, dass dieses Leiden die unvermeidliche Folge von Ursachen ist, die er selbst in früheren Leben gesetzt hat. Man könnte sagen, dass es sich dabei um vererbte Leiden handelt, die doch nichts mit einer vergangenen Inkarnation zu tun haben. Aber da muss entgegnet werden, dass das eigentliche Ego, die Individualität, der wirkliche Mensch, seinen geistigen Ursprung nicht in den Eltern hat, durch die er geboren wird, sondern dass es durch die Anziehungskräfte, die es sich in einem früheren Leben um sich herum gebildet hat, zu demjenigen Elternhaus hingezogen wird, das am besten geeignet ist, diese Tendenzen zu entwickeln ... Diese Lehre vom Karma ist, wenn sie richtig verstanden wird, sehr wohl geeignet, diejenigen, die ihre Wahrheit einsehen, zu einer höheren und besseren Lebensweise zu führen, denn es darf nicht vergessen werden, dass nicht nur auf unsere Handlungen, sondern auch auf unsere Gedanken eine Fülle

von Umständen folgt, die unsere Zukunft im Guten oder im Bösen beeinflussen – und wichtiger noch ist, die Zukunft vieler unserer Mitmenschen. Wenn Unterlassungssünden und begangene Sünden nur auf ihn selbst bezogen wären, dann wäre die Wirkung auf das Karma des Sünders von geringer Konsequenz. Die Tatsache, dass jeder Gedanke, jede Handlung während des Lebens eine gute oder schlechte Wirkung auf andere Glieder der Menschheitsfamilie nach sich zieht, macht den strengen Sinn für Gerechtigkeit, Moral und Selbstlosigkeit deutlich, der so notwendig ist für das zukünftige Glück und den Fortschritt. Ein einmal begangenes Verbrechen, ein einmal ausgesandter schlechter Gedanke kann niemals mehr zurückgerufen werden. Keine Art von Reue kann zukünftige Wirkungen auslöschen. Reue, wenn sie aufrichtig ist, wird einen Menschen davon abhalten, seine Irrtümer zu wiederholen, aber sie kann ihn und andere nicht vor den Wirkungen, die bereits geschaffen wurden, bewahren: Wirkungen, die ihn unfehlbar, entweder in diesem oder in einem nächsten Leben, einholen werden.«

J. H. Connelly fährt fort:

»Die Anhänger einer Religion, die auf einer solchen Lehre beruht, sind gerne bereit, sie mit jener zu vergleichen, in der das Schicksal des Menschen für die Ewigkeit von den Zufällen eines einzigen kurzen Erdenlebens abhängt, während er damit getröstet wird, »dass der Baum liegen wird, wie er gefallen ist«; wobei die lichteste Hoffnung, wenn er zur Erkenntnis seiner Schwächen erwacht, die Lehre der stellvertretenden Sühne ist, die aber, dem presbyterianischen Glaubensbekenntnis entsprechend, auch wieder verhindert wird.

Durch göttlichen Ratschluss und um die göttliche Macht zu manifestieren, sind einige Menschen und Engel zum ewigen Leben bestimmt und andere zum ewigen Tod. Diese Menschen und Engel, ausersehen und vorherbestimmt, sind ihrer Zahl nach so unveränderlich festgelegt, dass sie

> nicht vermehrt oder vermindert werden kann … Da Gott die Auserwählten für die Herrlichkeit bestimmt hat … kann eigentlich niemand durch Christus wirklich berufen, gerechtfertigt, angenommen, geheiligt und gerettet werden, außer diejenigen, die auserwählt wurden. Den Rest der Menschheit geruhte Gott nach seinem unerforschlichen Ratschluss – wobei er zur Verherrlichung seiner Macht über seine Geschöpfe Gnade nach Belieben gewährte oder versagte – außer Acht zu lassen und sie zu Schande und Zorn für ihre Sünden zu bestimmen, zum Lobe seiner wunderbaren Gerechtigkeit.«

Wir können nichts besseres tun, als diese Betrachtung mit einem Zitat aus einem wunderschönen Gedicht abzuschließen. Wie Cornelly sagt:

> Die außerordentliche Schönheit der von Edwin Arnold in *Die Leuchte Asiens* gegebenen Darlegung von Karma könnte dazu verführen, hier eine vollständige Wiedergabe zu bringen, wenn sie nicht so lang wäre. Aber hier ist wenigstens ein Auszug davon.
>
> Karma – das gesamte Werk der Seele,
> Alles, was sie tat und dachte,
> Jenes Ich, das sie gewebt,
> Am Lebenswebstuhl, wo als Einschlag dient
> Der Zeit Unendlichkeit, die unsichtbar
> Sich mit den Taten als der Kette kreuzt.
>
> Vor allem Anfang, ohne End', gewiss
> Wie Sicherheit, und ewig wie die Welt,[43]
> Gibt's eine Macht, die stets zum Guten treibt,
> Nur ihre Satzung hält.
>
> Verachtet ist's von keinem; denn wer es
> Bekämpft, verliert; und wer ihm dient, gewinnt;

Verborgne Guttat lohnt's mit Ruh' und Glück,
Mit Qual verborgne Sünd'.

Es sieht allüberall und merket wohl;
Tu' recht, und es belohnt; tu' Unrecht, – dann
Musst du die Schuld bezahlen, ob auch lang'
Der Dharma zögern kann.

Nicht Zorn, noch Gnade kennt's; es misst sein Maß,
Untrüglich, fehlerlos ist seine Wag';
Zeit gilt ihm nichts: es richtet morgen wohl,
Vielleicht nach manchem Tag.

Dies das Gesetz; es wirkt Gerechtigkeit,
Niemand entgeht ihm, keiner hemmt's zuletzt;
Sein Urgrund ist die Liebe, und sein Ziel
Fried' und Vollendung. Ihm gehorchet jetzt!

(Autorisierte Übertragung aus dem Englischen von Konrad Wernicke, Reclam, Leipzig, n.d., S. 146, 180, 182)

Ich empfehle nun, die theosophischen Ansichten von Karma, dem Gesetz der Vergeltung, zu vergleichen und zu sagen, ob sie nicht philosophischer und gerechter sind, als das grausame und idiotische Dogma, welches aus »Gott« einen gefühllosen Unhold macht, von dem nur die Auserwählten gerettet werden, während der Rest zur ewigen Verdammnis verurteilt ist.

Ich verstehe nun, was Sie im Allgemeinen sagen wollen; aber könnten Sie mir nicht ein konkreteres Beispiel der Wirkung von Karma geben?

Das kann ich nicht. Wir können, wie ich schon sagte, nur sicher sein, dass unser gegenwärtiges Leben und seine Umstände die unmittelbaren Folgen unserer Handlungen und Gedanken in vergangenen Leben sind. Aber da wir weder Seher noch Eingeweihte sind, können wir nichts über die Einzelheiten der Wirkungsweise des Karma-Gesetzes wissen.

Können Adepten und Seher oder andere diesen karmischen Vorgang der Wiederherstellung im Einzelnen verfolgen?

Sicherlich. »Jene, die wissen«, können dies durch den Gebrauch von Kräften, die latent in jedem Menschen ruhen.

Wer sind jene, die wissen?

Gilt das für alle Menschen?

Für alle. Die gleiche begrenzte Schau besteht für alle, ausgenommen jene, die in der gegenwärtigen Inkarnation den Höhepunkt der spirituellen Vision und Hellsichtigkeit erreicht haben. Wir können nur erkennen, dass die Dinge für uns anders gekommen wären, wenn wir uns anders verhalten hätten, und dass wir das sind, wozu wir uns selbst gemacht haben, sowie nur das erhalten, was wir uns verdient haben.

Ich befürchte, dass eine solche Anschauung verbitternd wirken könnte.

Das Gegenteil sollte der Fall sein. Der Unglaube an ein gerechtes Gesetz des Ausgleichs scheint viel eher geeignet zu sein, im Menschen kämpferische Gefühle wachzurufen. Ein Kind, und genauso ein Erwachsener, wird sich gegen eine Strafe oder einen Verweis auflehnen, der ihm unverdient erscheint, aber nicht gegen eine verdiente Strafe. Der Glaube an Karma ist die beste Grundlage zur Versöhnung mit seinem Lebenslos und stärkt das Bemühen, die nachfolgenden Wiedergeburten zu verbessern. Beides würde zerstört werden, wenn wir annehmen müssten, dass unser Los nicht das Ergebnis eines strengen Gesetzes ist oder unsere Bestimmung in einer anderen Hand als in unserer eigenen liegt.

Sie haben gerade behauptet, dass diese Lehre der Reinkarnation, unter dem karmischen Gesetz der Vernunft, dem Gerechtigkeitsgefühl und der Moral einleuchtet. Aber geht das nicht auf Kosten edlerer Eigenschaften, wie Mitgefühl und Mitleid, und führt es dadurch nicht zu einer Verhärtung der feineren Empfindungen der menschlichen Natur?

Nur scheinbar, aber nicht wirklich. Kein Mensch kann mehr oder weniger auferlegt bekommen als das, was er verdient, ohne eine entsprechende Ungerechtigkeit oder Parteilichkeit für andere. Und ein Gesetz, das durch Mitleid abgewendet werden könnte, müsste mehr Elend bringen und mehr Verwirrung und Übel als Dank. Vergessen Sie nicht, dass wir das Gesetz nicht verwalten, wenn wir Ursachen für seine Wirkungen schaffen. Das Gesetz verwaltet sich selbst. Außerdem zeigt es im Zustand des Devachan die reichhaltigste Vorsorge von gerechtem Mitleid und Gnade.

Sie sprechen von den Adepten als einer Ausnahme von der Regel unserer allgemeinen Unwissenheit. Wissen diese wirklich mehr als wir von der Wiedergeburt und den Zuständen nach dem Tode?

Das ist in der Tat der Fall. Durch die Ausbildung von Fähigkeiten, die alle Menschen besitzen, die aber nur sie alleine zur Vollkommenheit entwickelt haben, sind sie in der Lage, im Geiste in die verschiedenen Ebenen und Zustände einzutreten, von denen wir gesprochen haben. Durch lange Zeiträume hindurch hat eine Generation von Adepten nach der anderen die Geheimnisse des Seins, des Lebens, des Todes und der Wiedergeburt erlernt, und sie haben ihrerseits einige dieser so erfahrenen Tatsachen gelehrt.

Ist es das Ziel der Theosophie, solche Adepten hervorzubringen?

Die Theosophie betrachtet die Menschheit als eine Emanation der Göttlichkeit auf dem Pfad der Rückkehr dorthin. An einem gewissen Punkt des Fortschritts auf diesem Pfad werden jene, die sich während einer Reihe von Inkarnationen diesem Ziel gewidmet haben, die Adeptschaft erreichen. Denken Sie daran: Kein Mensch hat jemals die Adeptschaft in den geheimen Wissenschaften innerhalb eines einzigen Lebens erreicht. Viele Inkarnationen sind dazu notwendig, nachdem man sich dieses Ziel bewusst gestellt und mit der notwendigen Schulung begonnen hat. Möglicherweise gibt es in unserer Gesellschaft viele, die mit dieser mühseligen Arbeit zur Erleuchtung schon vor mehreren Inkarnationen begonnen haben, die aber jetzt, aufgrund persönlicher Täuschungen des gegenwärtigen Lebens, entweder sich dieser Tatsache nicht bewusst sind oder sogar auf dem Weg sind, in dieser Existenz jede Chance auf weiteren Fortschritt zu verlieren. Sie fühlen eine unwiderstehliche Anziehung zur Esoterik und zum *höheren Leben*, sind aber doch zu persönlich und zu sehr von sich eingenommen, zu verliebt in die täuschenden Lockungen des weltlichen Lebens und der vergänglichen Freuden der Welt, um sie aufzugeben, und so verlieren sie ihre Gelegenheit in der gegenwärtigen Geburt. Aber für den gewöhnlichen Menschen und die praktischen Pflichten im täglichen Leben ist ein so weit entferntes Ergebnis unangemessen als Ziel und unwirksam als Beweggrund.

Was ist dann ihr Ziel oder ihre besondere Absicht, wenn sie der Theosophischen Gesellschaft beitreten?

Viele sind an unseren Lehren interessiert und fühlen instinktiv, dass sie wahrer sind als die irgendeiner dogmatischen Religion. Andere haben den festen Entschluss gefasst, das höchste Ideal menschlicher Pflicht zu erreichen.

Der Unterschied zwischen Glauben und Wissen. Blinder und begründeter Glaube.

Sie sagen, dass diese Mitglieder die Lehren der Theosophie akzeptieren und an sie glauben. Aber da sie nicht zu jenen Adepten gehören, die Sie gerade erwähnt haben, müssen sie diese Lehren aufgrund eines blinden Glaubens akzeptieren. Worin unterscheidet sich das dann von den konventionellen Religionen?

Wie es sich in fast allen Punkten unterscheidet, so auch in diesem. Das, was Sie »Glauben« nennen, ist in Bezug auf die christlichen Dogmen in Wirklichkeit *blinder Glaube*, der aber bei uns zu »Wissen« wird, zu einer logischen Folge von Dingen, die wir über die Tatsachen der Natur *wissen*. Ihre Lehren gründen sich auf Auslegungen, also auf Zeugnisse von Sehern aus *zweiter Hand*; unsere Lehren hingegen gründen sich auf das unveränderliche und einstimmige Zeugnis von Sehern. Die gewöhnliche christliche Theologie vertritt den Standpunkt, dass der Mensch ein Geschöpf Gottes ist und sich aus drei Teilen zusammensetzt – Körper, Seele und Geist. Diese drei Teile sind alle für seine Integrität wesentlich, und sie werden alle entweder in der groben Form der physischen Existenz auf Erden oder in der ätherisierten Form des Daseins nach der Auferstehung benötigt, um den Menschen für alle Zeiten so aufzubauen. Jeder Mensch hat eine dauernde Existenz, getrennt von den anderen Menschen und vom Göttlichen. Die Theosophie hingegen vertritt die Auffassung, dass der Mensch eine Emanation der unerkennbaren, aber allgegenwärtigen und unbegrenzten göttlichen Essenz ist. Sein Körper und alles andere ist unbeständig und daher eine Illusion. Der Geist allein ist in ihm die bleibende Substanz, und selbst dieser Geist verliert im Augenblick seiner vollkommenen Wiedervereinigung mit dem *Universalgeist* seine getrennte Individualität.

Wenn wir sogar unsere Individualität verlieren, dann ist das doch Vernichtung?

Wir verlieren sie *nicht*, ich spreche von der *getrennten*, aber nicht von der universalen Individualität. Die letztere wird als ein Teil in das Ganze transformiert. Der *Tautropfen* verdunstet nicht, er wird zum Meer. Ist der physische Mensch *vernichtet*, wenn er vom Fötus zum alten Mann wird? Was für ein teuflischer Stolz muss in uns sein, wenn wir unser verschwindend kleines Bewusstsein und unsere Individualität höher stellen als das universale und grenzenlose Bewusstsein!

Daraus folgt, dass es de facto *keinen Menschen gibt, sondern alles Geist ist.*

Da irren Sie sich, denn daraus folgt, dass die Vereinigung von Geist und Materie nur vorübergehend ist. Oder um es noch klarer auszudrücken: Da Geist und Materie eins sind, die beiden Gegenpole der manifestierten universalen Substanz, verliert der Geist das Recht, Geist genannt zu werden, solange noch das geringste Partikel seiner manifestierenden Substanz an irgendeiner Form, dem Ergebnis der Differenzierung, haftet. Anderes zu glauben ist *blinder Glaube.*

Beruht es also auf Wissen und nicht auf Glauben, wenn Sie behaupten, dass das bleibende Prinzip, der Geist, nur durch die Materie durchgeht?

Ich möchte es anders sagen. Wir erklären, dass die Erscheinung des bleibenden Einen Prinzips, des Geistes, als *Materie* vergänglich und darum nicht mehr als eine Illusion ist.

Gut, und das beruht auf Wissen und nicht auf Glauben?

Ganz richtig. Aber ich sehe, worauf Sie hinaus wollen, und ich sage Ihnen, dass wir den *Glauben*, so wie Sie ihn befürworten, als eine Geisteskrankheit betrachten, und den wirklichen *Glauben*, die *Pistis* der Griechen, als einen *auf Wissen gegründeten Glauben*, egal ob dieses Wissen nun durch den Beweis physischer oder spiritueller Sinnesorgane erlangt wurde.

Was meinen Sie damit?

Ich will damit sagen, dass zwischen einem *Glauben*, der auf *Autorität* beruht, und einem *Glauben*, der auf die *eigene spirituelle Intuition* gegründet ist, ein sehr großer Unterschied besteht.

Was für einer?

Das eine ist Leichtgläubigkeit und *Aberglaube*, das andere menschlicher Glaube und *Intuition*. Wie Prof. Alexander Wilder in *Introduction to the Eleusinian Mysteries* sagt: »Unwissenheit führt zur Entweihung. Die Menschen ziehen ins Lächerliche, was sie nicht richtig verstehen … Die verborgene Strömung dieser Welt ist auf ein Ziel gerichtet; und Teil der menschlichen Anlage zum Glauben ist eine fast grenzenlose Kraft, eine heilige Fähigkeit, die höchsten Wahrheiten des Daseins zu begreifen.« Diejenigen, die diese *Fähigkeit zu glauben* lediglich auf autoritäre Dogmen beschränken, werden diese Kraft niemals erkennen und sie nicht in ihrer Natur wahrnehmen. Sie haftet fest an der äußeren Ebene und ist nicht fähig, die Essenz, die sie leitet, hervorzubringen. Um das zu bewirken, müssten sie ihr Recht auf ein persönliches Urteil in Anspruch nehmen, und das wagen sie niemals zu tun.

Und ist es diese »Intuition«, welche Sie zwingt, Gott als persönlichen Vater, Herrscher und Lenker des Universums abzulehnen?

So ist es. Wir glauben an ein ewig unerkennbares Prinzip. Nur blinde Verirrung kann dazu führen, zu behaupten, dass das Universum, der denkende Mensch und alle Wunder, selbst jene, die in dieser Welt der Materie enthalten sind, sich entfalten konnten ohne intelligente Kräfte, um die außerordentlich weise Anordnung aller seiner Teile zustande zu bringen. Die Natur kann irren und tut es oft, in Einzelheiten und in den äußeren Manifestationen ihres Stoffes, niemals aber in ihren inneren Ursachen und Wirkungen. Die alten Heiden hatten in dieser Frage viel philosophischere Ansichten als die modernen Philosophen, seien es Agnostiker, Materialisten oder Christen. Und kein heidnischer Schriftsteller hat jemals den Lehrsatz aufgestellt, dass Grausamkeit und Mitleid keine endlichen Gefühle sind und daher zu den Eigenschaften eines *unendlichen* Gottes gemacht werden können. Ihre Götter waren daher alle endlich. Der siamesische Autor des Buches *Rad des Gesetzes* bringt die gleiche Ansicht von Ihrem persönlichen Gott wie wir. Er sagt:

> »Ein Buddhist könnte an die Existenz eines Gottes glauben, der über alle menschlichen Eigenschaften und Attribute erhaben ist; an einen vollkommenen Gott, der über Liebe, Hass und Eifersucht steht, der unbewegt in einer Stille ruht, die durch nichts gestört werden kann. Von einem solchen Gott würde er nicht geringschätzig sprechen, nicht aus einem Wunsch heraus, ihm zu gefallen, oder aus Furcht, ihn zu beleidigen, sondern aus natürlicher Verehrung. Aber ein Gott mit menschlichen Eigenschaften ist ihm unbegreiflich, ein Gott, der liebt, hasst und der Ärger zeigt, eine solche Gottheit, ob nun von christlichen Missionaren, von Muslimen, von Brahmanen[44] oder von Juden beschrieben, könnte für ihn nicht einmal an die Norm eines gewöhnlichen guten Menschen heranreichen.«

Ist nicht der Glaube des Christen, der in seiner menschlichen Hilflosigkeit und Demut daran glaubt, dass ein gnädiger Vater im Himmel ist, der ihn vor Versuchungen schützt, ihm im Leben helfen und ihm seine Fehltritte vergeben wird, besser als der kalte und stolze, fast fatalistische Glaube der Buddhisten, Vedantins und Theosophen?

Sie können natürlich, wenn Sie wollen, unsere Auffassungen auch weiterhin als »Glauben« bezeichnen. Aber da wir nun erneut bei dieser immer wiederkehrenden Frage angelangt sind, frage ich nun meinerseits: Ist nicht der auf strenger Logik und Vernunft beruhende Glaube besser als einer, der bloß auf menschlicher Autorität oder auf Heldenkult beruht? Unser »Glaube« besitzt die ganze logische Kraft der arithmetischen Binsenwahrheit, dass zwei und zwei vier ergibt. Ihr Glaube gleicht der Logik mancher gefühlvoller Frauen, von denen Turgenjew sagt, dass zwei und zwei für sie in der Regel fünf sind und dabei noch etwas übrig bleibt. Mehr noch, Sie haben einen Glauben, der nicht nur mit jeder denkbaren Auffassung von Gerechtigkeit und Logik unvereinbar ist, sondern, wenn man ihn näher untersucht, den Menschen moralisch ins Verderben führt, den Fortschritt der Menschheit aufhält und aus Macht tatsächlich Recht macht – er verwandelt in jedem Augenblick den Menschen in einen Kain für seinen Bruder Abel.

Hat Gott das Recht zu vergeben?

Worauf spielen Sie an?

Auf die Lehre vom Sühneopfer. Ich spiele auf dieses gefährliche, von Ihnen geglaubte Dogma an, welches lehrt, dass wir, gleichgültig wie ungeheuerlich unsere Verbrechen gegen die Gesetze Gottes und der Menschen auch sein mögen, nur an die Selbstaufopferung Jesu für die Erlösung der Menschheit zu glauben brauchen und dann sein Blut jeden Makel von uns abwaschen wird. Seit zwanzig Jahren predige ich gegen diese Lehre und will jetzt die Aufmerksamkeit auf einen Absatz aus dem Buch *Isis entschleiert* lenken, das 1877 geschrieben worden ist. Dies ist es, was das Christentum lehrt und was wir bekämpfen (Bd. II, S. 545):

> »Gottes Barmherzigkeit ist ohne Grenzen und unergründlich. Es kann keine noch so verdammungswürdige menschliche Sünde geben, die nicht durch den im Voraus für die Errettung des Sünders bezahlten Preis aufgewogen werden könnte, selbst wenn sie tausendmal größer wäre. Außerdem

ist es niemals zu spät für die Reue. Auch wenn der Beleidiger bis zur letzten Stunde des letzten Tages seines sterblichen Lebens warten sollte, ehe seine erbleichenden Lippen das Glaubensbekenntnis stammeln, er kann des Paradieses doch sicher sein. Der sterbende Dieb tat dies, und genauso können es die anderen. Das sind die Behauptungen der Kirche und der Priesterschaft.« Behauptungen, welche von den angesehensten Priestern den Menschen eingehämmert werden, im »Lichte des 19. Jahrhunderts, dieses paradoxesten aller Zeitalter. Wohin aber wird dies führen?«

Macht das den Christen nicht glücklicher als den Buddhisten oder Brahmanen?

Nein, jedenfalls nicht die gebildeten Menschen, denn die Mehrheit von ihnen hat praktisch schon lange jeden Glauben an dieses grausame Dogma verloren. Aber jene, die noch daran glauben, führt es leichter an den Rand jedes erdenklichen Verbrechens als irgendeine andere Lehre, die ich kenne. Ich möchte dazu noch einmal aus *Isis* zitieren (Bd. II, S. 545-546) .

»Wenn wir aus dem kleinen Kreis des Glaubens heraustreten und das Universum als Ganzes betrachten, wie es durch die wunderbare Anpassung seiner Teile im Gleichgewicht ist, wie rebelliert da alle gesunde Logik und selbst das schwächste Gefühl für Gerechtigkeit gegen dieses stellvertretende Sühneopfer! Wenn ein Verbrecher nur gegen sich selbst gesündigt und nur sich selbst Unrecht getan hätte und niemand anderem, wenn er durch aufrichtige Reue die Auslöschung vergangener Ereignisse bewirken könnte, und zwar nicht nur aus dem Gedächtnis der Menschen, sondern auch aus den unvergänglichen Aufzeichnungen, welche keine Gottheit – nicht einmal die höchste der höchsten – auslöschen kann, dann würde dieses Dogma nicht unbegreiflich sein. Aber zu behaupten, dass jemand seinem Mitmenschen Unrecht tun, ihn töten, das Gleichgewicht der Gesellschaft und der natürlichen Ordnung der Dinge stören dürfe und dass ihm dann vergeben würde, bloß weil er – gleichgültig ob aus Feigheit, Hoffnung oder Zwang – glaubt, dass das Vergießen des einen Blutes das andere Blutvergießen reinwäscht, das ist widersinnig! Können die Folgen eines Verbrechens ausgelöscht werden, wenn das Verbrechen selbst vergeben wird? Die Wirkungen einer Ursache beschränken sich niemals auf den Bereich dieser Ursache selbst, und so können auch die Ergebnisse eines Verbrechens nicht auf den Täter und sein Opfer beschränkt bleiben. Jede gute und jede böse Handlung hat ihre Wirkungen, so sicher wie der Stein, der in ein ruhiges Wasser geworfen wird. Der Vergleich ist zwar abgedroschen, aber er ist der beste, den es gibt, und so wollen wir ihn verwenden. Die wirbelnden Kreise sind größer und schneller, je nachdem ob der störende Gegenstand größer oder kleiner war, aber selbst der kleinste Kieselstein, ja das winzigste Körnchen verursacht ein Kräuseln des Wassers. Und diese Störung beschränkt sich nicht nur auf die sichtbare Oberfläche, darunter stößt ungesehen Tropfen auf Tropfen in jeglicher Richtung nach außen und nach unten, bis die Ufer und der Grund von der Kraft berührt werden. Mehr noch, auch die Luft über dem Wasser wird bewegt, und diese Störung geht, wie uns die Physiker sagen, von Schicht zu Schicht unbegrenzt in den Raum hinaus. Der Materie ist ein Impuls gegeben worden, und dieser geht niemals verloren und kann nie wieder zurückgerufen werden! …

Ebenso ist es mit dem Verbrechen und ebenso mit dem Gegenteil davon. Die Handlung mag nur eine augenblickliche sein, die Wirkungen sind ewig. Wenn wir, nachdem der Stein in den Teich geworfen wurde, in der Lage wären, ihn wieder in unsere Hand zurückzurufen, die kräuselnden Wellen zurückrollen zu lassen, die ausgegebene Kraft zurückzuholen, die ätherischen Wellen wieder in den früheren Zustand des Nicht-Seins zurückzuführen und jede Spur der Handlung, nämlich des Werfens des Geschosses, auszulö-

> schen, so dass die Aufzeichnungen der Zeit nicht mehr zeigen würden, ob sie überhaupt jemals getan worden sei, dann könnten wir geduldig die Christen anhören, wenn sie für die Wirksamkeit dieses Sühneopfers argumentieren«,

und könnten auch aufhören, an das Karma-Gesetz zu glauben. So, wie es aber jetzt steht, rufen wir die ganze Welt auf, zu entscheiden, welche dieser beiden Lehren die größere Achtung vor der göttlichen Gerechtigkeit zeigt und welche auch auf der Grundlage einfacher menschlicher Logik die vernüftigere ist.

Und doch glauben Millionen von Menschen an dieses christliche Dogma und sind glücklich.

Weil reine Sentimentalität ihr Denkvermögen überwältigt, was kein wirklicher Menschenfreund und Altruist je dulden würde. Es ist nicht einmal ein egoistischer Traum, sondern ein Schreckgespenst des menschlichen Intellekts. Sehen Sie, wohin das führt, und zeigen Sie mir das heidnische Land, in dem Verbrechen häufiger und zahlreicher vorkommen als in christlichen Ländern. Man betrachte die langen und schrecklichen Jahresberichte der Verbrechen, die in europäischen Staaten begangen werden, besonders im protestantischen und bibelgläubigen Amerika. Dort sind *Bekehrungen* in den Gefängnissen häufiger, als sie durch öffentliche Erweckungen und Predigten bewirkt werden. Man sieht, wie es um die Bilanz der christlichen Gerechtigkeit steht: »Blutbefleckte Mörderhände, getrieben durch die Dämonen der Lust, der Rache, der Begierde, des Fanatismus und der Blutrünstigkeit, die ihr Opfer töten, meistens ohne ihm die Zeit zur Reue zu geben oder Jesus anzurufen. Diese sterben vielleicht in Sünde und werden, der theologischen Logik entsprechend, Bestrafung erhalten für ihre größeren oder kleineren Vergehen. Der Mörder, der menschlichen Gerichtsbarkeit überantwortet, wird gefangen genommen, von sentimentalen Menschen beweint, es wird für ihn gebetet und nachdem er die Zauberworte der Bekehrung ausgesprochen hat, geht er zum Schafott als ein erlöstes Kind Jesu! Wäre der Mord nicht gewesen, hätte man nicht für ihn gebetet, er hätte keine Erlösung, keine Vergebung erlangt. Ganz klar, dieser Mann tat gut daran, ein Mörder zu werden, denn so errang er die ewige Seligkeit. Was aber ist mit dem Opfer, dessen Familie, Angehörigen und sozialen Verhältnissen? Gibt ihnen die Gerechtigkeit keinen Ausgleich? Müssen sie in dieser und der anderen Welt leiden, während er, der ihnen ein Unrecht angetan hat, an der Seite des ›heiligen Schächers‹ vom Kalvarienberg sitzt und selig wird? Über diese Frage hüllt sich die Priesterschaft in weises Schweigen« (*Isis entschleiert*, II, 546-47).

Nun wissen Sie, warum die Theosophen, deren grundlegender Glaube und Hoffnung die Gerechtigkeit für alle im Himmel und auf Erden und im Karma ist, dieses Dogma verwerfen.

Die letztendliche Bestimmung des Menschen ist also nicht ein Himmel, über den Gott waltet, sondern die stufenweise Umwandlung der Materie in ihr ursprüngliches Element, den Geist?

Das ist das letzte Ziel, dem alles in der Natur zustrebt.

Betrachten nicht einige von Ihnen den »Fall des Geistes in die Materie« als ein Übel *und die Wiedergeburt als Leid?*

Manche tun dies und sind daher bestrebt, ihre Prüfungszeit auf der Erde abzukürzen. Es ist jedoch kein reines Übel, da es uns jene Erfahrungen sichert, durch die wir zu Wissen und Weisheit gelangen können. Ich meine die Erfahrung, die uns *lehrt*, dass die Bedürfnisse unserer spirituellen Natur durch nichts anderes erfüllt werden können als durch spirituelles Glück. Solange wir uns im Körper befinden, unterliegen wir Schmerz, Leiden und allen enttäuschenden Ereignissen, die während des Lebens geschehen. Darum, und um diese zu mildern, erwerben wir Wissen, welches allein uns Erleichterung und Hoffnung auf eine bessere Zukunft geben kann.

XII

Was ist praktische Theosophie?

Pflicht

Weshalb benötigen wir Wiedergeburten, wenn sie uns alle doch keinen bleibenden Frieden geben können?

Weil das endgültige Ziel auf keine andere Weise erreicht werden kann als durch Lebenserfahrungen, und weil die Hauptmasse dieser Erfahrungen aus Schmerzen und Leiden besteht. Nur durch diese letzteren können wir lernen. Freuden und Vergnügen lehren uns nichts, sie sind flüchtig und bringen auf lange Sicht nur Überdruss. Darüber hinaus zeigt uns gerade der Umstand, dass wir im Leben keine bleibende Befriedigung zu finden vermögen, welche die Bedürfnisse unserer höheren Natur erfüllen könnte. Es ist ganz klar, dass diese Bedürfnisse nur auf ihrer eigenen Ebene – der spirituellen – gestillt werden können.

Ist das natürliche Ergebnis von alledem der Wunsch, das Leben auf die eine oder andere Weise zu beenden?

Wenn Sie unter einem solchen Wunsch *Selbstmord* verstehen, verneine ich dies ganz entschieden! Ein solches Ergebnis könnte nie »natürlich« sein, es beruht immer auf einem krankhaften Zustand des Gehirns oder auf extrem materialistischen Anschauungen. Selbstmord ist das übelste aller Verbrechen und grässlich in seinen Wirkungen. Wenn Sie aber unter dem Wunsch einfach ein Streben verstehen, das spirituelle Dasein zu erreichen, nicht aber den Wunsch, die Erde zu verlassen, dann ist dies allerdings ein durchaus natürlicher Wunsch. Freiwilliger Tod hingegen wäre ein Im-Stich-Lassen unseres gegenwärtigen Postens und der Pflichten, die auf uns lasten. Ein Versuch, sich vor karmischen Verpflichtungen zu drücken, der nur wieder neues Karma erzeugen kann.

Wenn aber die Handlungen auf der materiellen Ebene unbefriedigend sind, weshalb sollten Pflichten, die solchen Handlungen entsprechen, zwingend sein?

Vor allem deshalb, weil unsere Philosophie lehrt, dass das Ziel unserer Pflichterfüllung allen Menschen und schließlich uns selbst gegenüber nicht ist, persönliches Glück zu erlangen, sondern das Glück der anderen herbeizuführen. Wir haben das Rechte um des Rechten willen zu tun, aber nicht deshalb, weil es uns etwas einbringen kann. Glück, oder besser Zufriedenheit, mag der Erfüllung einer Pflicht folgen, aber es darf nicht der Beweggrund sein.

Was verstehen Sie in der Theosophie genau unter »Pflicht«? Es können nicht die christlichen Pflichten sein, die von Jesus und seinen Aposteln gepredigt wurden, da Sie ja keine von diesen anerkennen.

Sie befinden sich wieder im Irrtum. Was Sie »christliche Pflichten« nennen, wurde schon lange vor der christlichen Ära von jedem großen moralischen und religiösen Lehrer gepredigt. In den alten Zeiten wurde alles, was groß, edel und heldenhaft war, nicht nur wie in unserer Zeit von den Kanzeln gepredigt, es wurde manchmal von ganzen Völkern wirklich danach gehandelt. Die Geschichte der buddhistischen Reformation ist voll der edelsten und heldenhaftesten selbstlosen Taten. »Seid alle eines Sinnes, habt Mitgefühl füreinander, liebet einander als Brüder, seid mitleidig und höflich, vergeltet nicht Böses mit Bösem, Spott mit Spott, sondern im Gegenteil mit Segen« – dies wurde von den Nachfolgern Buddhas schon mehrere Jahrhunderte vor Petrus verwirklicht. Die Ethik des Christentums ist zweifellos großartig, aber ebenso unleugbar ist sie nicht neu, sondern ist aus »heidnischen« Pflichten entstanden.

Und wie würden Sie diese Pflichten oder den Begriff »Pflicht« im Allgemeinen, wie Sie ihn verstehen, definieren?

Pflicht ist das, was der Menschheit gebührt, unseren Mitmenschen, unseren Nachbarn, unserer Familie, und besonders das, was wir jenen schulden, die ärmer und hilfloser sind als wir. Dies ist eine Schuld, welche uns, wenn wir sie während unseres Lebens unbezahlt lassen, spirituell bankrott werden und in unserer nächsten Inkarnation moralisch herunterkommen lässt. Theosophie ist die Quintessenz der Pflicht.

Das ist Christentum, wenn es richtig verstanden und ausgeführt wird.

Daran kann kein Zweifel sein. Wenn es aber in der Praxis nicht nur ein *Lippenbekenntnis* wäre, dann hätte die Theosophie unter Christen wenig zu tun. Unglücklicherweise ist es aber nur eine solche Lippen-Ethik. Diejenigen, die ihre Pflichten um der Pflicht willen erfüllen, sind wenige, und noch weniger sind diejenigen, die ihre Pflicht erfüllen und sich mit der Zufriedenheit ihres eigenen inneren Bewusstseins begnügen. Es ist: *Die öffentliche Stimme des Lobes, die ehrt die Tugend und belohnt sie*, was in den Gemütern der Philanthropen, die von der Welt anerkannt werden, ganz oben steht. Die moderne Ethik ist schön zu lesen und gut zu diskutieren, aber was sind Worte, wenn sie nicht in Handlungen umgesetzt werden? Wenn Sie also fragen, wie die theosophischen Pflichten praktisch und vom karmischen Gesichtspunkt aus zu verstehen sind, so kann ich darauf antworten, dass es unsere Pflicht ist, den Becher des Lebens ohne zu murren bis zum letzten Tropfen auszutrinken, was immer er für uns bereithalten mag, die Rosen des Lebens nur um des Duftes willen zu pflücken, den sie auf andere ausströmen mögen, und uns selbst mit den Dornen zu begnügen, wenn wir diesen Duft nicht genießen könnten, ohne einen anderen zu berauben.

All dies ist sehr unbestimmt. Was tun Sie mehr als die Christen?

Es geht nicht darum, was die Mitglieder der Theosophischen Gesellschaft tun, obwohl einige von uns ihr Bestes versuchen, sondern um wie viel weiter die Theosophie zum Guten führt als das moderne Christentum. Auf das Handeln, auf kraftvolles Handeln kommt es an, nicht auf bloße Vorsätze und bloßes Reden. Ein Mensch mag sein, wie er will, er kann der weltlichste, selbstsüchtigste und hartherzigste Mensch der übelsten Sorte sein und es wird ihn und andere nicht daran hindern, ihn einen Christen zu nennen. Aber kein Theosoph hat das Recht auf diesen Namen, wenn er nicht völlig durchdrungen ist von der Richtigkeit der von Carlyle ausgesprochenen uralten Wahrheit: »Der Endzweck des Menschen ist eine *Handlung* und nicht ein *Gedanke*, und wäre es auch der edelste«; – und solange er nicht sein tägliches Leben dieser Wahrheit gemäß einrichtet. Eine Wahrheit zu bekennen, bedeutet noch nicht, nach ihr zu handeln. Und je schöner und großartiger sie klingt, je lärmender mit Pflicht oder Tugend geprahlt, anstatt danach gehandelt wird, umso mehr wird man dabei an Pflanzen aus dem Toten Meer erinnert. Heuchelei aber ist das widerwärtigste von allen Lastern. Und *Heuchelei* ist der hervorstechendste Zug des größten protestantischen Landes des 19. Jahrhunderts – England.

Was gebührt Ihrer Auffassung nach der Menschheit im Allgemeinen?

Die volle Anerkennung gleicher Rechte und Privilegien für alle, ohne Unterschied der Rasse, der Hautfarbe, der gesellschaftlichen Stellung oder der Geburt.

Und wann wird Ihrer Meinung nach diesem Anspruch nicht entsprochen?

Wenn auch nur der kleinste Eingriff in das Recht eines anderen erfolgt, sei es eines anderen Menschen oder eines anderen Volkes;

wenn wir ihm in irgendeiner Weise nicht die gleiche Gerechtigkeit, Freundlichkeit, Beachtung oder Barmherzigkeit schenken, die wir für uns verlangen. Das ganze gegenwärtige System der Politik ist auf der Missachtung solcher Rechte und auf der verbissenen Geltendmachung nationaler Selbstsucht aufgebaut. Der Franzose sagt: »Wie der Meister, so der Geselle«; sie sollten dem hinzufügen: »Wie die nationale Politik, so der Bürger.«

Betätigen Sie sich in irgendeiner Weise politisch?

Als Gesellschaft vermeiden wir dies sorgfältig, aus Gründen, die noch zu erwähnen sind. Zu versuchen, politische Reformen zu erreichen, bevor wir eine Reform in der menschlichen Natur erreicht haben, bedeutet, *neuen Wein in alte Schläuche gießen*. Wenn es uns gelingt, die Menschen im innersten Herzen fühlen und erkennen zu lassen, was ihre wirkliche echte Pflicht gegenüber allen anderen ist, dann wird jeder althergebrachte Missbrauch von Macht und jedes ungerechte Gesetz in der nationalen Politik, das auf persönliche, nationale oder politische Selbstsucht gegründet ist, von selbst verschwinden. Töricht ist der Gärtner, der versucht, sein Blumenbeet dadurch von Unkraut zu befreien, dass er es abschneidet, anstatt es mit seinen Wurzeln auszujäten. Wenn die gleichen egoistischen Menschen an der Spitze bleiben wie vorher, kann niemals irgendeine bleibende politische Reform erreicht werden.

Das Verhältnis der Theosophischen Gesellschaft zu politischen Reformen

Die Theosophische Gesellschaft ist also keine politische Gesellschaft?

Nein. Sie ist im höchsten Sinne international, da sie als Mitglieder Menschen aller Rassen, Religionen und Denkrichtungen umfasst, die alle für ein Ziel, die Besserung der Menschheit, zusammenarbeiten; aber als Gesellschaft beteiligt sie sich in keiner Weise an Politik, weder an nationaler noch an Parteienpolitik.

Und warum nicht?

Aus den Gründen, die ich schon erwähnt habe. Die politische Tätigkeit verändert sich auch notwendigerweise mit den Zeitumständen oder den natürlichen Anlagen und Neigungen der Menschen. Während die Mitglieder der Theosophischen Gesellschaft aufgrund der Tatsache, dass sie Theosophen sind, hinsichtlich der Prinzipien der Theosophie übereinstimmen – sonst wären sie nicht Mitglieder der Gesellschaft –, geht daraus durchaus nicht hervor, dass sie auch in allen anderen Fragen übereinstimmen. Als Gesellschaft können sie nur in Angelegenheiten zusammenwirken, die allen gemeinsam sind – also in der Theosophie selbst. Als Einzelperson ist es jedem vollkommen freigestellt, seiner besonderen Linie politischen Denkens und Handelns zu folgen, solange dies nicht im Widerspruch zu den theosophischen Prinzipien steht oder die Theosophische Gesellschaft schädigt.

Aber sicherlich steht die Theosophische Gesellschaft den sozialen Fragen nicht ganz fern, die jetzt so stark in den Vordergrund treten?

Die Prinzipien der Theosophischen Gesellschaft sind selbst der Beweis dafür, dass dies nicht der Fall ist, oder besser gesagt, dass die meisten ihrer Mitglieder diesen Fragen nicht fern stehen. Wenn die Menschheit zuerst einmal nur durch die Durchsetzung der bestbegründeten und wissenschaftlichsten physiologischen Gesetze intellektuell und spirituell entwickelt werden kann, dann ist es die Pflicht derer, die eine solche Entwicklung anstreben, ihr Äußerstes zu tun, damit diese Gesetze auch allgemein verwirklicht werden. Die Theosophen sind sich nur all zu gut der Tatsache bewusst, dass es in westlichen Ländern besonders die sozialen Umstände den großen Massen des Volkes nicht erlauben, den Körper und den Geist angemessen zu schulen, weshalb die Entwicklung beider zurückbleiben muss. Da diese Schulung und Entwicklung aber eines der Hauptziele der Theosophie ist, so ist die Theosophische Gesellschaft in völliger Übereinstimmung und Harmonie mit allen in diese Richtung gehenden wahren Anstrengungen.

Aber was ist mit »wahren Anstrengungen« gemeint? Jeder soziale Reformer hat sein eigenes Patentrezept, und jeder glaubt, dass nur seines der richtige Weg sei, um der Menschheit zu helfen.

Ganz richtig, und das ist der wirkliche Grund, warum so wenig Befriedigendes in der sozialen Arbeit geleistet wird. In den meisten dieser Patentrezepte findet sich weder ein echtes leitendes Prinzip noch gibt es ein sie alle verbindendes Prinzip. So werden wertvolle Zeit und Kraft verschwendet, da die Menschen, anstatt mit vereinten Kräften zu handeln, alle gegeneinander arbeiten, häufig des Ruhmes oder der Belohnung wegen, aber nicht, weil sie die große Sache wirklich fördern wollen, die sie vorgeben am Herzen zu haben und die ihnen das Höchste im Leben sein sollte.

Wie sollten Ihrer Ansicht nach die theosophischen Prinzipien angewandt werden, damit eine soziale Zusammenarbeit gefördert und wirksame Anstrengungen zur Besserung der sozialen Verhältnisse gemacht werden könnten?

Dazu darf ich Ihnen kurz in Erinnerung rufen, worin diese Prinzipien bestehen: Universale Einheit und Kausalität, menschliche Solidarität, das Karma-Gesetz und Reinkarnation. Dies sind die vier Glieder der Goldenen Kette, welche die Menschheit zu einer Familie, zu einer universalen Bruderschaft verbinden sollte.

In welcher Weise?

Im gegenwärtigen Zustand der Gesellschaft, besonders der sogenannten zivilisierten Länder, wird uns ständig die Tatsache vor Augen geführt, dass eine große Anzahl von Menschen an Not, Armut und Krankheit leidet. Ihre physische Kondition ist erbärmlich und ihre mentalen und spirituellen Fähigkeiten liegen oft brach. Auf der anderen Seite der sozialen Skala führen viele Menschen ein Leben in völliger Gleichgültigkeit, materiellem Luxus und egoistischer Maßlosigkeit. Keine dieser beiden Daseinsformen ist ein Zufall. Beide sind die Wirkungen der Umstände, die jene umgeben, die von ihnen abhängig sind, und die Vernachlässigung der sozialen Pflichten der einen Seite ist eng verbunden mit der gehemmten Entwicklung der anderen Seite. In der Soziologie, wie in allen Zweigen wahrer Wissenschaft, hat das Gesetz der universalen Kausalität Gültigkeit. Dies aber schließt als logische Folgerung jene menschliche Solidarität ein, welche die Theosophie so nachdrücklich betont. Wenn die Handlung des Einzelnen auf das Leben aller einwirkt, und das ist die wahre wissenschaftliche Idee, wenn alle Menschen wirklich Geschwister werden und im täglichen Leben wahre Bruderschaft ausüben, erst dann kann die wirkliche menschliche Solidarität, welche die Grundlage jeglichen Fortschritts der menschlichen Rasse ist, erreicht werden. Es ist diese Wechselwirkung, diese wahre Bruderschaft und Geschwisterschaft, in der jeder für alle und alle für jeden leben sollte, die eines der grundlegenden theosophischen Prinzipien ist, an das sich jeder Theosoph gebunden fühlen sollte, nicht nur es zu lehren, sondern es in seinem persönlichen Leben auszuüben.

Das alles ist recht gut als allgemeines Prinzip, aber wie würden Sie es konkret anwenden?

Betrachten Sie für einen Augenblick das, was Sie die konkreten Tatsachen der menschlichen Gesellschaft nennen würden. Vergleichen Sie nicht nur das Leben der Massen, sondern auch das Leben der sogenannten mittleren und höheren Klassen mit dem, was sie unter gesünderen und besseren Verhältnissen sein könnten, in denen Gerechtigkeit, Freundlichkeit und Liebe vorherrschen würden, anstelle der Selbstsucht, Gleichgültigkeit und Brutalität, die heute nur zu oft das Zepter zu führen scheinen. Alles Gute und Böse in der Menschheit hat seine Wurzel im menschlichen Charakter. Und dieser Charakter ist und war bedingt durch die endlose Kette von

Ursache und Wirkung. Aber diese Bedingtheit bezieht sich auf die Zukunft genauso wie auf die Gegenwart und die Vergangenheit. Selbstsucht, Gleichgültigkeit und Brutalität können niemals der normale Zustand der menschlichen Rasse sein – dies zu glauben würde bedeuten, an der Menschheit zu verzweifeln – und das kann kein Theosoph tun. Ein Fortschritt kann nur durch die Entfaltung edlerer Eigenschaften erreicht werden. Nun lehrt uns die Evolution, dass wir durch eine Veränderung der Umwelt eines Organismus den Organismus selbst ändern und verbessern können. Dies gilt streng genommen auch für den Menschen. Jeder Theosoph ist daher verpflichtet, sein Äußerstes zu tun, um mit allen Mitteln, die in seiner Macht stehen, jede weise und wohlüberlegte soziale Bestrebung zu unterstützen, die die Verbesserung der Verhältnisse der Armen zum Ziel hat. Solche Bestrebungen sollten letztlich deren echte soziale Emanzipation im Auge haben oder die Entwicklung des Sinnes für Pflichtgefühl in jenen, die es heute in fast allen Beziehungen des Lebens vernachlässigen.

Einverstanden. Aber wer soll entscheiden, ob soziale Bestrebungen weise oder unweise sind?

In dieser Hinsicht kann weder eine Einzelperson noch eine Gesellschaft irgendwelche festen Regeln aufstellen. Vieles muss notwendigerweise dem individuellen Urteil überlassen bleiben. Eine allgemeine Prüfung allerdings gibt es: Zielt die vorgeschlagene Tätigkeit darauf ab, jene wahre Bruderschaft zu fördern, die das Ziel der Theosophie ist? Keinem wirklichen Theosophen wird es schwerfallen, diese Prüfung vorzunehmen. Sobald er aber diese Frage zufriedenstellend geklärt hat, ist es seine Pflicht, die öffentliche Meinung dahingehend zu bilden. Dies kann nur erreicht werden, wenn jene höheren und edleren Vorstellungen öffentlicher und privater Pflicht eingeprägt werden, welche die Grundlage aller geistigen und materiellen Verbesserungen bilden. In jedem Fall muss er selbst ein Zentrum spirituellen Handelns sein, und von ihm und seinem persönlichen Leben müssen jene höheren spirituellen Kräfte ausstrahlen, die alleine seine Mitmenschen wandeln können.

Aber warum soll er das tun? Sind nicht Ihrer Lehre nach alle durch ihr Karma bestimmt so wie er, und muss sich nicht Karma notwendigerweise in eine bestimmte Richtung auswirken?

Gerade das Karma-Gesetz bekräftigt all das, was ich gesagt habe. Die Einzelperson kann sich nicht von der Menschheit absondern und die Menschheit nicht von der Einzelperson. Das Karma-Gesetz wirkt in gleicher Weise auf alle, wenn auch nicht alle gleich entwickelt sind. Der Theosoph glaubt, dass er durch die Förderung der Entwicklung anderer nicht nur diesen hilft, ihr Karma zu erfüllen, sondern dass er dadurch im wahrsten Sinne auch sein eigenes Karma erfüllt. Er hat dabei immer die Entwicklung der ganzen Menschheit im Sinn, von welcher er ebenso ein integraler Teil ist wie die anderen. Er weiß, wenn er versagt und nicht auf das Höchste in seinem Inneren reagiert, dann verzögert er nicht nur seinen eigenen Fortschritt, sondern den aller. Er kann es durch seine Handlungen für die ganze Menschheit schwerer oder leichter machen, die nächst höhere Daseinsebene zu erreichen.

Wie verhält sich dies zum vierten Grundprinzip der TG, zur Reinkarnation?

Die Verbindung ist sehr eng. Wenn unser gegenwärtiges Leben von der Entwicklung verschiedener Prinzipien abhängt, die aus Keimen entspringen, die von einer früheren Existenz zurückgelassen wurden, dann gilt dieses Gesetz auch für die Zukunft. Sie sollten die Idee begreifen, dass die universale Kausalität nicht nur die Gegenwart betrifft, sondern Vergangenheit, Gegenwart und Zukunft, und jede Handlung auf unserer gegenwärtigen Ebene fällt auf ihren natürlichen und richtigen Platz und ist in ihrer wahren Beziehung zu uns selbst und zu anderen zu sehen. Jede niedrige und selbstsüchtige Handlung wirft uns zurück und nicht nach vorn, jeder edle Gedanke und jede selbstlose Handlung aber sind Sprungbretter zu den höheren und herrlicheren Ebenen des Daseins. Wenn dieses Leben alles wäre, dann wäre es in vieler Hinsicht tatsächlich armselig; wenn man es aber als Vorbereitung für die nächsten Sphären des Daseins betrachtet, kann es als ein goldenes Tor benutzt werden, durch welches wir, nicht selbstsüchtig und allein, sondern in Gemeinschaft mit unseren Mitbrüdern, zu den Palästen weiterschreiten können, die dahinter liegen.

Über Selbstaufopferung

Ist gleiche Gerechtigkeit für alle und Liebe zu jedem Geschöpf der höchste ethische Standard der Theosophie?

Nein. Es gibt einen noch weit höheren.

Welchen?

Den, anderen *mehr* zu geben als sich selbst – *Selbstaufopferung*. Dies war der Standard, der in überreichem Maße die größten Lehrer und Meister der Menschheit besonders kennzeichnete, z. B. den Gautama Buddha der Geschichte und den Jesus der Evangelien. Dieses Charaktermerkmal genügte, um ihnen die bleibende Erinnerung und Dankbarkeit der Generationen zu sichern, die nach ihnen kamen. Wir sagen allerdings, dass diese Selbstaufopferung mit Unterscheidungsfähigkeit geübt werden muss. Eine Selbstaufgabe, die ohne Gerechtigkeitssinn, blind und ohne Rücksicht auf die Folgen ausgeübt wird, mag sich oft nicht nur als vergeblich, sondern sogar als schädlich erweisen. Eine der grundlegenden Regeln der Theosophie ist Gerechtigkeit sich selbst gegenüber – als Teil der kollektiven Menschheit betrachtet – nicht als persönliche Selbstgerechtigkeit und nicht mehr, aber auch nicht weniger als den anderen gegenüber, es sei denn, dass durch das Opfer des Einzelnen vielen ein Nutzen erwiesen werden kann.

Könnten Sie Ihren Gedanken durch ein Beispiel etwas verdeutlichen?

Es gibt viele Beispiele in der Geschichte. Eine Selbstaufopferung, um viele zu retten oder vielen Gutes zu tun, schätzt die Theosophie weit höher als Selbstverleugnung um einer sektiererischen Idee willen, so wie etwa die, »die Heiden vor der *Verdammnis* zu retten«. Unserer Auffassung nach ist Pater Damien, der als dreißigjähriger junger Mann sein ganzes Leben der Linderung der Leiden der Leprakranken in Molokai opferte und sich entschloss, achtzehn Jahre lang mit ihnen zu leben, um schließlich selbst diese ekelerregende Krankheit zu bekommen und an ihr zu sterben, *nicht vergeblich gestorben*. Er hat Tausenden armseliger Geschöpfe Erleichterung und, soweit es möglich war, etwas Glück gebracht. Er hat ihnen mental und physisch Trost geschenkt. Er hat einen Strahl von Licht in die dunkle und trostlose Nacht eines Daseins gebracht, dessen Hoffnungslosigkeit in der Geschichte menschlichen Leidens keine Parallele findet. Er war ein *wahrer Theosoph*, und die Erinnerung an ihn wird in unseren Annalen stets lebendig bleiben. In unseren Augen steht dieser arme belgische Priester unermesslich höher als jene zwar aufrichtigen, aber hochmütigen Toren, die ihr Leben als Missionare auf den Südsee-Inseln oder in China opferten. Was haben sie Gutes getan? Im einen Fall gingen sie zu Menschen, die noch nicht reif für irgendeine Wahrheit sind; im anderen Fall gingen sie zu einem Volk, dessen religiös-philosophischen Systeme ebenso großartig wie die anderer Völker sind, wenn die Menschen, die sie besitzen, nur nach dem Standard des Konfuzius und ihrer anderen Weisen leben würden. Und sie starben als Opfer von unverantwortlichen Kannibalen und Wilden im einen Fall und von nationalem Fanatismus und Hass im anderen. Wären sie aber in die Slums von Whitechapel oder in irgendeine andere ähnliche Örtlichkeit gegangen, in jene Sümpfe, die unmittelbar unter der strahlenden Sonne unserer eigenen Zivilisation bestehen und voll von christlichen Wilden und mental Aussätzigen sind, hätten sie wirklich Gutes tun können und ihr Leben für einen besseren und würdigeren Zweck bewahrt.

Aber die Christen denken nicht so.

Natürlich nicht, sie gehen von irrtümlichen Meinungen aus und glauben, durch die Taufe des Körpers eines Halbwilden seine Seele von der Verdammnis zu retten. Die eine Kirche vergisst ihre Märtyrer, die andere spricht sie heilig. Wenn wir könnten, dann würden wir für Pater Damien, den wahren, praktischen Heiligen, ein Denkmal errichten für sein lebendiges Beispiel theosophischen Heldentums und barmherziger Selbstaufopferung im Sinne von Buddha und Jesus.

Dann betrachten Sie also Selbstaufopferung als eine Pflicht?

Ja! Und wir erklären dies, indem wir zeigen, dass Altruismus ein integraler Teil der persönlichen Entwicklung ist. Aber wir müssen unterscheiden: Kein Mensch hat das Recht, *sich zu Tode* zu hungern, damit ein anderer Nahrung hat, wenn nicht das Leben dieses anderen Menschen für die vielen nützlicher ist als sein eigenes. Aber es ist seine Pflicht, seine eigene Bequemlichkeit zu opfern und für andere zu arbeiten, wenn diese unfähig sind, für sich selbst zu arbeiten. Es ist seine Pflicht, alles, was sein eigen ist, zu geben, was nur ihm selbst nützen würde, wenn er es selbstsüchtig anderen vorenthielte. Die Theosophie lehrt Selbstverleugnung, aber nicht eine voreilige, nutzlose Selbstaufopferung. Sie billigt keinerlei Fanatismus.

Aber wie können wir einen solch erhabenen Zustand erreichen?

Durch eine verständige Anwendung unserer Vorschriften im praktischen Leben, durch den Gebrauch unserer höheren Vernunft, unserer spirituellen Intuition und unseres sittlichen Empfindens und indem wir dem Diktat jenes von uns so genannten »Tons eines leisen Wehens«[45] in unserem Gewissen folgen. Es ist die Stimme unseres Egos, die lauter in uns spricht als die Erdbeben und Donner Jehovahs, in denen »der Herr nicht ist«.

Wenn das unsere Pflichten gegenüber der Menschheit im Allgemeinen sind, was verstehen Sie dann unter unseren Pflichten gegenüber unserer unmittelbaren Umgebung?

Genau die gleichen, zuzüglich jener, die aus den besonderen Verpflichtungen unserer Familienbindungen entstehen.

Dann ist also nicht wahr, was man sagt: Ein Mann solle nicht eher in die Theosophische Gesellschaft eintreten, bevor er sich nicht schrittweise von seiner Frau, seinen Kindern und seinen Familienpflichten zu lösen beginnt.

Das ist eine grundlose Verleumdung, wie so viele andere. Die erste aller theosophischen Pflichten ist es, seinen Verpflichtungen allen Menschen gegenüber nachzukommen, und insbesondere gegenüber jenen, denen man eine besondere Verantwortlichkeit schuldet, entweder weil man sie freiwillig auf sich genommen hat, wie z. B. die Ehe, oder weil das Schicksal sie mit einem verbunden hat. Ich meine damit jene Pflichten, die wir unseren Eltern und nächsten Verwandten schulden.

Und was soll die Pflicht eines Theosophen gegenüber sich selbst sein?

Durch das *Höhere Selbst* das niedere Selbst zu kontrollieren und zu besiegen; sich innerlich und moralisch zu läutern; niemanden und nichts zu fürchten, nur das Gericht des eigenen Gewissens; niemals etwas halb zu tun. Wenn jemand also denkt, dass es richtig ist, etwas zu tun, dann soll er es mutig und offen tun, wenn er es aber für unrichtig hält, soll er es überhaupt nicht anrühren. Es ist die Pflicht eines Theosophen, sich seine Bürde zu erleichtern, indem er des Spruches des Epiktet eingedenk ist, der sagt: »Lasse dich von deiner Pflicht nicht ablenken durch *müßige Bemerkungen*, welche die *törichte Welt über dich macht*, denn da ihr Tadel außerhalb deines Einflusses liegt, solltest du ihn als belanglos betrachten.«

Angenommen, ein Mitglied Ihrer Gesellschaft würde seine Unfähigkeit, praktischen Altruismus zu praktizieren, nach dem Grundsatz erklären, dass »Nächstenliebe zuerst im eigenen Heim beginne«; weil es zu viel arbeiten müsse oder weil es zu arm sei, um der Menschheit oder auch nur einem einzelnen Menschen nützlich sein zu können. Was sagen Ihre Regeln in einem solchen Fall?

Niemand hat unter was immer für einem Vorwand das Recht zu sagen, dass er nichts für andere tun könne. »Wer die rechte Pflicht am rechten Platz tut, kann die Welt zu seinem Schuldner machen«, sagt ein englischer Autor. Einem durstigen Wanderer zur rechten Zeit einen Becher Wasser zu geben, ist eine edlere Pflicht und mehr wert, als ein Dutzend Festessen zu geben für Menschen, die in der Lage sind, selbst dafür zu bezahlen. Wer es nicht in sich hat, wird nie ein *Theosoph* werden, aber er kann trotzdem ein Mitglied unserer Gesellschaft bleiben. Wir haben keine Regeln, durch die wir irgendjemanden zwingen können, ein praktizierender Theosoph zu werden, wenn er dies nicht selber wünscht.

Warum tritt er dann überhaupt in die Gesellschaft ein?

Das wird er selbst am besten wissen. Auch hier haben wir kein Recht, jemanden im Vorhinein zu verurteilen, selbst wenn die Stimme der ganzen Gemeinschaft gegen ihn stehen sollte. Ich will Ihnen auch den Grund sagen: In unseren Tagen ist die *Vox populi* (zumindest soweit es die Stimme der Gebildeten betrifft) nicht mehr die *Vox dei*, sondern stets eine Stimme des Vorurteils, selbstsüchtiger Beweggründe und oft einfach der Unpopularität. Unsere Pflicht ist es, Samen auf breiter Ebene für die Zukunft zu säen und zu sehen, dass es gute sind, nicht aber innezuhalten und zu überlegen, warum wir dies tun und wie und warum wir unsere Zeit darauf verschwenden; denn jene, die die Ernte in zukünftigen Tagen einbringen, werden wohl nie wir selbst sein.

Über die Nächstenliebe

Wie betrachten Sie die christliche Pflicht der Nächstenliebe?

Welche Art von Nächstenliebe meinen Sie? Güte des Denkens oder praktische Wohltätigkeit auf der physischen Ebene?

Ich meine die praktische Nächstenliebe, wie sie die Idee der universalen Bruderschaft einschließt, und natürlich Güte des Denkens.

Dann meinen Sie die praktische Ausführung der Gebote, die von Jesus in der Bergpredigt gegeben wurden?

Genau dies.

Warum nennen sie diese »christlich«? Obwohl ihr Heiland sie predigte und ausübte, denken die heutigen Christen doch am allerwenigsten daran, sie in ihrem Leben auszuüben.

Aber es gibt doch viele, die ihr ganzes Leben damit verbringen, solche Nächstenliebe zu praktizieren.

Ja, aber nur aus dem Überschuss ihrer großen Reichtümer. Aber zeigen Sie mir den Christen, selbst den philanthropischsten, der dem zitternden und hungrigen Dieb, der ihm seinen Rock stehlen will, auch noch den Mantel geben würde, oder der dem, der ihn auf die linke Wange schlägt, auch die rechte darbieten würde, ohne daran zu denken, es ihm übelzunehmen?

Aber Sie müssen doch einsehen, dass diese verschiedenen Vorschriften nicht wörtlich genommen werden dürfen. Zeiten und Umstände haben sich seit den Tagen Christi geändert. Außerdem sprach er in Gleichnissen.

Warum sagen dann Ihre Kirchen nicht, dass auch die Lehren von der Verdammnis und vom Höllenfeuer als *Gleichnis* zu verstehen sind? Warum geben dann einige Ihrer volkstümlichen Prediger zwar im Prinzip zu, dass diese »Gleichnisse« so zu verstehen sind, wie Sie es meinen, bestehen aber auf der wörtlichen Bedeutung des Höllenfeuers und der *physischen* Qualen einer »asbestartigen« Seele? Wenn das eine ein Gleichnis ist, dann ist es auch das andere. Wenn das Höllenfeuer eine wörtliche Wahrheit ist, dann müssen auch die Gebote Christi in der Bergpredigt bis auf den letzten Buchstaben befolgt werden. Und ich kann Ihnen sagen, dass viele, die nicht an die Göttlichkeit Christi glauben – wie Graf Leo Tolstoi und so mancher Theosoph – diese edlen Vorschriften, die universell sind, wörtlich ausführen; und noch mehr gute Menschen würden dies tun, wenn sie nicht sicher wären, dass sie eine solche Lebensführung sehr wahrscheinlich in eine Heilanstalt für Geisteskranke bringen würde; so *christlich sind Ihre Gesetze*!

Aber jedermann weiß, dass auf öffentlichen und privaten Wohltätigkeitsveranstaltungen jährlich Millionen und Abermillionen gespendet werden.

O ja, aber die Hälfte bleibt an den Händen hängen, durch die sie gehen, bevor sie die Bedürftigen erreichen, und ein guter Teil des Restes gelangt in die Hände berufsmäßiger Bettler, die zu faul zur Arbeit sind, und hilft so in keiner Weise jenen, die wirklich leiden und elend sind. Haben Sie nicht gehört, dass die erste Wirkung der großen Ausgaben für wohltätige Zwecke im Eastend von London darin bestand, dass die Mieten in Whitechapel um zwanzig Prozent erhöht wurden?

Was würden Sie also tun?

Individuell handeln und nicht kollektiv, dabei den nordbuddhistischen Vorschriften folgend: »Reiche nie die Nahrung dem Mund eines Hungrigen durch die Hand eines anderen«. »Lasse niemals den Schatten deines Nachbarn (*einer dritten Person*) zwischen dich und den Gegenstand deiner Gabe treten.« »Lasse der Sonne nicht Zeit, eine Träne zu trocknen, ehe du sie getrocknet hast«, und schließlich: »Gib Geld den Armen oder Nahrung dem Priester, der an deiner Türe bittet, *nie durch einen Diener*, sonst wird dein Geld die Dankbarkeit verringern, und deine Nahrung verwandelt sich in Galle.«

Aber wie kann man das im praktischen Leben anwenden?

Die theosophische Vorstellung von Wohltätigkeit bedeutet *persönliche* Anstrengung für andere, *persönliches* Erbarmen und Freundlichkeit, *persönliches* Interesse am Wohlergehen derer, die leiden, *persönliches* Mitleid, *persönliche* Vorsorge und *persönliche* Hilfe in ihren Sorgen und Nöten. Wir Theosophen glauben nicht, dass es Wert hat, Geld (wenn wir es hätten) durch die Hände anderer Menschen oder Organisationen zu spenden. Wir glauben, dass wir dem Geld eine tausendmal größere Kraft und Wirkung geben können durch den persönlichen Kontakt und das persönliche Mitgefühl für jene, die es benötigen. Wir glauben, dass es ebenso notwendig ist, wenn nicht sogar notwendiger, den Hunger der Seele zu stillen als die Leere des Magens; Dankbarkeit nützt nämlich dem, der sie fühlt, mehr, als dem, dem sie entgegengebracht wird. Wo ist die Dankbarkeit, wo sind die guten Gedanken, die Ihre »Millionen von Pfunden« hervorgerufen haben müssten? Zeigt sie sich in dem Hass der Armen von Eastend gegen die Reichen oder in dem Anwachsen von Anarchie und Unordnung? Oder bei den Tausenden unglücklicher arbeitender Mädchen, die als Opfer des Ausbeutungssystems gezwungen sind, täglich auf die Straße zu gehen, um überhaupt leben zu können? Danken Ihre hilflosen alten Männer und Frauen Ihnen für die Armenhäuser, oder Ihre Armen für die tödlich ungesunden Wohnungen, in denen man ihnen gestattet, neue Generationen von kranken, rachitischen Kindern zu erzeugen, nur um ihr Geld in die Säcke der unersättlichen Hausbesitzer zu stecken? Das ist der Grund, weshalb jedes einzelne Geldstück von all den »Millionen«, die von guten und hilfsbereiten Menschen gespendet werden, wie ein glühender Fluch anstatt wie ein Segen auf die Armen fällt, deren Los es mildern sollte. Wir bezeichnen dies als das *Erzeugen von nationalem Karma*; seine Ergebnisse am Tage der Abrechnung werden furchtbar sein.

Theosophie für die Massen

Und Sie glauben, wenn die Theosophie zur Wirkung käme, dass sie helfen könnte, diese Übel unter den widrigen Verhältnissen unseres modernen Lebens zu beseitigen?

Wenn wir mehr Geld hätten und wenn nicht die meisten Theosophen für ihr tägliches Brot arbeiten müssten, bin ich fest überzeugt, dass wir es könnten.

Wie denn? Erwarten Sie, dass Ihre Lehren, die so schwer verständlich und schwierig sind, dass selbst gebildete Menschen sie kaum verstehen können, von den ungebildeten Massen begriffen werden könnten?

Sie vergessen eines, dass es gerade Ihre viel gerühmte moderne Bildung ist, die es für Sie so schwer macht, Theosophie zu verstehen. Ihr Verstand ist so voll von intellektuellen Spitzfindigkeiten und Vorurteilen, dass Ihre natürliche Intuition und die Wahrnehmung der Wahrheit nicht wirksam werden kann. Es bedarf keiner Metaphysik und Bildung, damit ein Mensch die einfachen Wahrheiten, wie Karma und Reinkarnation, versteht. Blicken Sie auf die Millionen armer, ungebildeter Buddhisten und Hindus, für die Karma und Reinkarnation echte Wirklichkeiten sind, da ihr Verstand nie dadurch eingeengt und verbogen worden ist, dass man ihn in unnatürliche Bahnen zwang. Ihr angeborener menschlicher Sinn für Gerechtigkeit ist nie dadurch verdorben worden, dass man ihnen erzählte, ihre Sünden würden deshalb vergeben, weil ein anderer Mensch um ihretwillen getötet worden sei. Und die Buddhisten leben ihrem Glauben gemäß ohne irgendein Murren gegen Karma oder das, was sie als gerechte Strafe betrachten; wohingegen die christlichen Völker weder ihrem moralischen Ideal entsprechend leben noch ihr Los akzeptieren. Daher kommen das Murren und die Unzufriedenheit und die Intensität des Kampfes ums Dasein in den westlichen Ländern.

Aber würde diese von Ihnen so gepriesene Zufriedenheit nicht jeden Antrieb zu Anstrengungen lähmen und den Fortschritt zum Stillstand bringen?

Darauf sagen wir Theosophen, dass Ihr gerühmter Fortschritt und Ihre Zivilisation nichts Besseres sind als ein Haufen von Irrlichtern, die über einem Sumpf flimmern, der giftige, tödliche Dämpfe ausstrahlt. Denn wir sehen, wie Selbstsucht, Verbrechen, Unmoral und alle vorstellbaren Übel über die unglückliche Menschheit aus dieser Büchse der Pandora herfallen, die Sie ein Zeitalter des Fortschritts nennen; und all dies nimmt in gleichem Maße mit dem Wachstum Ihrer materiellen Zivilisation zu. Bei solch einem Preis ist die Trägheit und Untätigkeit in den buddhistischen Ländern vorzuziehen, die im Übrigen nur als Folge langer Zeitalter politischer Sklaverei entstanden ist.

Dann ist die ganze Metaphysik und Mystik, mit denen Sie sich so sehr beschäftigen, ohne Bedeutung?

Für die Massen, die nur praktische Führung und Hilfe benötigen, sind sie nicht von großer Bedeutung; aber für die Gebildeten, die natürlichen Führer der Massen, deren Art zu denken und zu handeln früher oder später von den Massen angenommen wird, ist sie von größter Bedeutung. Nur mittels der Philosophie kann der intelligente, gebildete Mensch den intellektuellen Selbstmord durch blinden Glauben vermeiden. Nur dadurch, dass er sich die logische Folgerichtigkeit und den Zusammenhang der östlichen, wenn schon nicht der esoterischen Lehren zu eigen macht, kann er deren Wahrheit wirklich erkennen. Überzeugung bringt Begeisterung hervor, und »Begeisterung«, sagt Bulwer-Lytton, »ist der Genius der Aufrichtigkeit, ohne den die Wahrheit keine Siege erringt«. Auch Emerson bemerkt sehr wahr: »Jede große und achtunggebietende Bewegung in der Geschichte der Welt ist ein Triumph der Begeisterung.« Was aber ist geeigneter, solch ein Gefühl hervorzurufen, als eine so großartige, folgerichtige, logische und allumfassende Philosophie, wie es unsere östlichen Lehren sind?

Und doch sind ihre Feinde sehr zahlreich, und jeden Tag erwirbt sich die Theosophie neue Gegner.

Genau das beweist ihre inneren Vorzüge und ihren Wert. Die Menschen hassen nur Dinge, die sie fürchten; und keiner nimmt die Mühe auf sich, etwas niederzuwerfen, was ihn weder bedroht noch sich über die Mittelmäßigkeit erhebt.

Hoffen Sie, diese Begeisterung eines Tages auch auf die Massen zu übertragen?

Warum nicht? Die Geschichte lehrt uns, dass die Massen den Buddhismus mit Begeisterung aufgenommen haben, und die praktische Wirkung dieser ethischen Philosophie auf die Massen zeigt sich noch heute in dem geringen Prozentsatz von Verbrechen unter buddhistischen Völkern, verglichen mit jeder anderen Religion. Der Hauptpunkt ist, die fruchtbarste Quelle aller Verbrechen und aller Unmoral zu beseitigen – nämlich den Glauben, dass es möglich ist, den Folgen der eigenen Taten zu entfliehen. Man lehre sie das größte aller Gesetze, *Karma* und *Reinkarnation*, dann werden sie nicht nur in sich selbst die Würde der menschlichen Natur fühlen, sondern sie werden sich vom Bösen abwenden und es meiden wie eine physische Gefahr.

Wie die Mitglieder der Gesellschaft helfen können

Wie könnten die Mitglieder Ihrer Gesellschaft bei dieser Aufgabe helfen?

Vor allem, indem sie die theosophischen Lehren studieren und verstehen, um sie andere, insbesondere die Jugend, lehren zu können. Zweitens dadurch, dass sie jede Gelegenheit benützen, mit anderen zu sprechen, um ihnen zu erklären, was Theosophie ist und was sie nicht ist, und dadurch Missverständnisse beseitigen und Interesse für diese Dinge wecken. Drittens dadurch, dass sie helfen, unsere Literatur zu verbreiten, Bücher kaufen, wenn sie die Mittel dazu haben, sie verleihen und verschenken, und indem sie ihre Freunde anregen, das Gleiche zu tun. Viertens dadurch, dass sie die Gesellschaft gegen die ungerechten Verleumdungen, die gegen sie ausgesprochen werden, mit jedem legitimen Mittel, das ihnen zur Verfügung steht, verteidigen. Fünftens, und dies ist das wichtigste, durch das Beispiel ihres eigenen Lebens.

Aber diese ganze Literatur, deren Verbreitung Sie so viel Bedeutung beilegen, scheint mir von wenig praktischem Wert zu sein, um der Menschheit zu helfen. Das ist keine praktische Nächstenliebe.

Wir sind anderer Meinung. Wir glauben, dass ein gutes Buch, das den Menschen Nahrung zum Denken gibt, das ihre Gedanken stärkt und klärt, das sie befähigt, Wahrheiten zu erfassen, die sie bereits undeutlich gefühlt haben, aber nicht formulieren konnten, dass solch ein Buch etwas wirklich Gutes bewirkt. Was die Taten der Nächstenliebe betreffen, die den Körpern unserer Mitmenschen zugute kommen, so tun wir darin das wenige, was wir können; aber die meisten von uns sind arm, und besonders die Gesellschaft selbst hat nicht einmal genug Geld, um einen Stab von Mitarbeitern zu bezahlen. Wir alle, die wir uns für sie mühen, geben unsere Arbeit unentgeltlich und in den meisten Fällen auch noch unser eigenes Geld. Die Wenigen, welche die Mittel haben, das zu tun, was man üblicherweise Wohltätigkeit nennt, folgen den buddhistischen Vorschriften und tun ihre Werke selbst, nicht durch Stellvertreter oder dadurch, dass sie öffentlich zu Wohltätigkeitsfonds beitragen. Was ein Theosoph vor allen Dingen tun muss, ist, seine Persönlichkeit zu vergessen.

Was ein Theosoph nicht tun sollte

Haben Sie für die Mitglieder Ihrer Gesellschaft irgendwelche Verbote oder Bestimmungen?

Viele, aber sie werden nicht erzwungen. Sie drücken das Ideal unserer Organisation aus, aber die praktische Anwendung müssen wir dem Ermessen unserer Mitglieder selbst überlassen. Unglücklicherweise ist der Geisteszustand der Menschen in unserem Jahrhundert ein solcher, dass niemand es wagen würde, den Beitritt zur Theosophischen Gesellschaft zu riskieren, wenn wir nicht zugestehen würden, dass diese Bestimmungen sozusagen außer Gebrauch bleiben. Dies ist aber gerade der Grund, warum ich mich gezwungen fühle, solches Gewicht auf den Unterschied zwischen der wahren Theosophie und ihrem mit bester Absicht hart kämpfenden, aber doch noch unwürdigen Werkzeug, der Theosophischen Gesellschaft, zu legen.

Kann ich erfahren, was diese gefährlichen Klippen im Meer der Theosophie sind?

Sie können sie mit Recht Klippen nennen, denn so manches im Übrigen aufrichtige und wohlgesinnte Mitglied der Theosophischen Gesellschaft hat sein theosophisches Schifflein schon an ihnen zerschellen lassen. Und doch scheint es das leichteste in der Welt zu sein, bestimmte Dinge zu vermeiden. Hier ist z. B. eine Reihe solcher Verbote, denen positive theosophische Pflichten zugrunde liegen:

Kein Theosoph sollte schweigen, wenn er hört, dass üble Behauptungen oder Verleumdungen über die Gesellschaft oder über unschuldige Personen, seien sie nun seine Kollegen oder Außenstehende, verbreitet werden.

Aber angenommen, das, was man hört, ist die Wahrheit, oder es könnte wahr sein, ohne dass man es weiß?

Dann müssen Sie wirklich Beweise für die Behauptung verlangen und unparteiisch beide Seiten hören, bevor Sie die Anklage unwidersprochen lassen. Sie haben kein Recht, an etwas Böses zu glauben, solange Sie nicht unleugbare Beweise für die Richtigkeit einer Behauptung erhalten haben.

Und was sollte man dann tun?

Mitgefühl und Nachsicht, Güte und Großmut sollten uns immer veranlassen, unsere sündigen Brüder zu entschuldigen und über die, die irren, das sanfteste Urteil zu fällen, das möglich ist. Ein Theosoph sollte niemals vergessen, was durch Unzulänglichkeiten und Schwächen der menschlichen Natur hervorgerufen wird.

Sollte er in solchen Fällen vollkommen vergeben?

In jedem Fall, besonders aber der, gegen den gesündigt wurde.

Aber wenn er dadurch riskieren würde, andere zu verletzen oder zuzulassen, dass andere verletzt werden? Was sollte er dann tun?

Seine Pflicht. Das, was sein Gewissen und seine höhere Natur ihm eingeben, aber nur nach reiflicher Überlegung. Gerechtigkeit besteht darin, keinem lebenden Wesen Schaden zuzufügen. Gerechtigkeit gebietet uns aber auch, niemals zu gestatten, dass den vielen oder einem Unschuldigen Unrecht getan wird dadurch, dass wir dem Schuldigen erlauben, ungehindert davonzukommen.

Wie lauten die anderen negativen Bestimmungen?

Kein Theosoph sollte sich mit einem müßigen oder frivolen Leben zufriedengeben, das weder ihm selbst noch anderen etwas Gutes bringt. Er sollte für das Wohl der Wenigen, die seine Hilfe benötigen, arbeiten, wenn er unfähig ist, sich für die Menschheit einzusetzen und auf diese Weise für den Fortschritt der theosophischen Sache zu wirken.

Das verlangt eine außergewöhnliche Natur und würde manchem Menschen sehr schwerfallen.

Dann sollten sie besser außerhalb der Theosophischen Gesellschaft bleiben, statt unter falscher Flagge zu segeln. Von niemandem wird verlangt, dass er mehr gibt, als er vermag, sei es an Hingabe, Zeit, Arbeit oder an Geld.

Welche weiteren Vorschriften gibt es noch?

Kein aktives Mitglied sollte zu großen Wert auf seinen persönlichen Fortschritt in den theosophischen Studien legen, es sollte vielmehr bereit sein, so viel altruistische Arbeit zu tun, wie in seiner Macht liegt; es sollte nicht die ganze schwere Bürde und die Verantwortlichkeit für die theosophische Bewegung auf den Schultern weniger hingebungsvoller Arbeiter ruhen lassen. Jedes Mitglied sollte es als seine Pflicht erachten, einen so großen Teil, wie es vermag, von der gemeinsamen Arbeit auf sich zu nehmen und sie mit allen Mitteln zu unterstützen, die in seiner Macht liegen.

Das ist nur recht und billig. Was weiter?

Kein Theosoph sollte seine Empfindlichkeit und seine persönliche Eitelkeit über die Interessen der Gesellschaft als Körperschaft stellen. Wer diese oder den Ruf anderer Menschen auf dem Altar seiner persönlichen Eitelkeit, seines weltlichen Wohlergehens oder seines Stolzes opfert, dem sollte nicht gestattet werden, ein Mitglied zu bleiben. Ein krebskrankes Glied macht den ganzen Körper krank.

Ist es die Pflicht jedes Mitglieds, andere zu lehren und Theosophie zu verkünden?

Ja. Kein Mitglied hat das Recht, untätig zu bleiben mit der Entschuldigung, dass es zu wenig wisse, um lehren zu können. Der Betreffende kann sicher sein, dass er immer andere finden wird, die noch weniger wissen als er. Außerdem bemerkt ein Mensch seine eigene Unwissenheit in der Regel erst dann, wenn er zu versuchen beginnt, andere zu lehren. Erst dann trachtet er, diese Unwissenheit zu beseitigen. Aber das ist eine weniger wichtige Vorschrift.

Welche negativen theosophischen Pflichten betrachten Sie dann als die wichtigsten?

Immer bereit zu sein, seine eigenen Fehler zu erkennen und einzugestehen. Eher durch übertriebenes Lob zu sündigen, als durch zu geringe Würdigung der Anstrengungen anderer. Niemals einen anderen zu verleumden oder üble Nachrede zu üben. Wenn man etwas gegen jemanden hat, es ihm offen und unmittelbar ins Gesicht zu sagen. Sich niemals zum Echo von dem zu machen, was man über einen anderen gehört hat. Niemals ein Rachegefühl gegen jemanden aufkommen zu lassen, der uns verletzt oder beleidigt hat.

Aber oft ist es gefährlich, den Menschen die Wahrheit ins Gesicht zu sagen. Denken Sie das nicht auch? Ich kannte eines ihrer Mitglieder, das bitter beleidigt war und die Gesellschaft verließ und ihr Feind wurde, nur weil ihm eine unangenehme Wahrheit ins Gesicht gesagt und weil es wegen dieser getadelt wurde.

Solche gibt es mehrere. Kein Mitglied, ob bedeutend oder nicht, hat je die Gesellschaft verlassen, ohne unser bitterster Feind zu werden.

Wie kann man das erklären?

Sehr einfach. Nachdem jemand zuerst der Gesellschaft außerordentlich ergeben war und die übertriebensten Lobeshymnen anstimmte, konnte er nach seinem Austritt für seine ehemalige Kurzsichtigkeit nichts anderes als Entschuldigung anführen, als dass er ein *unschuldiges* und *getäuschtes Opfer* geworden sei. Nur so konnte er den Tadel von den eigenen Schultern abladen und der Gesellschaft aufbürden, besonders deren Leitern. Solche Personen erinnern an die alte Fabel von dem Menschen mit dem hässlichen Gesicht, der seinen Spiegel zerbrach, weil er glaubte, dass dieser an seiner Hässlichkeit schuld sei.

Aber was bringt solche Menschen dazu, sich gegen die Gesellschaft zu stellen?

Gekränkte Eitelkeit in der einen oder anderen Form ist fast immer die Ursache. Zumeist weil ihre Behauptungen und Ratschläge nicht als bestimmend und maßgeblich angenommen werden; oder weil sie zu denen gehören, die lieber in der Hölle regieren, als im Himmel dienen wollen. Weil sie meist nicht ertragen können, sich dem Ganzen einzuordnen und »Zweiter« zu sein. So kritisierte und diffamierte ein Mitglied die Mitglieder der Theosophischen Gesellschaft bei Außenstehenden und Theosophen, dass alle *untheosophisch* seien, er tadelte an ihnen gerade das, was er selbst fortwährend tat. Schließlich verließ er die Gesellschaft, indem er als Grund angab, dass alle, besonders die Gründer, seiner tiefsten Überzeugung nach Betrüger seien. Ein anderer, der auf intrigante Art der Leiter einer großen Sektion der Gesellschaft zu werden versuchte und sehen musste, dass die Mitglieder ihn nicht haben wollten, wandte sich gegen die Gründer der Gesellschaft und wurde deren bitterster Feind, indem er einen von ihnen verleumdete, wo er nur konnte, einfach weil dieser ihn der Gesellschaft weder aufdrängen konnte noch wollte. Das war ein Fall von maßlos verletzter Eitelkeit. Ein anderer versuchte tatsächlich Schwarze Magie auszuüben. Er wollte schädlichen psychologischen Einfluss auf Mitglieder ausüben, während er vorgab, sich zu allen theosophischen Tugenden zu bekennen. Als dem Einhalt geboten wurde, brach der Betreffende mit der Theosophie und verleumdet und beschimpft nun die unglücklichen Leiter in der bösartigsten Art. Er versucht die Gesellschaft zu vernichten, indem er den Ruf derjenigen beschmutzt, die er nicht täuschen konnte.

Was tut man mit solchen Menschen?

Man soll sie ihrem Karma überlassen. Weil jemand Böses tut, darf das kein Grund für andere sein, das Gleiche zu tun.

Aber, um auf Verleumdungen zurückzukommen, wo liegt die Grenzlinie zwischen übler Nachrede und gerechter Kritik? Ist es nicht unsere Pflicht, unsere Freunde und Nachbarn vor Menschen zu warnen, von denen wir wissen, dass sie gefährlich sind?

Wenn dadurch, dass wir sie ungehindert lassen, anderen Personen Schaden zugefügt werden könnte, dann ist es sicherlich unsere Pflicht, dieser Gefahr entgegenzuwirken, indem wir diese vertraulich warnen. Aber keine Anklage gegen eine Person, sei sie nun wahr oder falsch, sollte allgemein verbreitet werden. Wenn sie wahr ist und das Vergehen nur den Sünder selbst schädigt, dann überlasse man ihn seinem Karma. Wenn sie aber falsch ist, dann vermeide man, noch etwas zur Ungerechtigkeit in der Welt beizutragen. Daher bewahre man Stillschweigen über solche Dinge jenen gegenüber, die daran nicht direkt beteiligt sind. Aber wenn ein solches Schweigen geeignet ist, andere in Gefahr zu bringen, dann sage ich: *Sage die Wahrheit, koste, es was es wolle*. Und mit Annesly füge ich hinzu: »Erwäge die Pflicht und nicht die Folgen.« Es gibt Fälle, wo man gezwungen ist, auszurufen: »Verzichte auf Zurückhaltung, ehe du erlaubst, dass sie dich in deiner Pflicht behindert.«

Ich glaube, wenn Sie diese Grundsätze ausführen, werden Sie eine ganze Menge Schwierigkeiten bekommen.

Allerdings. Wir müssen zugeben, dass wir demselben Spott ausgeliefert sind wie die ersten Christen. »Seht, wie diese Theosophen einander lieben«, kann auch von uns ohne den Schatten einer Ungerechtigkeit gesagt werden.

Da Sie also selbst zugeben, dass es innerhalb der Theosophischen Gesellschaft genauso viel, wenn nicht mehr Verleumdung, üble Nachrede und Streit wie in den christlichen Kirchen, geschweige denn in wissenschaftlichen Gesellschaften, gibt, dann frage ich Sie, welche Art von Bruderschaft ist es dann?

Zweifellos ist sie gegenwärtig noch etwas ärmlich und nicht besser als alle anderen, solange sie nicht sorgsam gesiebt und reorganisiert wird. Aber bedenken Sie: Die menschliche Natur ist innerhalb der Theosophischen Gesellschaft die gleiche wie außerhalb. Ihre Mitglieder sind keine Heiligen; bestenfalls sind sie Sünder, die sich bemühen, es besser zu machen, aber infolge ihrer persönlichen Schwächen immer wieder Rückfällen unterworfen sind. Dazu kommt, dass unsere »Bruderschaft« keine »anerkannte« oder etablierte Körperschaft ist und sozusagen außerhalb jeglicher Gerichtsbarkeit steht. Außerdem befindet sie sich in einem chaotischen Zustand und ist *ungerechterweise so unbeliebt wie keine andere Gesellschaft*. Es ist daher nicht verwunderlich, dass Mitglieder, die bei der Ausführung ihres Ideals versagen, sich, nachdem sie die Gesellschaft verlassen haben, Schutz suchend an unsere Feinde wenden und ihre Galle und Bitterkeit in deren nur zu willfährige Ohren ergießen. Sie wissen, dass sie Unterstützung, Mitgefühl und bereitwilligen Glauben für jede noch so absurde Anklage finden werden, die sie gegen die Theosophische Gesellschaft erheben, und beeilen sich daher, ihrem Zorn gegen den unschuldigen Spiegel, der ihr wahres Gesicht zu getreulich wiedergab, freien Lauf zu lassen. *Der Mensch vergibt niemals dem, dem er Unrecht zugefügt hat.* Das Wissen um die Freundlichkeit, die sie erhalten und die sie mit Undankbarkeit vergolten haben, treibt sie zu einer irren Selbstrechtfertigung vor der Welt und vor ihrem eigenen Gewissen. Die Welt ist nur zu bereit, an irgendetwas zu glauben, das gegen eine von ihr gehasste Gesellschaft gesagt wird. Und das Gewissen – aber ich möchte lieber nichts mehr sagen, ich fürchte, schon zu viel gesagt zu haben.

Ihre Lage scheint mir nicht sehr beneidenswert zu sein.

Das ist sie sicherlich nicht; aber glauben Sie nicht, dass es hinter der Theosophischen Gesellschaft und ihrer Philosophie etwas sehr Edles, Erhabenes und Wahres geben muss, wenn die Gründer und Führer dieser Bewegung trotzdem mit aller Kraft für sie weiterarbeiten? Sie opfern ihr alle Bequemlichkeit und allen weltlichen Erfolg, sogar ihren guten Namen und Ruf, ja selbst ihre Ehre, um als Gegenwert dafür unaufhörliche Schmähungen, unbarmherzige Verfolgungen, unermüdliche Verleumdungen und ständige Undankbarkeit zu ernten, ein Missverstehen ihrer besten Absichten sowie Stöße und Schläge von allen Seiten – dabei brauchten sie bloß ihre Arbeit aufzugeben, und sie würden sich sofort von jeder Verantwortung befreien und vor allen weiteren Angriffen geschützt finden.

Ich muss gestehen, dass mir eine derartige Ausdauer sehr erstaunlich erscheint, und ich wunderte mich schon, warum sie all dies tun.

Glauben Sie mir, nicht zur eigenen Befriedigung, nur in der Hoffnung, wenigstens einige Personen so schulen zu können, dass sie in der Lage sind, unsere Arbeit für die Menschheit nach dem ursprünglichen Programm fortzusetzen, wenn die Gründer der Bewegung einmal nicht mehr sind. Sie haben schon einige solche edle und hingebende Seelen gefunden, die einmal an ihre Stelle treten werden. Dank dieser Wenigen werden kommende Generationen den Weg zum Frieden etwas weniger dornig und den Pfad etwas breiter finden. Somit wird all dieses Leiden gute Ergebnisse gebracht haben, und ihre Selbstaufopferung wird nicht vergeblich gewesen sein. Augenblicklich ist es das Hauptziel der Gesellschaft, Saatkörner in die Herzen der Menschen zu senken, die sprießen können, wenn die Zeit gekommen ist, und die unter günstigen Umständen zu einer gesunden Reform führen können, die den *Massen* mehr Glück gewährleistet als bisher.

XIII

Einige Missverständnisse über die Theosophische Gesellschaft

Theosophie und Askese

Ich habe gehört, dass Ihre Regeln von allen Mitgliedern verlangen, Vegetarier, Zölibatäre und strenge Asketen zu sein. Sie haben bisher nichts davon erwähnt. Könnten Sie mir sagen, was es damit auf sich hat?

Die Wahrheit ist, dass unsere Grundsätze nichts Derartiges verlangen. Die Theosophische Gesellschaft erwartet nicht einmal, viel weniger fordert sie von ihren Mitgliedern, in irgendeiner Weise Asketen zu sein, ausgenommen, falls Sie das Askese nennen wollen, dass sie anderen Menschen hilfreich und in ihrem eigenen Leben selbstlos sein sollen.

Aber viele Ihrer Mitglieder sind doch strenge Vegetarier und erklären auch offen ihre Absicht, unverheiratet zu bleiben. Dies ist besonders oft bei jenen der Fall, die in der Arbeit Ihrer Gesellschaft eine führende Rolle innehaben.

Das ist nur natürlich, da die meisten unserer wirklich ernsthaften Arbeiter Mitglieder der Inneren Gruppe sind, von der ich Ihnen früher berichtet habe.

Dann verlangen Sie also eine asketische Lebenshaltung von dieser Inneren Gruppe?

Nein, auch dort *verlangen* wir sie nicht und schreiben sie nicht vor. Aber ich sehe, ich muss Ihnen zunächst eine Erklärung unserer Ansichten über die Askese im Allgemeinen geben, dann werden Sie auch die Frage des Vegetarismus und andere Dinge besser verstehen.

Wie ich Ihnen schon gesagt habe, wünschen jene Menschen, welche die Theosophie wirklich ernsthaft studieren und aktive Mitglieder in unserer Gesellschaft werden, mehr zu tun, als diese Wahrheiten, die wir lehren, bloß theoretisch zu erlernen. Sie wünschen, die Wahrheit durch eigene unmittelbare Erfahrung *zu wissen*. Sie studieren die Esoterik in der Absicht, jene Weisheit und Kraft zu erlangen, von der sie fühlen, dass sie sie brauchen, um anderen wirksam und vernünftig helfen zu können, anstatt blind und aufs Geratewohl. Darum schließen sie sich früher oder später der Inneren Sektion an.

Aber Sie sagten, dass auch in dieser Inneren Sektion »asketische Praktiken« nicht Pflicht sind.

Das sind sie auch nicht; aber das Erste, was die Mitglieder dort lernen, ist die richtige Vorstellung von der Beziehung zwischen dem Körper, der physischen Hülle, und dem inneren wahren Menschen. Die Beziehung und Wechselwirkung zwischen diesen beiden Aspekten der menschlichen Natur wird ihnen erklärt und vorgeführt, so dass sie bald von der überragenden Wichtigkeit des inneren Menschen über die äußere Hülle, den Körper, durchdrungen werden. Sie werden belehrt, dass blinde, unvernünftige Askese reine Torheit ist, dass ein Verhalten wie jenes von St. Labre, von dem ich bereits sprach, oder der indischen Fakire und Dschungelasketen, die ihre Körper in grausamer und schrecklicher Weise zerschneiden, verbrennen und auszehren, lediglich eine Selbstquälerei für selbstsüchtige Ziele ist, um Willenskraft zu entwickeln, die aber für eine wirklich spirituelle oder theosophische Entwicklung völlig nutzlos ist.

Ich sehe, Sie betrachten lediglich die moralische Askese als notwendig. Sie ist gewissermaßen ein Mittel, welches das volle Gleichgewicht der inneren Natur des Menschen und das Erreichen einer vollständigen Herrschaft über den Körper mit allen seinen Wünschen und Leidenschaften zum Ziel hat.

So ist es; aber dieses Mittel muss intelligent und weise und nicht blind und töricht eingesetzt werden, so wie ein Athlet trainiert und sich für einen großen Wettkampf vorbereitet, nicht wie ein Geizhals, der hungert, bis er krank wird, nur um seine Leidenschaft für Gold zu befriedigen.

Ich verstehe nun Ihre allgemeinen Vorstellungen; aber wie sehen diese in der Praxis aus? Wie steht es z. B. mit dem Vegetarismus?

Einer der großen deutschen Naturwissenschaftler hat gezeigt, dass jede Art tierischen Gewebes, wie intensiv man es auch kochen mag, bestimmte bezeichnende Eigenschaften des Tieres beibehält, zu dem es gehörte, und diese Eigenschaften können erschaut werden. Abgesehen davon erkennt ja auch jeder schon durch den Geschmack, was für ein Fleisch er isst. Wir gehen einen Schritt weiter und beweisen, dass das Fleisch von Tieren, das vom Menschen als Nahrung aufgenommen wird, ihm physiologisch einige der Eigenschaften des Tieres verleiht, von dem es kommt. Die esoterische Wissenschaft lehrt und gibt ihren Schülern sichtbare Beweise dafür, dass diese »vergröbernde« oder »animalisierende« Wirkung auf den Menschen beim Fleisch der größeren Tiere am stärksten ist, geringer beim Fleisch von Vögeln, noch geringer beim Fisch und anderen kaltblütigen Tieren, am geringsten aber, wenn er nur pflanzliche Nahrung zu sich nimmt.

Dann sollte er am besten gar nichts essen?

Wenn er ohne zu essen leben könnte, sicherlich. Wie die Dinge aber liegen, muss er essen, um zu leben, und so raten wir den wirklich ernsthaft Studierenden, solche Nahrung zu essen, die ihr Gehirn und ihren Körper am wenigsten belastet und die Entwicklung ihrer Intuition, ihrer inneren Fähigkeiten und Kräfte möglichst wenig hindert und verzögert.

Dann nehmen Sie nicht alle Argumente an, welche von den Vegetariern im Allgemeinen gebraucht werden?

Nein. Einige ihrer Argumente sind sehr schwach und gründen sich oft auf Annahmen, die ganz falsch sind. Manches, was sie sagen, ist andererseits vollkommen richtig. Wir glauben z. B., dass viele Krankheiten und insbesondere die große Krankheitsanfälligkeit, die ein so bemerkenswertes Zeichen unserer Zeit ist, in beträchtlichem Maße eine Folge des Essens von Fleisch und insbesondere von Fleischkonserven ist. Aber es würde zu weit führen, auf diese Frage der Berechtigung des Vegetarismus tiefer einzugehen.

Noch eine Frage. Wie haben sich die Mitglieder Ihrer Inneren Sektion hinsichtlich der Ernährung zu verhalten, wenn sie krank sind?

Natürlich den besten praktischen Ratschlägen zu folgen, die sie erhalten können. Verstehen Sie nicht, dass wir in dieser Hinsicht niemals irgendwelche bindenden Verpflichtungen auferlegen? Merken Sie sich bitte, dass wir in solchen Fragen immer eine vernünftige und nie eine fanatische Auffassung pflegen. Wenn ein Mensch infolge von Krankheit oder langer Gewohnheit nicht ohne Fleisch auskommen kann, dann soll er es weiter essen. Es ist kein Verbrechen. Es wird nur seinen Fortschritt ein wenig aufhalten; denn grundsätzlich sind alle rein körperlichen Handlungen und Funktionen von weit geringerer Bedeutung als das, was der Mensch *denkt* und *fühlt*, welche Wünsche er in sich fördert und ihnen gestattet, Wurzel zu fassen und zu wachsen.

Aber Wein und Spirituosen empfehlen Sie den Menschen sicherlich nicht zu trinken.

Sie sind für sein moralisches und spirituelles Wachstum schlechter als Fleisch, denn Alkohol in all seinen Formen hat einen unmittelbar spürbaren und sehr schädlichen Einfluss auf den psychischen Zustand des Menschen. Das Trinken von Wein und Spirituosen wird in seiner schädigenden Wirkung auf die Entfaltung der inneren Kräfte nur durch den gewohnheitsmäßigen Gebrauch von Haschisch, Opium und ähnlichen Drogen übertroffen.

Theosophie und Ehe

Eine weitere Frage: Soll man heiraten oder im Zölibat leben?

Das hängt davon ab, was für einen Menschen Sie meinen. Wenn Sie an jemanden denken, der die Absicht hat, in der Welt zu leben, jemand, der zwar ein guter, ernsthafter Theosoph und ein eifriger Arbeiter für unsere Sache ist, der aber doch Bindungen und Wünsche hat, die ihn an die Welt fesseln, jemand, der nicht fühlt, dass er mit dem, was die Menschen Leben nennen, für immer abgeschlossen hat oder nur ein Einziges erstrebt – die Wahrheit kennenzulernen und sich fähig zu machen, anderen zu helfen –, dann sehe ich keinen Grund, weshalb ein solcher Mann nicht heiraten sollte, falls er das Risiko dieser Lotterie auf sich nehmen will, in der es so viel mehr Nieten als Preise gibt. Sie werden doch sicherlich nicht glauben, dass wir so absurd und fanatisch wären, uns gänzlich gegen die Ehe zu stellen. Im Gegenteil, von einigen wenigen Ausnahmefällen praktischer Esoteriker abgesehen, ist die Ehe das einzige Mittel gegen Unmoral.

Aber weshalb kann jemand diese Kenntnisse und Kräfte nicht erwerben und gleichzeitig ein Eheleben führen?

Ich kann hier keine physiologischen Fragen erörtern, aber ich kann Ihnen eine einleuchtende und, wie ich glaube, hinreichende Antwort geben, die Ihnen die moralischen Gründe erklärt, die wir dafür haben. Kann ein Mensch zwei Herren dienen? Nein! Dann ist es für ihn auch ebenso unmöglich, seine Aufmerksamkeit zwischen der Esoterik und einem Ehepartner zu teilen. Wenn er es dennoch versucht, dann wird er sicherlich darin versagen, es beiden Richtungen recht zu machen. Darf ich Sie daran erinnern: Die praktische Esoterik ist ein viel zu ernstes und gefährliches Studium, als dass es jemand aufnehmen könnte, dem es damit nicht vollkommen ernst und der nicht bereit ist, *alles, vor allem aber sich selbst zu opfern*, um sein Ziel zu erreichen. Das bezieht sich aber nicht auf die Mitglieder unserer Inneren Gruppe. Ich meine damit nur jene, die entschlossen sind, den Pfad der Schülerschaft zu beschreiten, der zum höchsten Ziel führt. Die meisten, wenn nicht alle, die sich unserer Inneren Gruppe angeschlossen haben, sind lediglich Anfänger, die sich in diesem Leben nur darauf vorbereiten, den Pfad in kommenden Leben wirklich zu beschreiten.

Theosophie und Erziehung

Eines Ihrer stärksten Argumente für die Unzulänglichkeit der gegenwärtigen Religionsformen im Westen und bis zu einem gewissen Grad auch jetzt der so populären materialistischen Philosophie, die Sie für trostlos zu halten scheinen, ist das große Elend, das besonders in unseren großen Städten existiert. Aber Sie müssen doch anerkennen, wie viel schon getan wurde und weiter getan wird, um diesen Zustand durch Hebung der allgemeinen Bildung und durch Verbreitung von Wissen zu verbessern.

Die künftigen Generationen werden Ihnen für eine solche »Verbreitung von Wissen« kaum danken, und Ihre gegenwärtigen Bildungsmethoden werden den armen hungernden Massen kaum viel Gutes bringen.

Oh, aber Sie müssen uns Zeit geben, es ist ja erst einige wenige Jahre her, seit wir begonnen haben, an der Bildung des Volkes zu arbeiten.

Und was, bitte, hat dann Ihre christliche Religion überhaupt seit dem 15. Jahrhundert getan, da Sie selbst zugeben, dass die Bildung der Massen vor der gegenwärtigen Zeit gar nicht versucht worden ist? Das ist aber doch gerade die Arbeit, welche eine christliche, also eine Christus folgende Kirche und ein solches Volk durchführen müsste.

Gut, sie mögen recht haben.

Betrachten wir doch diese Frage der Bildung von einem umfassenden Standpunkt. Ich werde Ihnen beweisen, dass Sie keinen Nutzen, sondern nur Schaden stiften mit vielen Ihrer gerühmten Verbesserungen. Die Schulen für die ärmeren Kinder sind zwar durchaus nicht so nützlich, wie sie sein sollten, aber sie sind sicherlich gut im Vergleich zu der schlechten Umgebung, in der zu leben sie durch ihre moderne Gesellschaft verurteilt sind. Aber das Einprägen von nur ein wenig praktischer Theosophie würde den armen leidenden Massen in ihrem Leben hundertmal mehr helfen als das Einprägen (nutzlosen) Wissens.

Aber wirklich –

Bitte, lassen Sie mich zu Ende sprechen. Sie haben ein Thema angeschnitten, das uns Theosophen tief berührt, und ich muss darüber sagen können, was ich zu sagen habe. Ich gebe durchaus zu, dass es für ein kleines Kind, welches in den Slums aufwächst und die Gosse als Spielplatz hat, das inmitten ständiger Gemeinheit von Worten und Handlungen lebt, von großem Vorteil ist, wenn es jeden Tag in einem hellen, reinen Schulzimmer sitzt, in dem

Bilder hängen und das oft mit Blumen geschmückt ist. Dort wird es gelehrt, rein, freundlich und ordentlich zu sein; dort lernt es zu singen und zu spielen, es hat Spielzeug, mit dem seine Intelligenz geweckt wird, es lernt seine Finger geschickt zu gebrauchen, man spricht mit einem Lächeln mit ihm anstatt mit einem Stirnrunzeln, es wird sanft und mit Güte zurechtgewiesen anstatt mit Flüchen. Alles dies macht die Kinder menschlicher. Es weckt ihr Denken und macht sie empfänglicher für intellektuelle und moralische Einflüsse. Die Schulen sind nicht das, was sie sein könnten und sein sollten, aber verglichen mit dem Zuhause der Kinder sind sie ein Paradies, und allmählich wirken sie auf dieses Zuhause zurück. Obwohl dies bei vielen öffentlichen Schulen zutrifft, verdient Ihr System an sich dennoch ein vernichtendes Urteil.

Mag sein, doch fahren Sie fort.

Was ist das wirkliche Ziel der modernen Erziehung? Ist es, den Verstand in die richtige Richtung zu entwickeln und zu kultivieren; die Enterbten und Unglücklichen zu lehren, die Bürde des Lebens (die ihnen vom Karma zugemessen ist) standhaft zu tragen, ihren Willen zu stärken, ihnen Nächstenliebe und das Gefühl wechselseitiger Abhängigkeit und Brüderlichkeit einzuprägen und so ihren Charakter für das praktische Leben zu schulen und zu bilden? Nicht im Mindesten. Und dennoch sind dies die Ziele jeder wahren Erziehung. Niemand leugnet dies; alle Ihre Pädagogen geben es zu und sprechen über diese Dinge große Worte; aber was ist das praktische Ergebnis ihrer Tätigkeit? Jeder Knabe, jeder junge Mann, ja sogar jeder Lehrer der jüngeren Generation wird antworten: »Das Ziel der modernen Erziehung ist es, Prüfungen zu bestehen.« Es ist ein System, das nicht den rechten Wetteifer entwickelt, sondern in den jungen Menschen Eifersucht, Neid, ja nahezu Hass gegeneinander erzeugt und sie so für ein Leben wilder Selbstsucht schult, für den Kampf um Ehren und Gehälter anstatt für freundliche Gefühle.

Ich muss zugeben, dass Sie darin recht haben.

Und was sind diese Prüfungen, der Schrecken der modernen Jugend? Sie sind lediglich eine Methode der Klassifizierung, durch die die Ergebnisse des Schulunterrichts in Tabellen eingetragen werden. Mit anderen Worten, sie sind die praktische Anwendung der modernen naturwissenschaftlichen Methode auf die Gattung Mensch, gemäß der Verstandestätigkeit. Nun lehrt die »Naturwissenschaft«, dass der Intellekt das Ergebnis der mechanischen Wechselwirkung der Gehirnzellen ist; darum ist es nur logisch, wenn die moderne Erziehung nahezu gänzlich mechanisch ist, eine Art automatischer Maschine zur tonnenweisen Herstellung von Intellekt. Schon eine geringe Erfahrung mit Prüfungen genügt, um zu zeigen, dass die erreichte Bildung nur eine Schulung des physischen Gedächtnisses ist; und früher oder später werden alle Ihre Schulen auf dieses Niveau herabsinken. Eine wirklich gesunde Kultivierung der Kraft des Denkens und Urteilens ist unmöglich, da alles nur nach den Resultaten der Prüfungskonkurrenz bewertet wird. Die Erziehung in der Schule ist jedoch von größter Wichtigkeit für die Charakterbildung, besonders für die moralische Orientierung. Aber da ist Ihr modernes System von Anfang bis Ende auf die sogenannte naturwissenschaftliche Offenbarung gegründet: »Den Kampf ums Dasein« und das »Überleben des Tauglichsten«. Bereits während seines frühen Lebens wird dies dem Menschen durch praktische Beispiele und Erfahrungen sowie durch unmittelbare Belehrungen eingetrichtert, bis es unmöglich ist, aus seinem Verstand die Vorstellung zu tilgen, dass das »Ich«, das niedrige, persönliche, tierhafte Selbst, Sinn und Zweck des ganzen Lebens ist. Hier haben Sie die große Quelle allen nachfolgenden Leidens, Verbrechens und herzloser Selbstsucht, deren Existenz Sie ja ebenso zugeben wie ich. Der Egoismus ist, wie ich schon wiederholt sagte, der Fluch der Menschheit und der fruchtbare Boden aller Übel und Verbrechen in diesem Leben. Und Ihre Schulen sind die Treibhäuser solcher Selbstsucht.

Das mag im Allgemeinen richtig sein. Ich möchte aber einige Tatsachen hören und erfahren, wie dem abgeholfen werden soll.

Gut, ich werde versuchen, Sie zufriedenzustellen. Es gibt drei große Gruppen von Schuleinrichtungen: Öffentliche Grundschulen, Mittelschulen und Privatschulen. Dies ist die gesamte Skala von Schulen, angefangen von den äußerst kommerziellen, bis hin zu den idealistisch-klassischen Richtungen, mit all ihren Abstufungen und Kombinationen. Die praktisch-kommerziellen fördern die moderne Seite, die alten und klassischen spiegeln ihre Altehrwürdigkeit wider, soweit es das Schüler-Lehrer-Verhältnis betrifft. Wir können deutlich sehen, wie die wissenschaftlichen, materiell-kommerziellen die verbrauchten orthodoxen und klassischen verdrängen. Der Grund dafür liegt nahe. Die Ziele dieses Zweiges der Erziehung sind: Pfunde, Shillinge und Pennies, das *summum bonum* des 19. Jahrhunderts. So ist alle Energie, die innerhalb der Gehirnmoleküle der Anhänger dieses Systems erzeugt wird, lediglich auf den einen Punkt gerichtet und bildet in gewisser Weise ein organisiertes Heer gelehrter, spekulativer Intellektueller, eine Minderheit von Menschen, die erzogen ist, die Masse von unwissenden, ungebildeten Menschen zu beherrschen und auszubeuten. Das aber ist nicht nur eine *untheosophische*, sondern auch eine durchaus *unchristliche* Erziehung. Das unmittelbare Ergebnis dieser Erziehung ist eine Überflutung des Marktes mit geldmachenden Maschinen, mit herzlosen, egoistischen Menschen, die sehr sorgfältig dazu erzogen wurden, ihre Mitmenschen zu übervorteilen und aus der Unwissenheit ihrer schwächeren Brüder Nutzen zu ziehen.

Aber das kann doch von unseren großen öffentlichen Schulen sicher nicht behauptet werden.

Nicht ganz, das ist richtig. Aber obgleich die *Form* verschieden ist, der sie beherrschende Geist ist überall derselbe, *untheosophisch* und *unchristlich*, ob nun Eton und Harrow Wissenschaftler oder Theologen hervorbringen.

Aber Sie wollen Eton und Harrow wohl nicht als »kommerziell« bezeichnen?

Nein. Natürlich ist das klassische System vor allen anderen Dingen ehrenwert, und es bringt in der Gegenwart manches Gute hervor. Es ist sicherlich noch immer der Favorit unserer höheren öffentlichen Schulen, wo man nicht nur eine intellektuelle, sondern auch eine soziale Erziehung erlangen kann. Es ist daher wichtig, dass die unbegabten Knaben der aristokratischen und wohlhabenden Eltern in solche Schulen gehen, wo sie mit den anderen jungen Leuten der reichen Klassen zusammenkommen. Aber unglücklicherweise gibt es da schon bei der Aufnahme viel Konkurrenz, denn die wohlhabenden Schichten sind im Wachsen, und die armen, aber begabten Knaben versuchen durch die reichen Stiftungen in öffentliche Schulen zu gelangen und von da zu den Universitäten.

Entsprechend dieser Anschauung müssten die reicheren »Tröpfe« mehr arbeiten als ihre ärmeren Kameraden?

So ist es. Aber so seltsam es klingt, die Bekenner des Kultus vom »Überleben der Tauglichsten« setzen ihren Glauben nicht in die Praxis um, denn all ihr Streben läuft darauf hinaus, zu bewirken, dass der von Natur aus Untaugliche den Tauglichen verdrängt. So bringen sie durch Bestechungsgelder die besten Lehrer dazu, sich von ihren begabten Zöglingen abzuwenden und die von Natur aus Untauglichen in Berufe hinein zu manipulieren, die sie dann nutzlos überfüllen.

Und welchem Umstand ist dies zuzuschreiben?

Es kommt von der Verderblichkeit eines Systems, das keine Rücksicht nimmt auf die natürlichen Anlagen und Fähigkeiten der Jugend. Der arme kleine Kandidat für dieses fortschrittliche Paradies des Lernens kommt fast unmittelbar aus der Kinderstube in die Tretmühle einer Vorbereitungsschule für Herrensöhne. Die

Werkleute der materiell intellektuellen Fabrik ergreifen ihn sofort und stopfen ihn voll mit lateinischer, griechischer, französischer Formenlehre, mit Daten und Zahlen, so dass seine natürlichen Fähigkeiten auf schnellstem Wege durch das, was Carlyle so treffend »tote Vokabeln« nennt, beiseite gedrängt werden.

Aber sicherlich werden ihm außer »toten Vokabeln« noch andere Dinge gelehrt, und vieles davon mag ihn zur Theosophie oder sogar zur Theosophischen Gesellschaft führen.

Nicht viel. Im Geschichtsunterricht wird er nur jene Kenntnisse über seine eigene Nation erwerben, die geeignet sind, ihn mit einem Panzer von Vorurteilen gegen alle anderen Völker auszustatten und Nationalhass und Blutsfeindschaft zu nähren. Das würden Sie doch sicher nicht *Theosophie* nennen?

Wie lauten Ihre weiteren Einwände?

Dazu kommt noch eine oberflächliche Kenntnis sogenannter biblischer Tatsachen, durch deren Studium jeder Intellekt vernichtet wird. Es sind nur Gedächtnisübungen, das »Warum« der Lehrer ist das »Warum« der Umstände und nicht der Vernunft.

Ich habe aber gehört, dass Sie mit Befriedigung festgestellt haben, dass die Zahl der Agnostiker und Atheisten in unseren Tagen gewachsen ist; es scheint also, dass Menschen, die in dem von Ihnen so geschmähten System geschult werden, doch gelernt haben, selbst zu denken und zu urteilen.

Ja, aber das ist eher die Folge einer gesunden Reaktion auf dieses System als ein Ergebnis des Systems selbst. Wir ziehen in unserer Gesellschaft Agnostiker, selbst entschiedene Atheisten, frömmelnden fanatischen Anhängern jedweder Religion bei weitem vor. Der Geist eines Agnostikers ist immer der Wahrheit geöffnet; einen Frömmler aber blendet die Wahrheit wie die Sonne eine Eule. Unsere besten, das heißt, die wahrheitsliebendsten, philanthropischsten und ernsthaftesten Mitglieder waren und sind Agnostiker und Atheisten (das heißt, sie glauben nicht an einen *persönlichen* Gott). Aber es gibt keine *frei*denkenden Jungen und Mädchen, und im Allgemeinen wird die Schulung, die sie in ihren jungen Jahren erhalten haben, ihren Stempel in Form eines verkrampften und verdrehten Denkens hinterlassen. Ein richtiges und gesundes Erziehungssystem sollte ein kraftvolles, liberales Denken hervorbringen, einen Verstand, der streng in logischem und genauem Denken und nicht in blindem Glauben geschult ist. Wie können Sie jemals erwarten, gute Ergebnisse zu erzielen, wenn Sie die Urteilsfähigkeit unserer Kinder dadurch verderben, dass Sie ihnen am Sonntag gebieten, an die Wunder der Bibel zu glauben, während Sie sie die übrigen sechs Tage der Woche lehren, dass solche Dinge wissenschaftlich unmöglich sind?

Was würden Sie also tun?

Wenn wir das Geld dazu hätten, würden wir Schulen gründen, die etwas anderes hervorbringen als lesende und schreibende Kandidaten für das Verhungern. Den Kindern sollte in erster Linie Selbstvertrauen, Liebe zu allen Menschen, Altruismus und gegenseitige Nächstenliebe anerzogen werden, vor allem aber, selbst zu denken und zu urteilen. Wir würden die rein mechanische Gedächtnisarbeit auf ein absolutes Minimum reduzieren und die Zeit der Entwicklung und Schulung der inneren Sinnesorgane und Fähigkeiten sowie der schlummernden Eigenschaften widmen. Wir würden uns bemühen, jedes Kind individuell zu behandeln und es so zu erziehen, dass seine Kräfte möglichst gleich und harmonisch entfaltet werden, damit sich seine besonderen Neigungen voll und natürlich entwickeln können. Wir würden bestrebt sein, *freie* Männer und Frauen zu schaffen, die intellektuell und moralisch frei und vorurteilslos in jeder Richtung, vor allem aber *selbstlos* sind. Wir glauben zudem, dass vieles, wenn nicht alles, durch eine richtige, *wahrhaft theosophische* Erziehung erreicht werden könnte.

Warum bestehen so viele Vorurteile gegen die Theosophische Gesellschaft?

Wenn die Theosophie auch nur die Hälfte von dem wäre, was Sie sagen, warum wird sie dann so heftig abgelehnt? Das ist doch ein größeres Problem als alles andere.

Das ist es. Sie müssen bedenken, wie viele mächtige Widersacher wir uns seit der Gründung der Gesellschaft zugezogen haben. Wenn die theosophische Bewegung nur eine der zahlreichen modernen Verrücktheiten wäre, ebenso harmlos wie kurzlebig, dann würde sie lediglich verlacht werden – wie dies auch heute noch seitens jener geschieht, die ihren wirklichen Sinn nicht verstehen – und man würde sie einfach in Ruhe lassen. Aber nichts dergleichen. In Wirklichkeit ist die Theosophie die bedeutendste Bewegung unserer Zeit und darüber hinaus eine Bewegung, welche die meisten altehrwürdigen Täuschungen, Vorurteile und sozialen Übel unserer Zeit an ihrem Lebensnerv bedroht. Jene Übel, welche die oberen Zehntausend und ihre Nachahmer und Verleumder, die wohlhabende Schicht der Mittelklasse, fett und glücklich machen, während sie die Existenz von Millionen Armen untergraben und diese verhungern lassen. Bedenken Sie dies, und Sie werden leicht den Grund der rücksichtslosen Verfolgung durch jene verstehen, die, aufmerksamer und scharfsinniger als andere, das wahre Wesen der Theosophie erkennen und es darum fürchten.

Wollen Sie damit sagen, dass einige Wenige, die verstanden haben, wohin die Theosophie führt, darum versuchen, die Bewegung zu zerschlagen? Aber wenn die Theosophie nur zum Guten führt, dann können Sie doch nicht ernstlich eine so furchtbare Anklage hinterlistiger, verräterischer Herzlosigkeit gegen diese Wenigen erheben?

Eben dies tue ich. Jene Feinde, mit denen wir während der ersten zehn Jahre der Existenz unserer Gesellschaft zu kämpfen hatten, möchte ich weder als mächtig noch als »gefährlich« bezeichnen; wohl aber jene, die sich in den letzten drei, vier Jahren gegen uns erhoben haben. Diese aber sprechen weder, noch schreiben oder predigen sie gegen die Theosophie, sie arbeiten in der Stille und hinter dem Rücken der für sie tätigen törichten sichtbaren Marionetten. Wenn sie aber auch den meisten Mitgliedern unserer Gesellschaft unsichtbar sind, so sind sie doch den wahren »Gründern« und Schützern unserer Gesellschaft wohl bekannt. Aber aus bestimmten Gründen können sie derzeit nicht genannt werden.

Sind sie vielen bekannt oder nur Ihnen allein?

Ich habe nie gesagt, dass *ich* sie kenne. Ich mag sie kennen oder auch nicht – ich weiß von ihnen, und das genügt, und ich *traue ihnen das Schlimmste zu*. Sie können grässliches Unheil stiften und Verwirrung in unsere Reihen bringen, besonders unter den Kleinmütigen und unter denen, die nur nach der äußeren Erscheinung urteilen können. *Aber sie werden die Gesellschaft nicht zerstören, was immer sie auch tun mögen.* Abgesehen von diesen wirklich gefährlichen Feinden – »gefährlich« nur für jene Theosophen, die diesen Namen nicht wert sind und deren Platz eher außerhalb als in der Gesellschaft ist – ist die Zahl unserer Gegner auch sonst sehr beträchtlich.

Können Sie wenigstens diese Gegner aufzählen, wenn Sie schon nicht von den anderen sprechen wollen?

Selbstverständlich. Wir müssen 1. gegen den Hass der amerikanischen, englischen und französischen Spiritisten kämpfen, 2. gegen die ständige Gegnerschaft des Klerus aller Konfessionen und 3. gegen den mitleidslosen Hass und die Verfolgung seitens der Missionare in Indien. Dieser letztere führte zu dem bekannten und berüchtigten Angriff der *Society for Psychical Research* gegen unsere Theosophische Gesellschaft, ein Angriff, der durch eine von den Missionaren in Indien organisierte regelrechte Verschwörung herbeigeführt wurde; und zuletzt müssen wir noch die Schädigung durch bekannte Mitglieder einbeziehen, deren Gründe ich bereits erklärt habe. Alle haben sie ihren Beitrag geleistet, die Vorurteile gegen uns zu vermehren.

Können Sie mir genauere Details darüber geben, damit ich weiß, was ich zu antworten habe, wenn ich danach gefragt werde. Eine kurze Geschichte der Gesellschaft und warum die Welt all das glaubt?

Der Grund ist ganz einfach. Die meisten Außenstehenden wussten überhaupt nichts von der Gesellschaft, ihren Beweggründen, ihren Zielen und ihrer Anschauung. Von Anfang an hat die Welt in der Theosophie nichts anderes gesehen als erstaunliche Phänomene, an welche zwei Drittel der Nicht-Spiritualisten nicht glauben. Bald schon wurde die Gesellschaft als eine Körperschaft betrachtet, welche den Besitz von »Wunderkräften« vorgab. Die Welt hat aber nicht begriffen, dass gerade diese Theosophische Gesellschaft den absoluten Unglauben an *Wunder* oder an die Möglichkeit solcher gelehrt hat. In der Gesellschaft gab es nur wenige Leute, die solche psychischen Fähigkeiten besaßen, und ebenso wenige, die sich dafür interessierten. Auch hat die Welt nicht begriffen, dass diese Phänomene niemals in der Öffentlichkeit produziert wurden, sondern nur im privaten Kreis unter Freunden, als eine Art Hilfsmittel, um zu beweisen, dass solche Dinge ohne dunkle Räume, Geister und Medien hervorgebracht werden können. Leider wurde dieses Missverständnis durch das erste Buch über dieses Thema, A.P. Sinnetts *The Occult World*, verstärkt. Wenn dieses Buch auch viel dazu beigetragen hat, die Gesellschaft bekannt zu machen, so hat es doch seine unglücklichen Hauptpersonen noch mehr in Verruf gebracht, zum Gespött gemacht und von ihnen ein falsches Bild vermittelt. Der Autor wurde ausdrücklich davor gewarnt, aber er schenkte der angedeuteten *Prophezeiung* keine Beachtung.

Weshalb und seit wann können die Spiritisten Sie nicht ausstehen?

Seit dem ersten Tage des Bestehens der Gesellschaft. Sobald bekannt wurde, dass die Theosophische Gesellschaft als Körperschaft nicht an eine Verbindung mit den Geistern der Toten glaubt, sondern die sogenannten »Geister« zum größten Teil als die astralen Spiegelbilder der entkörperten Persönlichkeiten, als Schalen und dergleichen betrachtet, fassten die Spiritisten eine heftigen Hass gegen uns und besonders gegen die Gründer der Gesellschaft. Dieser Hass fand seinen Ausdruck in allen amerikanischen spiritistischen Organen in jeder Form von Verleumdung, schonungslosen persönlichen Bemerkungen und absurden Fehldarstellungen der theosophischen Lehren. Jahrelang wurden wir verfolgt, öffentlich angeprangert und beschimpft. Es begann im Jahre 1875 und setzt sich bis zum heutigen Tage fort. Im Jahre 1879 wurde der Hauptsitz der Theosophischen Gesellschaft von New York nach Bombay verlegt und dann endgültig nach Madras*. Als der erste Zweig unserer Gesellschaft, die Britische Theosophische Gesellschaft in London, gegründet wurde, traten die englischen Spiritisten, genau wie es die amerikanischen Spiritisten getan hatten, aggressiv gegen uns auf, gefolgt von den französischen.

Aber warum sollte Ihnen der Klerus feindlich gesonnen sein, da doch die theosophischen Lehren dem Materialismus, dem großen Feind jeglicher Religionsform in unseren Tagen, entgegengesetzt sind?

Der Klerus ist unser Feind nach dem allgemeinen Grundsatz: »Wer nicht für mich ist, der ist gegen mich.« Da Theosophie mit keiner einzelnen Sekte und keinem einzelnen Glaubensbekenntnis übereinstimmt, wird sie von allen gleichermaßen als Feind betrachtet, denn sie lehrt, dass sie alle mehr oder weniger im Irrtum sind. Die Missionare in Indien hassten uns und versuchten uns zu vernichten, weil sie sahen, dass die Blüte der gebildeten indischen Jugend und die Brahmanen, die ihnen nahezu unzugänglich waren,

* (heute Mumbai, d.Vlg.)

sich der Gesellschaft in großer Zahl anschlossen. Abgesehen von diesem allgemeinen Klassenhass finden sich doch in den Reihen der Theosophischen Gesellschaft mehrere Priester und sogar zwei Bischöfe.

Und was führte die Society for Psychical Research *in die Reihen Ihrer Gegner? Sie verfolgte doch in mancher Beziehung die gleiche Studienrichtung, und verschiedene Forscher der S.P.R. gehörten zu Ihrer Gesellschaft.*

Anfangs standen wir mit den Leitern der S.P.R. in guter Freundschaft. Aber als im *Christian College Magazine* der Angriff auf die Phänomene erschien, gestützt auf die falschen Enthüllungen des Hauspersonals, fand die S.P.R., sie habe sich dadurch kompromittiert, dass sie zu viele Phänomene, die im Zusammenhang mit der Theosophischen Gesellschaft stattgefunden hatten, in ihren Berichten veröffentlichte. Es war ihr Ehrgeiz, sich als eine *maßgebende, streng wissenschaftliche* Körperschaft darzustellen; und so hatten sie, um diese Stellung zu wahren, keine andere Wahl, als entweder die Theosophische Gesellschaft über Bord zu werfen und sogar zu versuchen, sie zu vernichten, oder aber in der Meinung der Sadduzäer der großen Welt mit den »leichtgläubigen« Theosophen und Spiritisten in einen Topf geworfen zu werden. Sie hatten keinen anderen Ausweg und zogen es vor, uns über Bord zu werfen. Es war für sie eine Angelegenheit bitterer Notwendigkeit. Sie standen derartig unter Druck, vernünftige Beweggründe für das aufopfernde Leben und die unaufhörliche Arbeit der zwei Gründer und für das Fehlen jeglicher finanzieller Vorteile zu finden, dass sie gezwungen waren, zu der absurden und lächerlichen Theorie der »russischen Spione« zu greifen. Aber der alte Spruch: »Das Blut der Märtyrer ist der Same der Kirche«, hat sich wieder einmal als richtig erwiesen. Nach dem ersten Schock dieser Angriffe verdoppelte und verdreifachte sich die Mitgliederzahl der Theosophischen Gesellschaft, aber der entstandene schlechte Eindruck bleibt bestehen. Ein französischer Autor hatte recht, als er sagte: »Calomniez, calomniez toujours et encore, ii en restera toujours quelque chose«. (Verleumdet nur immer wieder, etwas bleibt schon hängen). Deshalb sind unwahre Vorurteile im Umlauf, und alles, was mit der Theosophischen Gesellschaft in Verbindung gebracht wird, insbesondere mit ihren Gründern, ist derartig verzerrt, weil es ausschließlich auf bösartigem Gerede beruht.

Aber haben Sie in den vierzehn Jahren des Bestehens der Gesellschaft nicht genügend Zeit und Gelegenheit gehabt, sich und ihre Arbeit in ihrem wahren Licht zu zeigen?

Wie oder wann wurde uns eine solche Gelegenheit geboten? Unsere prominentesten Mitglieder hatten eine Abneigung gegen alles, was wie eine öffentliche Rechtfertigung aussah. Ihre Taktik war immer: »Wir müssen es durchstehen. Was liegt daran, was die Zeitungen schreiben oder die Menschen denken?« Die Gesellschaft war zu arm, um öffentliche Redner auszusenden, und deshalb war die Darstellung unserer Ansichten und Lehren auf einige wenige theosophische Bücher beschränkt, die erfolgreich waren, die aber von den Leuten oft missverstanden wurden oder die sie nur vom Hörensagen kannten. Unsere Zeitschriften wurden und werden noch boykottiert, unsere literarischen Werke ignoriert. Und bis zum heutigen Tage scheint noch niemand so recht sicher zu sein, ob die Theosophen eine Art von Schlangen- und Teufelsanbetern sind oder einfach »esoterische Buddhisten«, was immer das bedeuten mag. Es war nutzlos für uns, immer wieder, Tag für Tag und Jahr für Jahr, alle Arten unbegreiflichen Unsinns über uns zu widerlegen; denn kaum hatten wir eine abgetan, war schon wieder eine neue, noch absurdere und noch böswilligere Geschichte aus der Asche der vorhergehenden geboren. Unglücklicherweise ist die menschliche Natur so beschaffen, dass alles Gute, was man über jemanden sagt, sofort vergessen und nie wiederholt wird. Aber man braucht nur eine Verleumdung zu äußern oder eine Geschichte zu erfinden, gleichgültig wie absurd, falsch oder unglaubwürdig sie sein mag, wenn sie nur mit irgendeiner unpopulären Persönlichkeit verbunden ist, dann ist sie sogleich erfolgreich und wird als historische Tatsache angenommen. Wie in *Don Basilios* Verleumdung (Rossinis Oper »Der Barbier von Sevilla«) kommt das Gerücht auf, zuerst als eine leichte, sanfte Brise, kaum das Gras unter den Füßen bewegend, und dann, keiner weiß wann, erhebt es sich und verwandelt sich innerhalb kürzester Zeit in einen starken Wind und geht in einen heulenden Sturm über. Eine Verleumdung in den Nachrichten ist wie eine Krake unter Fischen. Sie saugt sich in unser Gehirn, heftet sich an unser Gedächtnis und hinterlässt unauslöschliche Spuren; selbst dann noch, wenn sich die Verleumdung äußerlich bereits zerschlagen hat. Eine verleumderische Lüge ist der Hauptschlüssel, der jedes Gehirn öffnen wird. Es wird willkommen geheißen und findet Aufnahme in jedem menschlichen Gemüt, dem höchsten wie dem niedersten, wenn es nur ein wenig voreingenommen ist, ganz gleich, von welchem niedrigen Ort und Motiv es ausgegangen ist.

Glauben Sie nicht, dass Ihre Behauptung etwas zu allgemein ist? Ein Engländer ist nicht so schnell bereit zu glauben, was er hört. Unsere Nation ist sprichwörtlich bekannt für ihr »Fair Play«. Eine Lüge hat zu kurze Beine, um darauf lange stehen zu können.

Der Engländer ist genauso bereit, übler Nachrede Glauben zu schenken, wie ein Mensch jeder anderen Nation, denn das ist eine Eigenschaft der menschlichen Natur und nicht die einer Nation. Wenn Lügen schon keine Beine haben, auf denen sie stehen können, so haben sie außerordentlich schnelle Flügel, und sie fliegen weiter als jede andere Nachricht, in England ebenso wie anderswo. Lügen und Verleumdungen sind das Einzige, was es gratis und ohne Abonnement gibt. Wenn Sie wollen, können wir einen Versuch machen. Stellen Sie mir, die Sie so interessiert sind an theosophischen Themen und so viel über uns gehört haben, über die Gerüchte und das Gerede so viele Fragen, wie Ihnen einfallen. Ich werde Ihnen die Wahrheit sagen und nur die Wahrheit, die der strengsten Überprüfung standhält.

Bevor wir das Thema wechseln, wollen wir die ganze Wahrheit hören. Einige Autoren haben Ihre Lehren als unmoralisch und gefährlich bezeichnet. Andere sagen, dass sogenannte »Autoritäten« und Orientalisten in den indischen Religionen nichts anderes sehen als vielfältige Formen sexueller Kulte. Sie werden von diesen beschuldigt, auch nichts anderes als Phallus-Verehrung zu lehren. Sie sagen, dass die moderne Theosophie eng mit dem östlichen Gedankengut, ganz besonders dem indischen, verbunden ist und deshalb nicht frei von diesem Makel sein kann. Gelegentlich gehen sie sogar so weit, die europäischen Theosophen zu beschuldigen, diesen Kult neu zu beleben.

Ich habe davon gelesen und gehört. Ich sage Ihnen aber, dass keine bodenlosere Verleumdung je in Umlauf gebracht wurde. »Dumme Menschen können nur dumme Träume haben«, sagt ein russisches Sprichwort. Solch schmutzige Anschuldigungen, die auf falschen Schlussfolgerungen beruhen, denen jegliche Grundlage fehlt, bringen das Blut zum Kochen. Fragen Sie die Hunderte von ehrenhaften und langjährigen englischen Mitgliedern der Theosophischen Gesellschaft, ob ihnen unmoralische oder gefährliche Lehren beigebracht wurden. Öffnen Sie die *Geheimlehre*, und Sie werden Seite für Seite sehen, dass viele Nationen wegen des Ausübens von phallischen Riten angeprangert werden, die das Ergebnis ihrer buchstabengetreuen Auslegung der Natursymbole und der groben materialistischen Vorstellungen ihres Dualismus in allen exoterischen Glaubensformen sind. Diese nie endende und gehässige Auslegung unserer Lehren ist wirklich eine Schande.

Aber Sie können die Existenz des phallischen Elements in den Religionen des Ostens nicht bestreiten?

Das leugne ich auch nicht. Ich behaupte nur, dass dies nicht mehr beweist, als es dessen Vorhandensein im Christentum tut, der Religion des Westens. Lesen Sie Hargrave Jennings *Die Rosenkreuzer*, wenn Sie sich davon überzeugen wollen. Im Osten ist die phallische Symbologie vielleicht ungeschminkter, weil sie natürlicher ist oder naiver und ehrlicher als im Westen. Aber deshalb ist sie nicht ausschweifender und sie vermittelt dem östlichen Verstand nicht dieselben groben und rohen Vorstellungen wie dem westlichen. Es mag ein oder zwei Ausnahmen geben, so zum Beispiel die schändliche *Maharaja*- oder *Vallabhacharya*-Sekte.

Ein Schreiber im Agnostic Journal, *einer Ihrer Anschuldiger, hat darauf hingewiesen, dass die Anhänger dieser schamlosen Sekte Theosophen seien und für sich »wahre theosophische Einsichten beanspruchen«.*

Er schrieb eine Unwahrheit – und das ist alles. Kein einziges Mitglied dieser Vallabhacharya-Sekte befindet sich in unserer Gesellschaft. Was ihren Anspruch auf theosophische Einsichten betrifft, so ist dies ein weiterer Unsinn, der auf krasser Unkenntnis in Bezug auf indische Sekten beruht. Ihr »Maharaja« beansprucht lediglich das Geld, die Frauen und Töchter seiner törichten Anhänger und nicht mehr. Diese Sekte wird von allen Hindus verachtet.

Sie finden das gesamte Thema in der *Geheimlehre* ausführlich beschrieben, und sie werden darin detaillierte Erklärungen finden. Um zum Schluss zu kommen, die Theosophie ist gegen jeglichen Phallus-Kult, in ihrer Esoterischen Abteilung ebenso wie in ihren exoterischen Lehren. Niemals wurde eine verlogenere Äußerung gemacht als die oben erwähnte. Nun, stellen Sie einige andere Fragen.

Einverstanden.

Ist die Theosophische Gesellschaft ein auf Gewinn ausgerichtetes Unternehmen?

Haben die Gründer, H. S. Olcott oder H. P. Blavatsky, jemals Geld, Gewinn oder weltliche Vorteile aus der Theosophischen Gesellschaft gezogen, wie dies einige Zeitungen sagen?

Nicht einen Penny, die Zeitungen lügen. Ganz im Gegenteil, beide haben sie alles gegeben, was sie besaßen, und haben sich buchstäblich an den Bettelstab gebracht. Was die »weltlichen Vorteile« betrifft, denken Sie an die Verleumdungen und Herabsetzungen, und dann stellen Sie diese Frage!

In einigen Missionszeitschriften habe ich gelesen, dass die Aufnahmegebühren und Abonnementgebühren weit höher sind als die abzudeckenden Ausgaben, und es heißt, dass die Gründer im Jahr zwanzigtausend Pfund erwirtschaften.

Das ist Unsinn, wie vieles andere auch. In der im Januar 1889 veröffentlichten Finanzabrechnung finden sie eine genaue Auflistung aller Gelder, die seit 1879 erhalten wurden, einschließlich ihrer Quellen. Die Gesamtsumme aller Einkünfte (Aufnahmegebühren, Spenden usw.) während dieser zehn Jahre betrug knapp sechstausend Pfund, und davon wurde ein großer Anteil von den Gründern selbst aus dem Verkauf privaten Eigentums und aus ihren literarischen Arbeiten beigetragen. Dies wurde öffentlich und offen dargelegt, sogar von unseren Feinden, der Society of Psychical Research. Nun sind die beiden Gründer selbst ohne einen Penny. Die eine ist zu alt und krank, um zu arbeiten, wie sie es früher gewohnt war, und nicht mehr in der Lage, Zeit aufzubringen für zusätzliche literarische Arbeiten. Um der Gesellschaft mit Geldzuwendungen zu helfen, kann sie nur noch für die theosophische Sache schreiben. Der andere arbeitet für die Gesellschaft wie immer und erhält dafür nur wenig Dank.

Aber Sie brauchen doch sicher Geld zum Leben?

Überhaupt nicht. Solange sie Essen und Unterkunft haben, auch wenn sie es durch die Treue einiger Freunde erhalten, benötigen sie keines.

Aber könnte Madame Blavatsky besonders durch ihre schriftstellerische Tätigkeit nicht mehr als genug verdienen, um davon zu leben?

Während sie in Indien war, verdiente sie mit Artikeln für russische und andere Zeitungen mehrere tausend Rupien im Jahr. Aber diese Einnahmen gab sie alle der Gesellschaft.

Waren das politische Artikel?

Niemals. Alles, was sie während ihres siebenjährigen Aufenthalts in Indien geschrieben hat, wurde veröffentlicht. Die Artikel behandeln nur Religionen, Ethnologie, das Brauchtum Indiens und Theosophie, aber niemals Politik, von der sie nichts versteht und die sie nicht interessiert. Vor zwei Jahren lehnte sie einige Verträge ab, die insgesamt ungefähr 1200 Rubel monatlich eingebracht hätten, die sie aber nicht annehmen konnte, ohne ihre Arbeit für die Gesellschaft aufgeben zu müssen, die ihre ganze Zeit und Kraft benötigte. Sie hat Unterlagen, die das beweisen.

Aber warum haben sie und Oberst Olcott nicht das getan, was viele andere Theosophen machen, nämlich ihrem Beruf nachzugehen und in ihrer Freizeit für die Gesellschaft zu arbeiten?

Diente man zwei Meistern, dann hätte entweder der Beruf oder die philanthropische Arbeit gelitten. Jeder wahre Theosoph ist moralisch verpflichtet, das Persönliche dem Unpersönlichen zu opfern, seinen eigenen *gegenwärtigen* Nutzen dem zukünftigen *Wohl* anderer Menschen. Wenn die Gründer nicht ein Beispiel geben würden, wer täte es dann?

Gibt es viele, die diesem Beispiel folgen?

Ich bin verpflichtet, Ihnen die Wahrheit zu sagen: In Europa sind es ungefähr ein halbes Dutzend, und wir haben mehr als sechs Sektionen.

Dann ist es nicht wahr, dass die Theosophische Gesellschaft ein großes Vermögen oder eigene Stiftungen besitzt?

Es ist unrichtig, sie besitzt nichts dergleichen. Da jetzt die Aufnahmegebühr von £ 1 und der geringe Jahresbeitrag abgeschafft wurden, ist es kaum zweifelhaft, ob die Mitarbeiter am Hauptsitz in Indien nicht bald verhungern werden.

Warum keine Spendenaufrufe?

Wir sind nicht die Heilsarmee. Wir können und werden nicht betteln. Wir folgen auch nicht dem Beispiel der Kirchen und Sekten und machen keine Kollekten. Das, was für den Unterhalt der Gesellschaft gelegentlich gegeben wird, die kleinen Summen, die von treuen Mitgliedern beigetragen werden, sind alles freiwillige Spenden.

Aber ich hörte von großen Summen, die Frau Blavatsky gegeben wurden. Vor vier Jahren hieß es, dass sie £ 5000 von einem reichen jungen Mitglied erhalten habe, der nach Indien kam und der Gesellschaft beitrat, und von £ 10000 von einem anderen reichen, sehr bekannten Amerikaner, einem Ihrer Mitglieder, der vor Jahren in Europa verstarb.

Sagen sie jenen, die Ihnen so etwas erzählten, dass sie entweder selbst lügen oder eine grobe Lüge wiederholen. Madame Blavatsky hat seit der Gründung der Theosophischen Gesellschaft weder von diesen beiden Herren Geld erhalten oder darum gebeten, noch von irgendjemand anderem. Lassen sie irgendeinen Menschen versuchen, eine solche Verleumdung zu beweisen, und es wird einfacher sein zu beweisen, dass die Bank von England bankrott ist, als dass die Gründer jemals Geld durch die Theosophie erlangt hätten. Diese beiden Verleumdungen wurden von zwei hochgestellten Damen der Londoner Aristokratie aufgebracht, aber sofort widerlegt. Es sind also alte Geschichten, die wieder an die Oberfläche gezerrt wurden.

Dann wurde mir noch von großen Erbschaften der Theosophischen Gesellschaft erzählt. Einmal wurden ungefähr £ 8000 von einem exzentrischen Engländer hinterlassen, der nicht einmal der

Gesellschaft angehörte. Der andere Nachlass von etwa £ 3000 bis £ 4000 stammt von einem australischen Mitglied. Ist das richtig?

Vom ersten habe ich gehört. Ob rechtmäßig hinterlassen oder nicht, ich weiß, die Gesellschaft hat keinen Nutzen davon gehabt, auch wurden die Gründer offiziell nicht davon in Kenntnis gesetzt. Als unsere Gesellschaft noch keine eingetragene Körperschaft war und deshalb keine legale Existenz hatte, schenkte der Richter des Nachlassgerichtes solch einem Testament keine Beachtung und sprach die Summe den Erben zu. Soweit zum ersten. Was den zweiten betrifft, so ist es richtig. Der Erblasser war eines unserer treuen Mitglieder und vermachte alles, was er besaß, der Theosophischen Gesellschaft. Aber als Präsident Olcott in die ganze Angelegenheit Einblick bekam, stellte sich heraus, dass der Erblasser Kinder hatte, die er aus gewissen familiären Gründen enterbt hatte. Deshalb rief Olcott eine Ratsversammlung ein, in der beschlossen wurde, dass die Erbschaft abgelehnt werden und das Geld den rechtmäßigen Erben zukommen solle. Die Theosophische Gesellschaft würde ihrem Namen nicht gerecht, würde sie von Geldern profitieren, die anderen zustehen, zumindest nicht nach ihren theosophischen Prinzipien, wenn nicht rechtlich.

Was ich nun sage, betrifft Ihre eigene Zeitschrift The Theosophist. *Es wird ein Raja von Indien erwähnt, der der Gesellschaft 25000 Rupien spendete. Haben Sie ihm nicht im* Theosophist *vom Januar 1888 für diese großzügige Spende gedankt?*

Das haben wir, und zwar mit folgenden Worten: »Der Kongress übermittelt dem Maharaja seinen Dank für das *versprochene* großzügige Geschenk von 25000 Rupien für den Fonds der Gesellschaft.« Die Danksagung wurde ordnungsgemäß übermittelt, aber das Geld ist immer noch ein »Versprechen« und hat den Hauptsitz niemals erreicht.

Aber wenn es der Maharaja versprach und ihm dafür öffentlich und gedruckt gedankt wurde, dann wird er sich wohl auch an sein Versprechen halten?

Das mag sein, obgleich das Versprechen bereits achtzehn Monate alt ist. Ich spreche von der Gegenwart und nicht von der Zukunft.

Wie gedenken Sie weiterzumachen?

Solange die Theosophische Gesellschaft einige treue Mitglieder hat, die gewillt sind, ohne Dank und Lohn zu arbeiten, solange sie einige gute Theosophen mit gelegentlichen Spenden unterstützen, so lange wird sie bestehen können und nichts kann sie zerstören.

Ich habe von vielen Theosophen »von einer Macht, die hinter der Gesellschaft steht« gehört, von bestimmten »Mahatmas«, die auch in den Werken von A. P. Sinnett erwähnt werden. Es wird gesagt, dass sie die Gründer der Gesellschaft sind, über sie wachen und sie beschützen.

Sie mögen vielleicht lachen, aber es ist tatsächlich so.

Die Mitarbeiter der Gesellschaft

Diese Männer sind, so habe ich gehört, große Adepten, Alchemisten und was sonst noch. Wenn sie also Blei in Gold verwandeln und so viel Geld herstellen können, wie sie wollen, nebenbei noch alle Arten von Wundern vollbringen, wie in A.P. Sinnetts The Occult World *gesagt wird, warum beschaffen sie nicht die nötigen Gelder und unterstützen die Gründer und die Gesellschaft entsprechend?*

Weil sie keinen »Miracle Club« gegründet haben, und weil die Gesellschaft dazu bestimmt ist, den Menschen zu helfen, durch eigene Anstrengung und eigenen Verdienst die in ihnen latenten Kräfte zu entfalten. Was immer sie in Bezug auf Phänomene hervorbringen mögen oder nicht, sie sind auf keinen Fall Falschmünzer; außerdem würden sie keine zusätzlichen oder starken Versuchungen auf den Weg der Mitglieder und Kandidaten streuen. *Theosophie kann nicht gekauft werden.* In den vergangenen vierzehn Jahren hat kein Mitarbeiter jemals Bezahlung oder ein Gehalt erhalten, weder von den Meistern noch von der Gesellschaft.

Dann wird keiner Ihrer Mitarbeiter bezahlt?

Bis jetzt nicht. Aber da jeder essen, trinken und sich kleiden muss, werden diejenigen, die ohne Einkünfte sind und ihre gesamte Zeit der Arbeit der Gesellschaft widmen, mit dem Lebensnotwendigen am Hauptsitz in Madras versorgt, obgleich dieses Lebensnotwendige äußerst bescheiden ist. Da die Arbeit der Gesellschaft in Europa zunimmt und sich ständig erweitert (trotz aller Verleumdungen), benötigen wir mehr arbeitende Hände. Wir hoffen, dass wir in der Zukunft Mitarbeiter haben werden, die entlohnt werden können, falls dieses Wort in diesen Fällen überhaupt angebracht ist, da alle diese Mitglieder, die ihre ganze Zeit der Gesellschaft zur Verfügung stellen, gute und hoch bezahlte Positionen aufgeben, um für uns für *weniger als die Hälfte ihres früheren Einkommens* zu arbeiten.

Und wer wird die Gelder dafür zur Verfügung stellen?

Einige unserer Mitglieder, die etwas reicher sind als die übrigen. Jemand, der mit Theosophie spekuliert oder damit Geld machen will, wäre unwürdig, in unseren Reihen zu verbleiben.

Aber mit Ihren Büchern, Zeitschriften und anderen Veröffentlichungen verdienen Sie doch Geld?

The Theosophist in Madras ist die einzige Zeitschrift, die einen Gewinn abwirft, und dieser wird regelmäßig an die Gesellschaft abgegeben, wie die Jahr für Jahr veröffentlichten Jahresabschlüsse zeigen. *Lucifer* bringt stetig, aber nur langsam etwas Geld, deckt aber immer noch nicht seine Ausgaben, dank des Boykotts der gottesfürchtigen Buchhändler und Bahnhofs-Kioske. Der *Lotus* in Frankreich begann auf privater Basis, mit den wenigen Mitteln eines Theosophen, der ihm seine ganze Zeit und Arbeitskraft widmete, aber aus denselben Gründen sein Dasein beendete. Ebenso kann sich der New Yorker *Path* nicht selbst tragen. Gerade wurde mit der *Revue Theosophique* in Paris begonnen, ebenfalls mit privaten Mitteln einer Dame. Werfen irgendwelche Werke, die in der Theosophical Publishing Company in London veröffentlicht werden, Gewinn ab, wird dieser in den Dienst der Gesellschaft gestellt.

Bitte erzählen Sie alles, was Sie über die Mahatmas wissen. Es werden so viele absurde und widersprüchliche Dinge über sie gesagt, dass man nicht weiß, was man glauben soll. Alle Arten von lächerlichen Geschichten über sie sind im Umlauf.

Richtig, es sind lächerliche Geschichten!

XIV

Die »Theosophischen Mahatmas«

Sind sie »Geister des Lichtes« oder »Kobolde«?

Wer sind diese Wesen eigentlich, die Sie »Meister« nennen? Einige sagen, sie sind »Geister« oder irgendeine andere Art von übernatürlichen Wesen, während andere sie als bloße »Mythen« bezeichnen.

Sie sind keines von beiden. Ich hörte einmal einen Außenstehenden sagen, dass sie eine Art von männlichen Meerjungfrauen seien, was auch immer für ein Geschöpf das sein mag. Wenn Sie darauf hören, was die Leute sagen, werden Sie nie zu einer richtigen Auffassung über sie gelangen. Zuerst einmal sind sie *lebende Menschen*, geboren, wie wir geboren sind, und ihr Schicksal ist es, zu sterben wie jeder andere Sterbliche.

Ja, aber es geht das Gerücht um, dass einige von ihnen schon tausend Jahre alt sind. Ist das wahr?

So wahr, wie das wundersame Wachsen des Haares am Kopf von Merediths Shagpat. Wahrlich, kein theosophisches Rasiermesser war bisher imstande, es zu schneiden. Je mehr wir sie in Abrede stellen, je mehr wir versuchen, es den Leuten richtig zu erklären, desto absurder werden die Erfindungen. Es wird gesagt, Methusalem sei 969 Jahre alt geworden, aber da ich mich nicht verpflichtet fühlte, daran zu glauben, lachte ich über diese Aussage und wurde sofort von vielen als gotteslästerlicher Ketzer angesehen.

Nun aber in allem Ernst; übersteigt ihr Alter das gewöhnliche Alter des Menschen?

Ich erinnere mich, im *Lancet* von einem Mexikaner gelesen zu haben, der nahezu 190 Jahre alt war; aber ich habe noch nie von irgendeinem sterblichen Menschen gehört, sei es ein Laie oder ein Adept, der auch nur die halbe Zeit leben konnte, die Methusalem zugeschrieben wird. Einige Adepten überschreiten das, was Sie das gewöhnliche Alter nennen würden, weit, aber es ist nichts Wunderbares daran, und wenige von ihnen sind daran interessiert, sehr lange zu leben.

Was bedeutet das Wort »Mahatma« in Wirklichkeit?

Einfach »große Seele«, groß durch moralische Erhabenheit und geistige Fähigkeiten. Wenn man einem betrunkenen Soldaten wie Alexander den Titel »der Große« gegeben hat, warum sollten wir dann nicht diejenigen »groß« nennen, die weit größere Siege über die Geheimnisse der Natur errungen haben, als Alexander sie je auf dem Schlachtfeld erfocht. Im Übrigen stammt die Bezeichnung aus dem Indischen und ist ein sehr altes Wort.

Und weshalb nennen Sie sie »Meister«?

Wir nennen sie »Meister«, weil sie unsere Lehrer sind, und weil wir von ihnen alle theosophischen Wahrheiten erhalten haben, wie mangelhaft manche von uns sie auch verstanden oder ausgedrückt haben mögen. Es sind Menschen von großer Gelehrsamkeit und von noch größerer Heiligkeit des Lebens, die wir Eingeweihte nennen. Sie sind keine Asketen im gewöhnlichen Sinne des Wortes, wenn sie auch sicherlich zurückgezogen von der Unruhe und dem Streit des Lebens der westlichen Welt leben.

Aber ist es nicht selbstsüchtig, sich so zu isolieren?

Worin liegt da die Selbstsucht? Zeigt nicht das Schicksal der Theosophischen Gesellschaft hinreichend, dass die Welt weder bereit ist, sie anzuerkennen, noch aus ihren Lehren Nutzen zu ziehen? Von welchem Wert wäre es gewesen, wenn Professor Clerk Maxwell[46] eine Klasse kleiner Jungen im Einmaleins unterrichtet hätte? Übrigens sondern sich die Mahatmas lediglich vom Westen ab, in ihrem eigenen Land gehen sie ebenso offen umher wie andere Menschen.

Werden ihnen nicht übernatürliche Kräfte zugeschrieben?

Wir glauben, wie ich Ihnen schon sagte, an nichts Übernatürliches. Wenn Edison vor 200 Jahren gelebt und seinen Phonographen erfunden hätte, würde er wahrscheinlich mitsamt seiner Erfindung verbrannt worden sein, und das Ganze wäre dem Teufel zugeschrieben worden. Die Kräfte, welche die Meister anwenden, beruhen einfach auf der Entwicklung von Anlagen, die in jedem Menschen latent vorhanden sind und deren Existenz jetzt sogar schon die offizielle Wissenschaft anzuerkennen beginnt.

Ist es wahr, dass diese Männer einige von Ihren Autoren inspiriert haben, und dass viele, wenn nicht alle theosophischen Werke nach ihrem Diktat geschrieben wurden?

Bei einigen ist dies der Fall. Es gibt Stellen, die absolut *wörtlich* von ihnen diktiert wurden. In den meisten Fällen geben sie jedoch nur die Inspiration der Ideen und überlassen die literarische Form den Verfassern.

Aber dies ist ja an sich schon wunderbar, es ist ein wirkliches Wunder. Wie können sie das tun?

Sie befinden sich in einem großen Irrtum, mein Herr, und die Wissenschaft selbst wird in nicht allzu ferner Zeit Ihre Argumente widerlegen. Warum sollte dies ein »Wunder« sein, wie Sie es nennen? Unter Wunder versteht man irgendein Geschehen, das übernatürlich ist; in Wirklichkeit gibt es aber nichts über oder jenseits der Natur und der Naturgesetze. Unter den vielen Formen des »Wunders«, die durch die moderne Wissenschaft erforscht werden, ist auch die Hypnose, und eine ihrer Stadien ist als »Suggestion« bekannt, eine Form der Gedankenübertragung, welche erfolgreich benützt wird, um verschiedene physische Krankheiten zu bekämpfen. Die Zeit ist nicht fern, in der die wissenschaftliche Welt gezwungen sein wird anzuerkennen, dass es ebenso viele Wechselwirkungen von einem individuellen Bewusstsein zum anderen gibt wie zwischen zwei Körpern in engster Berührung. Wenn zwei Gemüter in einem Band der Sympathie miteinander verbunden sind und die Instrumente, durch die sie wirken, darauf abgestimmt sind, magnetisch und elektrisch aufeinander zu reagieren, dann gibt es nichts, was die willensmäßige Übertragung von Gedanken zwischen diesen beiden verhindern könnte. Da der Geist keine greifbare Natur hat, welche durch Entfernung von dem Gegenstand seiner Betrachtung getrennt werden kann, folgt daraus, dass der einzige Unterschied, der zwischen zwei Gemütern bestehen kann, der Unterschied des Zustandes ist. Wenn also dieses letzte Hindernis überwunden ist, wo bleibt dann bei der *Gedankenübertragung*, über welche Entfernung auch immer, das »Wunder«?

Aber man muss doch zugeben, dass die Hypnose nichts derartig Wunderbares zustande bringt.

Ganz im Gegenteil: Es ist eine Tatsache, dass der Hypnotiseur auf das Gehirn seines Subjekts so einwirken kann, dass er seine eigenen Gedanken und Worte durch den Organismus des Subjekts zum Ausdruck bringt. Wenngleich die Resultate dieser Methode der Gedankenübertragung bis jetzt noch nicht sehr zahlreich sind, kann niemand vorhersagen, wie weit sich ihre Auswirkung in der Zukunft verbreiten wird, wenn die Naturgesetze, die sie leiten, wissenschaftlich begründet sein werden. Und wenn solche

Ergebnisse aufgrund der erst anfänglichen Kenntnis der Grundlagen der Hypnose produziert werden können, was sollte dann einen Adepten davon abhalten, mit psychischen und spirituellen Kräften Ergebnisse hervorzubringen, welche Sie aufgrund Ihres gegenwärtigen begrenzten Wissens ihrer Gesetze als »Wunder« bezeichnen?

Warum versuchen denn unsere Ärzte nicht, zu experimentieren und etwas Ähnliches hervorzubringen?

Weil sie erstens keine Adepten sind mit einem durchdringenden Verständnis der Geheimnisse und Gesetze der psychischen und spirituellen Gebiete, sondern Materialisten, die sich scheuen, einen Schritt aus den engen Gleisen des groben Stoffes hinauszugehen; und zweitens, weil sie gegenwärtig *versagen* müssen, so lange bis sie anerkennen, dass solche Kräfte erreichbar sind.

Könnte man sie nicht dahingehend belehren?

Nein, solange sie nicht so weit vorbereitet sind, dass sie den angesammelten materialistischen Ballast in ihrem Gehirn bis zum letzten Atom getilgt haben, ist das nicht möglich.

Das ist sehr interessant. Sagen Sie mir bitte, haben die Adepten viele Theosophen auf diese Weise inspiriert oder ihnen etwas diktiert?

Nein, im Gegenteil, nur sehr wenigen. Solche Unternehmen erfordern besondere Bedingungen. Ein skrupelloser, aber erfahrener Adept der schwarzen Bruderschaft (wir nennen sie »Brüder des Schattens« oder Dugpas) arbeitet unter viel weniger Schwierigkeiten. Da er keine Gesetze spiritueller Art hat, die seine Tätigkeit hemmen, wird ein solcher Dugpa-»Zauberer« ohne besondere Umstände Herrschaft über den Verstand eines jeden Menschen erlangen und ihn gänzlich seinen bösen Kräften unterwerfen können. Unsere Meister aber werden Derartiges niemals tun. Wenn sie nicht der Schwarzen Magie verfallen wollen, haben sie kein

Recht, völlige Herrschaft über das unsterbliche Ego irgendeines Menschen zu erlangen und können daher nur auf die physische und psychische Natur des Betreffenden einwirken und müssen seinen freien Willen völlig unangetastet lassen. Solange eine Person nicht in eine psychische Verbindung mit den Meistern gebracht wird, gestärkt durch volles Vertrauen und Hingabe an diese Lehrer, haben letztere, wenn sie ihre Gedanken übertragen wollen, ohne dass diese Bedingungen erfüllt sind, die größten Schwierigkeiten, durch das nebelhafte Chaos der Sphäre dieser Person zu dringen. Aber dies ist nicht der Ort, um ein Thema dieser Art näher zu behandeln. Es genügt zu sagen, dass, wenn solche Kräfte existieren, es auch Intelligenzen (verkörperte oder entkörperte) gibt, die diese Kräfte lenken, und dass es lebende bewusste Mittler gibt, durch die sie übermittelt und von denen sie empfangen werden. Wir müssen uns dabei nur vor der *Schwarzen Magie* hüten.

Was verstehen Sie eigentlich unter »Schwarzer Magie«?

Einfach den *Missbrauch von psychischen Kräften* oder von den *Geheimnissen der Natur*; die Anwendung der Kräfte der Esoterik für selbstsüchtige und sündige Zwecke. Ein Hypnotiseur, der seine Suggestionskraft benützt, um jemanden zum Stehlen oder Morden zu zwingen, würde von uns als Schwarzmagier bezeichnet werden. Die berühmte Verjüngungsbehandlung von Dr. Brown-Sequard in Paris mit widerlichen *tierischen Injektionen* in das menschliche Blut – eine Entdeckung, welche alle medizinischen Zeitschriften in Europa gegenwärtig erörtern – ist, wenn sie zutrifft, *unbewusste Schwarze Magie.*

Aber das ist doch ein mittelalterlicher Glaube an Hexenkunst und Zauberei! Selbst das Gesetz glaubt heute nicht mehr an solche Dinge.

Umso schlimmer für das Gesetz; es hat durch den Mangel an Unterscheidungsfähigkeit zu mehr als einem Justizirrtum und Verbrechen geführt. Es ist nur die Bezeichnung, die Sie mit ihrem

»abergläubischen« Unterton erschreckt. Würde das Gesetz nicht jeden Missbrauch hypnotischer Kräfte, den ich gerade erwähnte, bestrafen? Es hat dies auch bereits in Frankreich und in Deutschland getan; dennoch würde entrüstet geleugnet werden, dass ein Verbrechen offensichtlicher Zauberei bestraft worden ist. Sie können aber nicht an die Wirksamkeit und Realität der *Suggestionskräfte* bei Ärzten und Hypnotiseuren glauben und andererseits sich weigern, an die gleichen Kräfte zu glauben, wenn sie für üble Zwecke benützt werden. Wenn Sie das tun, dann glauben Sie an *Zauberei*. Sie können nicht an das Gute glauben, ohne nicht auch an das Böse zu glauben. Sie können nicht anerkennen, dass es echtes Geld gibt, und gleichzeitig die Tatsache ablehnen, dass es auch Falschgeld gibt. Nichts kann ohne sein Gegenteil existieren, es könnte der Tag, das Licht und das Gute in Ihrem Bewusstsein nicht vertreten sein, wenn es nicht die Nacht, die Dunkelheit und das Böse als Gegensatz geben würde.

Ja, ich kenne Menschen, die durchaus an das glauben, was Sie psychische oder magische Kräfte nennen, die aber über Hexerei und Zauberei lachen.

Was beweist das? Nur, dass sie unlogisch sind. Umso schlimmer für sie. Und wir, die von der Existenz der guten und heiligen Adepten wissen, glauben ebenso fest an die Existenz schlechter und unheiliger Adepten oder *Dugpas*.

Aber wenn die Meister existieren, warum treten sie dann nicht an die Öffentlichkeit und widerlegen ein für allemal vor den Menschen die vielen Beschuldigungen, die gegen Frau Blavatsky und gegen die Gesellschaft erhoben werden?

Was für Beschuldigungen?

Dass diese Meister gar nicht existieren und Frau Blavatsky sie erfunden hat. Dass sie Strohmänner sind. Verletzt dies nicht ihr Ansehen?

In welcher Weise könnte eine solche Anklage ihr Ansehen wirklich verletzen? Hat sie ihre angebliche Existenz jemals dazu missbraucht, Gewinn oder Ruhm daraus zu ziehen? Nein, nur Angriffe, Schmähungen und Verleumdungen, welche schmerzvoll für sie gewesen wären, wenn sie nicht schon lange vorher gelernt hätte, solchen falschen Anschuldigungen gegenüber vollkommen gleichgültig zu sein. Denn worauf laufen sie letzten Endes hinaus? Eigentlich ist darin ein Kompliment eingeschlossen, und wären ihre törichten Ankläger nicht von blindem Hass besessen, sie würden es sich zweimal überlegt haben, ein solches auszusprechen. Zu behaupten, dass sie die Meister erfunden hat, bedeutet: Sie müsste dann jeden einzelnen Teil der Philosophie erfunden haben, die in der theosophischen Literatur veröffentlicht wurde. Sie müsste die Verfasserin der Briefe sein, aufgrund derer das Buch *Esoterischer Buddhismus* geschrieben wurde. Sie müsste die alleinige Erfinderin aller Lehren sein, die in der *Geheimlehre* zu finden sind, einem Buch, welches, wenn die Welt gerecht wäre, dafür anerkannt werden müsste, dass es viele fehlende Glieder in der gegenwärtigen Wissenschaft liefert, die wohl erst in hundert Jahren erkannt werden. Durch ihre Behauptungen räumen sie ihr ein, weit klüger als Hunderte anderer Menschen zu sein (und zwar *sehr* kluger Menschen und auch so mancher Wissenschaftler), die an das glauben, was sie sagt – denn es wäre ihr ja dann gelungen, sie alle zum Narren zu halten! Wenn sie die Wahrheit sprechen würden, müsste Frau Blavatsky ein Konglomerat einer ganzen Anzahl von Meistern sein, denn in den sogenannten *Mahatma-Briefen* finden sich viele in voneinander ganz verschiedenen Stilarten, und doch behaupten ihre Ankläger, sie habe sie alle geschrieben.

Ja, das sagen sie; aber ist es nicht schmerzlich für Frau Blavatsky, öffentlich als die »vollendetste Betrügerin des Jahrhunderts, deren Name es verdient, der Nachwelt überliefert zu werden«, bezeichnet zu werden, wie dies in dem Bericht der Society for Psychical Research *geschehen ist*?

Es könnte schmerzlich für sie sein, wenn es wahr wäre oder wenn es von Menschen käme, die weniger wütende Materialisten und weniger vorurteilsvoll wären. Wie die Dinge aber liegen, behandelt sie persönlich die ganze Angelegenheit mit Verachtung, die Mahatmas aber lachen bloß darüber. In Wahrheit ist es das größte Kompliment, das ihr gemacht werden konnte. Ich kann dies nur wiederholen.

Aber ihre Feinde behaupten, dass sie den Fall beweisen konnten.

Es ist einfach, eine solche Behauptung aufzustellen, wenn man sich gleichzeitig zum Richter, Geschworenengericht und Staatsanwalt ernennt, wie sie es taten. Aber wer, außer ihren Gefolgsleuten und unseren Feinden, glaubt daran?

Aber sie sandten einen Beauftragten nach Indien, diese Sache zu untersuchen?

Das taten sie; und ihre endgültige Schlussfolgerung beruht ausschließlich auf den nicht bewiesenen Aussagen und nicht belegten Behauptungen dieses jungen Herrn. Ein Rechtsanwalt, der sein Gutachten durchlas, erzählte einem Freund von mir, dass er in seiner ganzen bisherigen Laufbahn noch nie ein solch »lächerliches und selbstzerstörerisches Dokument« gesehen habe. Es ist voll von Annahmen und *Arbeitshypothesen*, die sich gegenseitig zerstören. Ist das ein ernsthaftes Urteil?

Und doch hat es der Gesellschaft großen Schaden zugefügt. Warum verteidigt Frau Blavatsky nicht wenigstens ihren eigenen Ruf vor einem Gericht?

Vor allem, weil es als Theosophin ihre Pflicht ist, alle persönlichen Beleidigungen unbeachtet zu lassen; und zweitens, weil weder die Gesellschaft noch Frau Blavatsky genug Geld hatten, um es für eine solche gerichtliche Klage zu vergeuden. Schließlich aber, weil es sowohl für die Gesellschaft als auch für Frau Blavatsky lächerlich gewesen wäre, ihren Prinzipien wegen eines Angriffs untreu zu werden, der von einer Herde dummer alter britischer Hammel auf sie gemacht wurde, die von einem übermütigen Lämmchen aus Australien[47] dazu verleitet wurden, auf sie loszugehen.

Das ist ja schmeichelhaft! Aber glauben Sie nicht, dass es der Sache der Theosophie doch sehr genützt hätte, wenn sie die ganze Angelegenheit mit allem Nachdruck ein für allemal widerlegt hätte?

Vielleicht. Aber glauben Sie, dass irgendein englisches Gericht oder ein englischer Richter jemals die Realität psychischer Erscheinungen zugegeben hätte, selbst wenn er ganz unvoreingenommen gewesen wäre? Und wenn Sie daran denken, dass das Gericht schon gegen uns eingenommen gewesen wäre wegen der angeblichen »russischen Spionin« und der Beschuldigung des Atheismus und des Unglaubens und all der anderen Verleumdungen, die über uns verbreitet worden sind, dann müssen Sie wohl einsehen, dass jeder Versuch, vor einem Gericht zu unserem Recht zu kommen, mehr als fruchtlos gewesen wäre. All das wussten die psychischen Forscher sehr wohl, und sie nützten in gemeiner Weise ihre Lage aus, um auf unsere Kosten zu glänzen und sich zu retten.

Die S.P.R. leugnet jetzt vollständig die Existenz der Mahatmas. Sie sagt, dass diese von Anfang bis Ende ein Märchen seien, welches Frau Blavatsky selbst erfunden habe.

Nun, sie hätte manche Dinge tun können, die weniger klug waren als dies. Aber wir haben nicht das Geringste gegen diese Theorie einzuwenden. Wie Frau Blavatsky immer sagt, zieht sie es fast vor, wenn die Leute *nicht* an die Meister glauben. Sie erklärt offen, sie hätte es lieber, dass die Menschen ernsthaft dächten, ihre grauen Gehirnzellen seien das einzige Mahatma-Land oder sie selbst habe sie aus der Tiefe ihres eigenen inneren Bewusstseins entwickelt, als dass ihre Namen und hohen Ideale so schmählich entweiht würden, wie dies gegenwärtig geschieht. Anfangs protestierte sie entrüstet gegen jeden Zweifel an deren Existenz. Jetzt kümmert sie sich weder um Beweise noch um Gegenbeweise. Sie lässt die Menschen denken, was sie wollen.

Aber diese Meister existieren doch wirklich?

Wir versichern, dass *sie existieren*, aber das hilft nicht viel. Viele Leute, ja sogar manche Theosophen und Ex-Theosophen erklären, dass sie niemals Beweise für ihre Existenz erhalten haben. Frau Blavatsky gibt darauf die folgende Antwort: Wenn sie sie erfunden hat, dann hat sie auch ihre Philosophie erfunden und das praktische Wissen, das einige erworben haben; wenn dies so ist, was für einen Unterschied macht es dann, ob die Meister existieren oder nicht, da doch Frau Blavatsky hier ist und ihre eigene Existenz zumindest kaum angezweifelt werden kann. Wenn das Wissen, von dem angenommen wird, dass die Meister es vermittelt haben, seinem inneren Wert nach gut ist und es von so vielen Menschen mit überdurchschnittlicher Intelligenz akzeptiert wird, warum dann überhaupt all der Lärm über diese Frage? Jedenfalls ist der Verdacht, dass sie eine Betrügerin ist,[48] *niemals bewiesen worden* und bleibt deshalb *sub judice*. Eine sichere und unleugbare Tatsache aber ist es, dass die von den »Meistern« gegebene Philosophie, von wem immer sie auch erfunden wurde, eine der großartigsten und wohltätigsten Philosophien ist, sobald man sie richtig versteht. So scheinen sich die Verleumder, die von den niedrigsten und gemeinsten Beweggründen getrieben sind, nämlich von Hass, Rachsucht, Übelwollen, verletzter Eitelkeit und enttäuschtem Ehrgeiz, gar nicht dessen bewusst zu sein, dass sie den intellektuellen Fähigkeiten Frau Blavatskys den größten Tribut zollen. Nun, wenn die armen Narren es so haben wollen, möge es so sein. Frau Blavatsky hat nicht das Geringste dagegen, von ihren Feinden als dreifacher Adept und noch obendrein als »Mahatma« dargestellt zu werden. Nur weil sie sich in ihren eigenen Augen nicht mit fremden Federn schmücken will, fühlt sie sich immer wieder gezwungen, auf die wahren Tatsachen hinzuweisen.

Aber wenn Sie solch weise und gute Menschen als Leiter der Gesellschaft haben, wie kommt es, dass so viele Fehler gemacht wurden?

Die Meister leiten die Gesellschaft *nicht.* Sie lenken nicht einmal ihre Gründer, und niemand hat jemals behauptet, dass sie es täten; sie wachen nur über die Gesellschaft und schützen sie. Dies wird deutlich durch die Tatsache bewiesen, dass keiner der Fehler die Gesellschaft aktionsunfähig machen konnte und weder innere Skandale noch die gefährlichsten Angriffe von außen in der Lage waren, sie zugrunde zu richten. Die Meister blicken in die Zukunft und nicht auf die Gegenwart, und jeder Fehler bedeutet ein Mehr an angesammelter Weisheit für kommende Tage. Jener andere »Meister«, der den Mann mit den fünf Talenten aussandte, sagte ihm auch nicht, wie er sie verdoppeln solle, und er hinderte den törichten Diener auch nicht, das eine Talent, das er besaß, in der Erde zu vergraben. Weisheit muss jeder durch eigene Erfahrungen und Verdienste erwerben. Die christlichen Kirchen, die behaupten, einen weit höheren »Meister« zu haben, nämlich den Heiligen Geist selbst, haben nicht nur »Fehler« verschuldet und verschulden sie noch, sondern sie haben durch Jahrhunderte lang sogar eine Reihe blutiger Verbrechen begangen. Dennoch würde kein Christ aus diesem Grunde seinen Glauben an jenen »Meister« verleugnen, obwohl dessen Existenz viel *hypothetischer* ist als die der Mahatmas. Denn noch niemand hat je den Heiligen Geist gesehen, und dass die Kirche durch ihn gelenkt wird, wird durch die Kirchengeschichte sogar deutlich widerlegt. *Errare humanum est.* Kehren wir zu unserem Gegenstand zurück!

Der Missbrauch heiliger Namen und Bezeichnungen

Dann ist das, was ich gehört habe, nämlich, dass viele theosophische Autoren behaupten, von diesen Meistern inspiriert worden zu sein oder sie gesehen und mit ihnen gesprochen zu haben, nicht wahr?

Es mag wahr sein oder auch nicht, wie kann ich darüber urteilen? Die Last des Beweises liegt bei ihnen. Einige von ihnen, aber nur sehr wenige, haben entschieden entweder gelogen oder sie litten an Halluzinationen, wenn sie sich einer solchen Inspiration rühmten. Andere wieder wurden wirklich von großen Adepten inspiriert. Man muss den Baum an seinen Früchten erkennen. Und so wie jeder Theosoph nach seinen Taten beurteilt werden muss und nicht nach dem, was er schreibt oder sagt, so müssen auch alle theosophischen Bücher nach ihrem inneren Wert beurteilt werden und nicht danach, ob sie irgendeine Autorität für sich in Anspruch nehmen.

Aber würde Frau Blavatsky dies auch auf ihre eigenen Werke anwenden, z. B. auf Geheimlehre?

Sicherlich. Sie sagt im Vorwort ausdrücklich, dass sie die Lehren weitergibt, die sie von den Meistern erhalten hat, aber sie beruft sich auf keinerlei wie immer geartete Inspiration für das, was sie in letzter Zeit geschrieben hat. Und auch unsere besten Theosophen würden es in diesem Fall vorgezogen haben, dass die Namen der Meister niemals mit unseren Büchern in Verbindung gebracht worden wären. Mit wenigen Ausnahmen sind die meisten dieser Werke nicht nur unvollkommen, sondern auch fehlerhaft und irreführend. Die Entweihungen, denen die Namen von zweien der Meister ausgesetzt sind, sind groß. Es gibt kaum ein Medium, das nicht behauptet hätte, sie gesehen zu haben.

Jede betrügerische Gesellschaft behauptet nun aus Gründen der Geschäftstüchtigkeit, von »Meistern« geführt und geleitet zu werden, von denen oft angenommen wird, dass sie weit höher stünden als die unseren. Zahlreich und schwer sind die Sünden derer, die solche Behauptungen aufgestellt haben, sei es aus Gewinnsucht, Eitelkeit oder unverantwortlicher Medialität. Viele Personen sind schon von solchen Gesellschaften, die sich anbieten, die Geheimnisse von Macht, Erkenntnis und spiritueller Wahrheit für wertloses Gold zu verkaufen, um ihr Geld gebracht worden. Was aber das Schlimmste ist, die geheiligten Namen der Esoterik und seiner Hüter sind dadurch, dass sie mit schmutzigen Beweggründen und unmoralischen Praktiken in Verbindung gebracht wurden, befleckt und in den Schmutz gezogen worden. Durch die Unglaubwürdigkeit und den schlechten Ruf, den solche Schwindler und Betrüger über diesen ganzen Bereich gebracht haben, sind Tausende von Menschen zurückgehalten worden, den Pfad der Wahrheit und des Lichtes zu betreten. Ich sage nochmals: Jeder ernste Theosoph bedauert es heute im tiefsten Grunde seines Herzens, dass diese geheiligten Namen und Dinge jemals öffentlich erwähnt wurden und wünschte brennend, dass sie innerhalb eines kleinen Kreises vertrauenswürdiger und hingebungsvoller Freunde geheimgehalten worden wären.

Man hört diese Namen tatsächlich heute sehr oft, und ich erinnere mich nicht, bis vor kurzer Zeit jemals etwas von solchen Personen wie »Meistern« gehört zu haben.

So ist es, und wenn wir uns an den weisen Grundsatz des Schweigens gehalten hätten, anstatt in der Öffentlichkeit Aufsehen zu erregen und alles, was wir wussten und hörten, bekanntzumachen, dann hätte es niemals eine solche Entweihung gegeben. Noch vor vierzehn Jahren, ehe die Theosophische Gesellschaft gegründet wurde, sprach man nur von »Geistern«. Sie waren überall in jedermanns Munde; aber niemand träumte auch nur zufällig davon, von lebenden »Adepten«, »Mahatmas« oder »Meistern« zu sprechen. Man hörte kaum den Namen der Rosenkreuzer, und die Existenz von so etwas wie »Esoterik« wurde nur von sehr wenigen vermutet. Jetzt hat sich dies alles geändert. Wir Theosophen waren unglücklicherweise die ersten, die über diese Dinge sprachen und die bekanntgaben, dass »Adepten«, »Meister« und ein esoterisches Wissen im Osten existieren. Jetzt ist diese Bezeichnung Allgemeingut geworden. Das Karma, die Folgen der dadurch entstandenen Entweihung heiliger Namen und Dinge, ist daher auf uns gefallen. Alles, was Sie über solche Dinge in der gegenwärtigen Literatur finden – und das ist nicht wenig –, kann auf den Anstoß zurückgeführt werden, der von der Theosophischen Gesellschaft und ihren Gründern gegeben wurde. Unsere Feinde ziehen aus unseren Fehlern bis zum heutigen Tage Nutzen. Vom neuesten, gegen die theosophischen Lehren gerichteten Buch wird behauptet, es sei von jemandem geschrieben, der seit zwanzig Jahren Adept ist. Aber das ist eine augenfällige *Lüge*. Wir kennen den Schreiberling und seine *Inspiratoren* (denn er selbst ist nicht fähig, etwas dieser Art zu schreiben). Diese *Inspiratoren* sind lebende Personen, rachsüchtig und proportional zu ihren intellektuellen Fähigkeiten gewissenlos. Und von diesen unechten Adepten gibt es nicht nur einen, sondern mehrere. Dieser Zyklus von »Adepten«, die als Schmiedehammer eingesetzt werden, um die theosophischen Köpfe zu zerschmettern, begann vor zwölf Jahren mit Emma Hardinge Brittens »Louis«, aus *Art Magic and Ghost-Land*, und endet jetzt mit dem »Adepten« und Autor von *The Light of Egypt*, einem Werk, das von Spiritisten gegen die Theosophie und ihre Lehren geschrieben wurde. Aber es ist nutzlos, über das, was geschehen ist, zu klagen. Wir können es nur in der Hoffnung ertragen, dass unsere Indiskretion es für andere etwas leichter gemacht haben wird, den Weg zu diesen Meistern zu finden, deren Namen nun überall sinnlos benutzt werden und unter deren Deckmantel schon jetzt manche Niederträchtigkeit verübt worden ist.

Lehnen Sie »Louis« als einen Adepten ab?

Wir denunzieren niemanden, das überlassen wir unseren Feinden. Die spiritistische Autorin von *Art Magic* mag oder mag auch nicht mit solch einem Adepten bekannt gewesen sein. Ich sage damit weit weniger, verglichen mit dem, was diese Dame gegen uns und die Theosophie in den letzten Jahren geschrieben hat, das ist ihre Angelegenheit. Aber wenn in einer feierlichen Szene mystischer Visionen ein angeblicher Adept »Geister« sieht in Greenwich, England, durch das Teleskop Lord Rosses, das in Irland steht und von dort auch niemals weggebracht wurde, dann muss es mir gestattet sein, mich über die Unwissenheit dieses »Adepten« in Fragen der Wissenschaft zu wundern. Das übertrifft alle Fehler und Schnitzer, die von den *Chelas* unserer Lehrer jemals begangen wurden. Und es ist dieser »Adept«, der jetzt benützt wird, die Lehren unserer Meister zu zerschlagen.

Ich kann Ihre Gefühle diesbezüglich gut verstehen und finde sie ganz natürlich. Und jetzt, im Hinblick auf all das, was Sie mir gesagt und erklärt haben, gibt es noch ein Thema, zu dem ich Ihnen einige Fragen stellen möchte.

Schlusswort

Die Zukunft der Theosophischen Gesellschaft

Was erwarten Sie für die Theosophie in der Zukunft?

Wenn Sie von Theosophie sprechen, dann ist meine Antwort Folgende: So wie sie seit Ewigkeit durch endlose aufeinanderfolgende Zyklen existiert hat, so wird sie auch durch die grenzenlosen Zyklen der Zukunft weiter existieren; denn Theosophie ist gleichbedeutend mit IMMERWÄHRENDER WAHRHEIT.

Entschuldigen Sie, ich wollte Sie eigentlich nach den Aussichten der Theosophischen Gesellschaft fragen.

Ihre Zukunft wird nahezu gänzlich von dem Ausmaß an Selbstlosigkeit, Ernst und Hingabe und nicht zuletzt von dem Maß an Wissen und Weisheit abhängen, das jene Mitglieder besitzen, denen die Aufgabe zufallen wird, die Arbeit weiterzuführen und die Gesellschaft nach dem Tode ihrer Gründer zu lenken.

Ich sehe die Wichtigkeit, selbstlos und hingebungsvoll zu sein, aber ich kann nicht ganz verstehen, dass ihr Wissen in dieser Frage ein so lebenswichtiger Faktor sein soll wie diese anderen Eigenschaften. Hier sollte doch die bereits bestehende Literatur, der noch laufend weitere Werke hinzugefügt werden, ausreichen?

Ich meine damit nicht das technische Wissen der esoterischen Lehren, obwohl dieses äußerst wichtig ist. Ich wollte vielmehr darauf hinweisen, wie sehr unsere Nachfolger bei der Führung der Gesellschaft ein unvoreingenommenes und klares Urteil benötigen werden. Jeder ähnliche Versuch wie der der Theosophischen Gesellschaft ist in der Vergangenheit am Ende fehlgeschlagen, weil die betreffende Bewegung früher oder später zu einer Sekte degenerierte, eigene starre Dogmen aufstellte und so allmählich jene Vitalität verlor, die nur die lebendige Wahrheit verleihen kann. Sie müssen bedenken, dass alle unsere Mitglieder in irgendeinem Glauben oder einer Religion geboren und erzogen worden sind, dass alle mehr oder weniger physisch und intellektuell das Merkmal ihrer Generation tragen und daher ihr Urteil nur zu leicht durch einzelne oder alle diese Momente beeinflusst und in unbewusste Vorurteile gedrängt werden kann. Wenn sie sich von solchen ererbten Vorurteilen nicht befreien oder zumindest lernen können, sich ihrer sofort bewusst zu werden, und so vermeiden, sich von ihnen irreführen zu lassen, dann kann das Ergebnis nur sein, dass die Gesellschaft auf die eine oder andere Sandbank des Denkens getrieben wird, um dort als ein gestrandetes Wrack liegen zu bleiben und zu vermodern.

Aber wenn diese Gefahr abgewendet wird?

Dann wird die Gesellschaft bis in das 20. Jahrhundert hinein und darüber hinaus weiterleben. Mit ihren großzügigen edlen Vorstellungen von Religion, Pflicht und Philanthropie wird sie allmählich in die große Masse denkender und intelligenter Menschen eindringen. Langsam, aber sicher wird sie die eisernen Fesseln von Glaubensbekenntnissen und Dogmen, von Gesellschafts- und Kastenvorurteilen auseinanderbrechen. Sie wird die nationalen Schranken und Antipathien niederreißen und den Weg für die praktische Verwirklichung der Bruderschaft aller Menschen öffnen. Durch ihre Lehren, durch die Philosophie, welche sie dem modernen Denken zugänglich und verständlich gemacht hat, wird der Westen lernen, den Osten und seinen wahren Wert zu verstehen und zu schätzen. Die Entwicklung psychischer Kräfte und Fähigkeiten, deren Anzeichen in Amerika schon sichtbar werden, wird in gesunder Weise normal weitergehen. Die Menschheit wird vor den schrecklichen geistigen und körperlichen Gefahren gerettet sein, die unvermeidlich sind, wenn diese Entfaltung in einem Treibhaus des Egoismus und aller üblen Leidenschaften vor sich geht. Das intellektuelle und psychische Wachstum des Menschen wird im Gleichklang mit seiner moralischen Veredelung erfolgen, und seine materielle Umwelt wird jenen Frieden und brüderlichen guten Willen widerspiegeln, die in seinem Denken herrschen werden, anstelle der Zwietracht und des Streites, der heute überall um uns sichtbar ist.

Ein wahrhaft herrliches Bild! Aber erwarten Sie wirklich, dass all dies in einem kurzen Jahrhundert erreicht werden kann?

Kaum. Aber ich muss Ihnen sagen, dass während des letzten Viertels jedes Jahrhunderts von den »Meistern«, von denen ich sprach, ein Versuch gemacht wird, dem spirituellen Fortschritt der Menschheit in entschiedener Weise voran zu helfen. Sie werden feststellen, dass gegen das Ende jedes Jahrhunderts eine Ausstrahlung oder Steigerung von Spiritualität, wenn Sie es vorziehen, nennen Sie es Mystik, stattgefunden hat. Eine oder mehrere Personen erschienen in der Welt als ihre Vertreter, und ein größeres oder geringeres Maß esoterischen Wissens oder esoterischer Lehren wurde ausgegeben. Wenn Sie sich die Mühe machen, können Sie diese Bewegungen Jahrhundert um Jahrhundert zurückverfolgen – so weit unsere historischen Aufzeichnungen im Einzelnen reichen.

Aber wie hängt dies mit der Zukunft der Theosophischen Gesellschaft zusammen?

Wenn der gegenwärtige Versuch in Gestalt unserer Gesellschaft einen besseren Erfolg hat als ihre Vorgänger, dann wird die Gesellschaft als organisierte lebendige und gesunde Körperschaft bestehen, wenn die Zeit für den Impuls des 20. Jahrhunderts gekommen ist. Der allgemeine Zustand des menschlichen Denkens und Fühlens wird sich infolge der Verbreitung ihrer Lehren verbessert und gereinigt haben; und wie ich schon sagte, ihre Vorurteile und dogmatischen Täuschungen werden, zumindest in gewissem Maße, beseitigt sein. Und nicht nur das; neben einem großen, allen zugänglichen Literaturangebot wird der nächste Impuls eine große geeinte Gemeinschaft von Menschen vorfinden, die bereit sind, den neuen Fackelträger der Wahrheit willkommen zu heißen. Er wird das Denken der Menschen für seine Botschaft vorbereitet finden, eine geeignete Sprache, in die er die neue Wahrheit, die er bringt, kleiden kann, und eine Organisation, die seine Ankunft erwartet und die ihm die rein mechanischen, materiellen Hindernisse und Schwierigkeiten aus dem Weg räumen wird. Bedenken Sie, wie viel jemand, dem so günstige Möglichkeiten gegeben werden, zu erreichen vermag. Messen Sie es an dem, was die Theosophische Gesellschaft in den letzten vierzehn Jahren ohne diese Vorteile tatsächlich erreicht hat, obwohl sie mit einer Reihe von Hindernissen kämpfen musste, die den neuen Lehrer der Menschheit nicht mehr hemmen werden. Überlegen Sie all dies, und dann sagen Sie, ob ich wirklich zu optimistisch bin, wenn ich behaupte: Wenn die Theosophische Gesellschaft am Leben bleibt und wenn sie ihrer Sendung und ihrem ursprünglichen Auftrag durch die nächsten hundert Jahre treu bleibt, gehe ich dann wirklich zu weit, wenn ich behaupte, dass die Erde im 21. Jahrhundert im Vergleich zu heute ein Himmel sein wird?

Finis

Anmerkungen

1 Auch Analogetiker genannt. Wie Prof. A. Wilder in *New Platonism and Alchemy* erklärt: Die Schüler des Ammonios Sakkas wurden so genannt, weil es bei ihnen gebräuchlich war, alle heiligen Legenden, Mythen und Mysterien nach Regeln und Prinzipien der Analogie und Entsprechung auszulegen, so dass Ereignisse, die sich scheinbar äußerlich ereignet haben, von ihnen als Ausdruck von Handlungen und Erfahrungen der menschlichen Seele betrachtet wurden. Ein anderer Name, der ihnen gegeben wurde, war »Neuplatoniker«. Die Theosophie bzw. das eklektische theosophische System wird im Allgemeinen dem 3. Jahrhundert zugeschrieben. Wenn jedoch Diogenes Laertius zu glauben ist, liegt ihr Ursprung allerdings früher, denn er führt dieses System auf einen ägyptischen Priester namens Pot-Amun zurück, der zu Beginn der ptolemäischen Dynastie lebte. Der gleiche Autor berichtet, dass der Name koptisch ist und jemanden bezeichnet, der Amun, dem Gott der Weisheit, geweiht ist. Theosophie ist das Äquivalent von Brahma-Vidya, göttliches Wissen.

2 Die eklektische Philosophie war in drei Abschnitte geteilt: 1. Glaube an eine absolute, unbegreifliche höchste Gottheit, an ein unendliches Sein, welches die Wurzel der ganzen Natur ist, von allem, was existiert, dem Sichtbaren und dem Unsichtbaren. 2. Glaube an die ewige, unsterbliche Natur des Menschen, die als Ausstrahlung der Universalseele gleichen Wesens mit dieser ist. 3. Theurgie, »*göttliches Werk*«, das *Schaffen eines Werkes von Göttern*; von *theoi* »Götter« und *ergein* »arbeiten«. Der Begriff ist sehr alt, da er aber zur Mysteriensprache gehörte, war er nicht allgemein gebräuchlich. Es war ein mystischer, von einge-

weihten Priestern und Adepten praktisch erprobter Glaube, dass der Mensch die Götter veranlassen könnte, ihm göttliche Mysterien mitzuteilen, wenn er sich so rein machte wie die körperlosen Wesen, wenn er zu der ursprünglichen Reinheit seiner eigenen Natur zurückkehrte. Er könnte die Götter sogar veranlassen, gelegentlich sichtbar zu werden, sei es subjektiv oder objektiv. Es war der transzendentale Aspekt dessen, was man heute Spiritismus nennt, aber da er vom gemeinen Volk missbraucht und missverstanden wurde, betrachteten ihn später manche als Nekromantie – und er wurde allgemein verboten. In verzerrter Form existiert die Theurgie des Jamblichus noch in der zeremoniellen Magie einiger moderner Kabbalisten. Die moderne Theosophie vermeidet diese Arten von Magie und »Nekromantie« und lehnt sie ab, weil sie sehr gefährlich sind. Wahre göttliche Theurgie erfordert eine fast übermenschliche Reinheit und Heiligkeit des Lebens, sonst degeneriert sie zur Medialität und Schwarzen Magie. Die unmittelbaren Schüler des Ammonios Sakkas, die Theodidaktos, »Gott-Gelehrte«, genannt wurden, wie Plotin und Porphyrios, lehnten die Theurgie zuerst ab, wurden aber schließlich durch Jamblichus mit ihr versöhnt, der diesbezüglich das Werk *De Mysteriis* schrieb, und zwar unter dem Namen seines eigenen Meisters, des berühmten ägyptischen Priesters Abammon. Ammonios Sakkas war der Sohn christlicher Eltern, fühlte sich aber von einem dogmatischen spiritualistischen Christentum schon als Kind abgestoßen und wurde Neuplatoniker. Gleich Jakob Böhme und anderen großen Sehern, wird von ihm erzählt, dass ihm in Träumen und Visionen göttliche Weisheit offenbart wurde; daher wurde er »Theodidaktos«, (»der von Göttern Belehrte«), genannt. Er unternahm es, alle Religionssysteme miteinander zu versöhnen und durch den Nachweis ihres gemeinsamen Ursprungs einen auf Ethik gegründeten universalen Glauben zu schaffen. Sein Leben war so untadelig und rein, seine Gelehrtheit so tiefgründig und umfangreich, dass verschiedene Kirchenväter im Geheimen seine Schüler wurden. Clemens von Alexandrien spricht mit größter Hochachtung von ihm. Plotin, der »Johannes« des Ammonios, war auch ein allseits geachteter Mann von tiefer Gelehrsamkeit und persönlicher Integrität. Im Alter von neununddreißig Jahren begleitete er den römischen Kaiser Gordian und dessen Armee in den Osten, um sich von den Weisen Baktriens und Indiens unterrichten zu lassen. Er führte dann eine Philosophenschule in Rom. Sein Schüler Porphyrios, dessen wirklicher Name Malek war (er war ein hellenisierter Jude), sammelte alle Schriften seines Lehrers. Er war selbst ein großer Schriftsteller und gab einigen Teilen der Werke Homers eine allegorische Deutung. Das Meditationssystem, auf das sich die Philaletheier stützten, war die Ekstase – ein der indischen Yoga-Praxis verwandtes System. Was wir von der eklektischen Schule wissen, verdanken wir Origenes, Longinus und Plotin, den unmittelbaren Schülern des Ammonios (vgl. *New Platonism and Alchemy* von Prof. Alexander Wilder).

3 Unter Philon etablierte sich das Judentum in Alexandrien, und von da an wurden die hellenistischen Lehrer gefährliche Rivalen des Kollegiums der Rabbiner zu Babylon. Der Verfasser von *New Platonism and Alchemy* bemerkt treffend: »Die buddhistischen, vedantischen und magischen Systeme wurden gleichzeitig mit den zeitgenössischen Philosophien Griechenlands gelehrt. Es ist nicht verwunderlich, dass denkende Männer zu der Auffassung gelangten, der Streit der Worte müsse aufhören und es für möglich erachteten, aus diesen verschiedenen Lehren ein einziges harmonisches System zu machen … Pantaenus, Athenagoras und Clemens waren in der Platonischen Philosophie gründlich unterrichtet und begriffen ihre essenzielle Einheit mit den orientalischen Systemen.«

4 Mosheim über Ammonios: »Da er der Auffassung war, dass nicht nur die Philosophen Griechenlands, sondern auch

all die verschiedenen barbarischen Nationen miteinander hinsichtlich jedes wesentlichen Punktes übereinstimmten, machte er es sich zur Aufgabe, die Lehrsätze all dieser verschiedenen Richtungen so darzulegen, dass es sich zeigte, dass sie alle aus ein und derselben Quelle entstanden waren und alle einem und demselben Ziel zustrebten.« Wenn der Verfasser des Absatzes über Ammonios in der *Edinburgh Encyclopaedia* weiß, worüber er spricht, dann beschreibt er die modernen Theosophen, ihre Auffassung und ihre Arbeit. Denn er sagt von einem Theodidaktos: »Er übernahm die Lehren, die er über das Universum und die Gottheit in Ägypten erhalten hatte (die esoterischen Lehren waren jene Indiens), und betrachtete sie als ein großes Ganzes, was die Ewigkeit der Welt betraf … und schuf ein System moralischer Schulung, welches es den Menschen im Allgemeinen gestattete, den Gesetzen ihres Landes und den Geboten der Natur gemäß zu leben, von den Weisen aber verlangte, dass sie ihren Geist durch Kontemplation schulten.«

5 Folgendes ist es, was der gelehrte Verfasser von *New Platonism and Alchemy*, Prof. A. Wilder, ein Mitglied der Theosophischen Gesellschaft, als »spirituelle Fotografie« beschreibt: »Die Seele ist die Kamera, in der zukünftige, vergangene und gegenwärtige Tatsachen und Ereignisse festgehalten werden, und der Verstand wird sich ihrer bewusst. Jenseits unserer begrenzten Alltagswelt ist alles ein einziger Tag oder Zustand – die Vergangenheit und die Zukunft ist in der Gegenwart enthalten«. Der Tod ist die letzte Ekstase auf Erden. »Dann ist die Seele von den Beschränkungen des Körpers befreit, und ihr edlerer Anteil vereinigt sich mit der höheren Natur und wird zum Teilhaber an der Weisheit und dem Vorherwissen der höheren Wesen«. Die wahre Theosophie ist für den Mystiker jener Zustand, welchen Apollonius von Tyana so beschreibt: »Ich kann die Gegenwart und die Zukunft wie in einem klaren Spiegel sehen. Die Weisen brauchen nicht auf die Dämpfe der Erde

und die Verpestung der Luft zu warten, um zukünftige Seuchen vorauszusehen … (D)ie Theoi, die Götter, sehen die Zukunft; die gewöhnlichen Menschen sehen die Gegenwart; die Weisen sehen das, was im Begriff ist, sich zu ereignen.« »Die Theosophie der Weisen«, von der er spricht, wird ganz richtig in dem Satz umschrieben: »Das Reich Gottes ist in uns.«

6 Ein »angeschlossenes Mitglied« ist jemand, der einer Loge angeschlossen ist; ein »Einzelmitglied« ist jemand, der sich dem Hauptsitz in Madras oder einer Landessektion angeschlossen hat und keiner Loge angehört.

7 Wir sagen, dass es in solchen Fällen nicht die Geister der Toten sind, die auf die Erde herabsteigen, sondern die Geister der Lebenden, die zu den reinen spirituellen Seelen emporsteigen. In Wirklichkeit handelt es sich weder um ein *Emporsteigen* noch um ein *Herabsteigen*, sondern um eine *Veränderung* des *Zustandes* für das Medium. Wenn der Körper des letzteren in Trance versetzt und gelähmt ist, dann ist das spirituelle Ego frei von seinen Fesseln und findet sich mit den entkörperten Geistern auf der gleichen Bewusstseinsebene. Wenn daher irgendeine spirituelle Anziehung zwischen den beiden besteht, können sie *miteinander in Verbindung treten*, wie dies oft in Träumen geschieht. Der Unterschied zwischen einem medialen und einem nichtsensitiven Menschen ist folgender: Der befreite Geist eines Mediums hat die Möglichkeit und die Fähigkeit, die passiven Organe seines in Trance befindlichen physischen Körpers zu beeinflussen und sie nach seinem Willen handeln, sprechen und schreiben zu lassen. Das Ego kann den Körper veranlassen, gleich einem Echo, in menschlicher Sprache die Gedanken und Vorstellungen der entkörperten Wesenheit ebenso wiederholen zu lassen wie seine eigenen. Der *nicht empfängliche*, nicht sensitive Organismus eines sehr positiven Menschen kann jedoch nicht so beeinflusst

werden. Obgleich es kaum ein menschliches Wesen gibt, dessen Ego während des Schlafes seines Körpers nicht frei mit jenen verkehrt, die es geliebt und verloren hat, so bleibt mit Rücksicht auf die Positivität und Nicht-Empfänglichkeit seiner physischen Hülle und seines Gehirns keine oder nur eine sehr undeutliche traumhafte Erinnerung zurück, wenn der Betreffende wieder erwacht ist.

8 Es gehört heute zum guten Ton, zu lächeln, wenn es heißt, dass in den Mysterien der großen und zivilisierten Völker, wie in denen der Ägypter, der Griechen und Römer, mehr enthalten sei als priesterlicher Betrug. Ebenso behandelt man die Rosenkreuzer halb als Irrsinnige, halb als Spitzbuben. Viele Bücher sind über sie geschrieben worden, und Neulinge, die kaum deren Namen kannten, gebärden sich als Kritiker und Kenner der Alchemie, der Feuerphilosophen und der Mystik im Allgemeinen. Und doch ist eine lange Reihe von Eingeweihten der Ägypter, der Inder, der Chaldäer, der Araber zusammen mit den größten Philosophen und Weisen Griechenlands und des Westens bekannt, die in der Bezeichnung Weisheit und göttliche Wissenschaft das gesamte Wissen einschließen, da sie die Grundlage und den Ursprung jeder Kunst und Wissenschaft als essenziell göttlich betrachten. Platon betrachtete die Mysterien als äußerst heilig, und Clemens von Alexandrien, der selbst in die eleusinischen Mysterien eingeweiht war, erklärte, »dass die darin gelehrten Lehren den Höhepunkt allen menschlichen Wissens enthielten«. Waren Platon und Clemens zwei Spitzbuben oder zwei Narren, oder waren sie etwa beides?

9 *Anmerkung des Herausgebers:* Die Formulierung der Ziele variierte im Laufe der vergangenen hundert Jahre gelegentlich. Ihr Sinn ist jedoch unverändert geblieben. Zeitgemäß ausgedrückt sind die Ziele: 1. Den Kern einer globalen Bruderschaft der Menschheit zu bilden, ohne ethnische, religiöse oder soziale Unterschiede zu machen. (Seit kurzem gibt

es Bestrebungen, hier von der »Familie der Menschheit« zu sprechen) 2. Zum Studium der vergleichenden Religionswissenschaft, der Philosophie und der Naturwissenschaften anzuregen und 3. Die verborgenen Naturgesetze und latenten geistigen Fähigkeiten des Menschen zu erforschen.

10 Zöllner standen damals im Ruf von Räubern und Taschendieben. Für die Juden war der Beruf des Zöllners die verhassteste Sache auf der Welt. Ihnen wurde nicht erlaubt, den Tempel zu betreten, und für Matthäus (18,17) waren Zöllner nicht besser als Heiden. Aber sie waren nur römische Steuereinnehmer, die etwa dieselbe Stellung hatten wie britische Beamte in Indien und anderen eroberten Ländern.

11 »Am Ende des Mittelalters war die Sklaverei unter dem Druck der moralischen Kräfte in Europa im Wesentlichen verschwunden. Aber zwei bedeutsame Ereignisse drückten die moralischen Kräfte nieder, die in der europäischen Gesellschaft wirkten, und ließen einen Fluch über die Erde los, wie ihn die Menschheit kaum jemals vorher kannte. Das erste dieser Ereignisse war die erste Reise an eine dicht bevölkerte barbarische Küste, wo Menschen ein gebräuchlicher Handelsartikel waren; das zweite war die Entdeckung einer neuen Welt, wo Gruben glitzernden Reichtums offenlagen, vorausgesetzt, Arbeitskräfte konnten importiert werden, um in ihnen zu arbeiten. Vier Jahrhunderte hindurch wurden Männer, Frauen und Kinder von allen, die sie kannten und liebten, weggerissen und an den Küsten Afrikas an fremde Händler verkauft. Sie wurden unter Deck in Ketten gelegt – oft Tote mit Lebenden – und auf den furchtbaren Fahrten der ›mittleren Route‹ wurden, wie der unvoreingenommene Historiker Bancroft berichtete, zweihundertfünfzigtausend von dreieinviertel Millionen ins Meer geworfen, während der Rest einem namenlosen Elend in den Bergwerken oder unter der Peitsche in den Reis- und Zuckerrohrfeldern ausgeliefert war. Die Schuld für dieses große Verbrechen lastet

auf der christlichen Kirche. ›Im Namen der Heiligen Dreifaltigkeit‹ schloss die römisch-katholische spanische Regierung mehr als zehn Verträge ab, durch die der Verkauf von fünfhunderttausend Menschen autorisiert wurde. Im Jahre 1562 segelte Sir John Hawkins bei seinem teuflischen Geschäft, Sklaven in Afrika zu kaufen und in Westindien zu verkaufen, auf einem Schiff, das den geheiligten Namen ›Jesus‹ trug. Die protestantische Königin Elisabeth belohnte ihn für seinen Erfolg als ersten Engländer in diesem unmenschlichen Handel damit, dass ihm gestattet wurde, in seinem Wappen ›einen halben Mohren in seiner richtigen Farbe zu führen, der mit einem Strick gebunden ist‹, also mit anderen Worten einen gefesselten Sklaven.« (*Conquests of the Cross* – zitiert aus dem *Agnostic Journal*)

12 Ain-Soph, das Unendliche oder Grenzenlose in und mit der Natur, das Nicht Existierende, welches IST, aber nicht *ein Wesen* ist.

13 Wie kann das nicht-aktive, ewige Prinzip emanieren bzw. ausstrahlen? Das Parabrahman der Vedantins tut nichts derartiges, ebenso wenig das Ain-Soph der chaldäischen Kabbala. Es ist ein ewiges und periodisches Gesetz, welches eine aktive schöpferische Kraft (den Logos) veranlasst, am Beginn eines jeden Maha-Manvantaras, am Beginn jedes neuen Lebenszyklus', aus dem ewig verborgenen und unbegreiflichen einen Prinzip hervorzugehen.

14 In theosophischen Schriften findet man oft einander widersprechende Darlegungen über das Christos-Prinzip im Menschen. Manche nennen es das sechste Prinzip (Buddhi), andere das siebte (Atma). Wenn christliche Theosophen solche Ausdrücke gebrauchen wollen, dann sollten sie diese philosophisch korrekt nach der Analogie der Symbole der alten Weisheitsreligion verwenden. Wir sagen, dass Christos nicht nur eines der drei höheren Prinzipien ist, sondern betrachten

alle drei als Dreieinigkeit. Diese Dreieinigkeit repräsentiert den Heiligen Geist, den Vater und den Sohn, und entspricht dem abstrakten Geist, dem differenzierten Geist und dem verkörperten Geist. Krishna und Christus sind philosophisch das gleiche Prinzip in ihrem dreifachen Aspekt der Manifestation. In der Bhagavad Gita finden wir, dass Krishna sich unterschiedslos Atman, den abstrakten Geist, Kshetrajna, das höhere und inkarnierende Ego, und das universale Selbst nennt. Alles Namen, die, wenn man sie vom Universum auf den Menschen überträgt, *Atma, Buddhi und Manas* entsprechen. Die *Anugita* ist von der gleichen Lehre erfüllt.

15 Eine neue Sekte von Heilern, die durch Ableugnung von allem, außer dem Geist, der weder leiden noch krank sein kann, alle Übel zu heilen vorgeben, vorausgesetzt, dass der Patient den Glauben hat, dass nicht existieren kann, was er leugnet. Eine neue Form von Selbsthypnose.
Anmerkung des Herausgebers: Gemeint sind die »mentalen Heiler« der Glaubensgemeinschaft der »Christlichen Wissenschaft«, 1879 von Mary Baker-Eddy gegründet.

16 In den von Oldenburg aus dem *Samyatta Nikaya* übersetzten Dialog gibt Buddha seinem initiierten Schüler Ananda, der ihn nach dem Grund für sein Stillschweigen fragt, eine offene und eindeutige Antwort. »Hätte ich, mein Ananda, als der wandernde Mönch Vacchagotta mich fragte: »Gibt es ein Ego«, geantwortet: »Es gibt eines«, dann hätte dies die Lehre der Samanas und Brahmanen bestätigt, welche an die Fortdauer glauben. Hätte ich aber, mein Ananda, als der wandernde Mönch Vacchagotta fragte: »Gibt es kein Ego«, geantwortet: »Es gibt keines«, dann hätte dies die Lehren derjenigen bestärkt, welche an die Vernichtung glauben. Wenn ich, mein Ananda, dem wandernden Mönch Vacchagotta auf die Frage: »Gibt es ein Ego«, geantwortet hätte: »Es gibt eines«, hätte das meinem Zweck gedient, wenn ich bei ihm die Erkenntnis geweckt hätte: »Alles Sein (Dhamma) ist Nicht-Ego?« Aber

wenn ich geantwortet hätte: »Das Ich ist nicht«, so hätte das den wandernden Mönch nur von einer Verwirrung in die andere geworfen: »Hat mein Ego nicht schon vorher existiert? Aber nun existiert es nicht mehr?« Dies zeigt besser als irgendetwas anderes, dass Gautama Buddha solche schwierige metaphysische Lehren von den Massen fernhielt, um sie nicht zu verwirren. Was er meinte, war der Unterschied zwischen dem persönlichen vorübergehenden Ego und dem Höheren Selbst, das sein Licht über das unvergängliche Ego ausgießt, das spirituelle »Ich« des Menschen.

17 Anmerkung des Herausgebers: »The Double, the phantom body« im Original. Madame Blavatsky beschreibt diesen. Bereich auch mit dem deutschen Wort »Doppelgänger«, der »ein Synonym für ›Double‹ oder ›Astralkörper‹ im esoteris*chen Sprachgebrauch ist«. (Occult Glossary, Los Angeles, 1973, S. 37, 104, 189). Da es sich hier um einen nichtkörperlichen Bereich handelt, haben wir die Ausdrücke »Doppelkörper« oder »Phantomkörper« vermieden und die etwas umständlichere, aber zutreffendere Beschreibung »ätherisches Doppel des physischen Körpers« gewählt.*

18 In A.P. Sinnetts *Esoterischem Buddhismus* wird d), e) und f) die tierische, die menschliche und die spirituelle Seele genannt. Obgleich in diesem Werk die Prinzipien nummeriert sind, ist dies, streng genommen, bedeutungslos. Nur die duale Monade (Atma-Buddhi) darf als die beiden höchsten Nummerierungen (6 und 7) zugelassen werden. Bei allen anderen Prinzipien kann nur dasjenige im Menschen, das vorherrschend ist, als das Erste betrachtet werden. Es ist somit keine allgemeingültige Regel der Nummerierung möglich. In manchen Menschen herrscht die höhere Intelligenz (Manas, das 5. Prinzip) vor, während in anderen Menschen die tierische Seele, Kamarupa, mit ihren tierhaften *Instinkten dominiert.*

19 Paulus nennt Platons Nous »Geist«. Aber da dieser Geist »Substanz« ist, ist darunter natürlich Buddhi und nicht

Atma zu verstehen, da das letztere philosophisch unter keinen Umständen als Substanz bezeichnet werden kann. Wir beziehen Atma in die menschlichen »Prinzipien« ein, um nicht zusätzliche Verwirrung zu schaffen. In Wirklichkeit ist es kein »menschliches«, sondern ein universales Prinzip, und Buddhi, der Seelen-Geist, ist sein Träger.

20 »Platon und Pythagoras«, sagt Plutarch, »teilen die Seele in zwei Teile, den rationalen (noetisch) und den irrationalen (agnoia); der rationale Seelenteil ist ewig, denn obgleich er nicht Gott ist, ist er doch das Produkt einer ewigen Göttlichkeit. Aber der Teil, der der Vernunft beraubt ist (agnoia), stirbt.« Der moderne Ausdruck *agnostisch* kommt von *Agnosis*, ein Wort gleichen Ursprungs. Es verwundert, dass Huxley, der Urheber dieses Wortes, seinen großen Intellekt mit der »der Vernunft beraubten Seele«, die stirbt, verbunden haben sollte. Ist dies die übertriebene Bescheidenheit des modernen Materialisten?

21 Die Kabbalisten, die die Beziehung von Jehovah, dem Lebens- und Kinderspender, zum Mond und den Einfluss des letzteren auf die Zeugung kennen, werden die Bedeutung davon ebenso verstehen wie manche Astrologen.

22 Proserpina oder Persephone steht hier für das Karma nach dem Tode, von welchem gesagt wird, dass es die Trennung der niederen von den höheren »Prinzipien« regelt: Die Trennung der Seele als *Nephesh*, dem Atem des tierischen Lebens, die für eine Weile in Kamaloka bleibt, vom höheren Teil, dem Ego, welches in den Devachan-Zustand der Seligkeit übergeht.

23 Bis die Trennung des höheren spirituellen Prinzips von den niederen Prinzipien stattfindet, die in Kamaloka bleiben, bis sie zerfallen.

24 Der Oberbegriff des Wortes »rational« bedeutet, dass etwas aus der ewigen Weisheit hervorgeht.

25 *Irrational* in dem Sinne, dass sie als eine reine Ausstrahlung aus dem Universalgeist auf der materiellen Ebene keine eigene individuelle Vernunft haben kann, sondern gleich dem Mond, der sein Licht von der Sonne und sein Leben von der Erde leiht, das Licht der Weisheit von Atma und die rationalen Eigenschaften von Manas erhält. Per se ist es als etwas Homogenes frei von Eigenschaften.

26 »Spirit« im Original, nicht »mind«. (Hg.)

27 »Die Fantasie«, sagt Olympiodorus in Platons *Phaidon*, »ist ein Hindernis für unsere intellektuellen Vorstellungen, und daraus folgt: Wenn wir vom inspirierenden Einfluss der Göttlichkeit bewegt werden und die Fantasie dazwischenkommt, dann erlischt die enthusiastische Energie. Denn Enthusiasmus und Ekstase sind einander entgegengesetzt. Fragt man, ob die Seele fähig ist, ohne die Fantasie zu wirken, antworten wir, dass ihre Wahrnehmung des Universellen beweist, dass sie das kann. Sie hat Wahrnehmungen unabhängig von der Fantasie; gleichzeitig jedoch ist die Fantasie in ihren Energien anwesend, gerade so wie ein Sturm den verfolgt, der sich auf die See begibt.«

28 Nämlich Körper, Leben, Leidenschaften und tierische Instinkte und das astrale Eidolon jedes Menschen (ob mit den Gedanken oder mit den Augen der Seele wahrgenommen oder objektiv und getrennt vom physischen Körper). Wir nennen diese Prinzipien Sthula-Sharira, Prana, Kama-Rupa und Linga-Sharira.

29 Nach den buddhistischen Lehren gibt es fünf Skandhas: »*Rupa* (Form und Körper), materielle Eigenschaften; *Vedana*, Sinnesempfindungen; *Samjwa*, abstrakte Vorstellungen;

Samskara, Neigungen des Verstandes; *Vijnana*, mentale Kräfte. Aus diesen sind wir gebildet, durch sie sind wir uns unserer Existenz bewusst und durch sie tauschen wir uns mit der Welt um uns aus.«

30 *Der Buddhistische Katechismus* von H. S. Olcott, dem Präsidenten und Gründer der Theosophischen Gesellschaft. Die Richtigkeit der hier aufgeführten Lehren wurde durch H. Sumangala, Rektor der Vidyodaya Parivena-Schule von Colombo, als vollkommen übereinstimmend mit dem Kanon des Südlichen Buddhismus bestätigt.

31 Das *spirituelle* Selbst im Gegensatz zum persönlichen *Selbst.* Der Studierende darf dieses spirituelle Ego nicht mit dem »HÖHEREN SELBST« verwechseln, welches *Atma* ist, der Gott in uns, der untrennbar vom Universalgeist ist.

32 Sogar in seinem *Buddhistischen Katechismus* fühlte sich H. S. Olcott aufgrund der Logik der esoterischen Philosophie veranlasst, die Orientalisten zu berichtigen, die keinen Unterschied zwischen diesen beiden machten. Er sagt: »Die aufeinanderfolgenden Erscheinungen der aufgrund der Lebensgier zusammenhängenden Teile (Skandhas) eines bestimmten Wesens, sein wiederholter ›Abstieg ins Geborenwerden‹ auf der Erde, sind die Aufeinanderfolge von Persönlichkeiten. In jeder Geburt unterscheidet sich die Persönlichkeit von der vorhergehenden und der nächsten Geburt. Karma, der »deus ex machina«, verkleidet (oder sollte man sagen spiegelt?) sich in der Persönlichkeit eines Weisen, dann wieder eines Handwerkers und so weiter durch die Kette der Geburten. Aber obgleich die Persönlichkeiten immer wechseln, der Faden des Lebens, auf dem sie aufgereiht sind gleich Perlen, bleibt ungebrochen. Und er ist immer derselbe Faden, niemals ein anderer. Er ist daher individuell, eine individuelle Lebensschwingung, die in Nirvana oder der subjektiven Seite der Natur anfing, so wie die

Licht- oder Wärmeschwingung durch Äther in ihrer dynamischen Quelle begann; unter dem Einfluss von Karma und der schöpferischen Einwirkung von Tanha (dem unbefriedigten Wunsch nach Dasein) tritt sie in die objektive Seite der Natur ein und führt nach vielen zyklischen Veränderungen wieder zu Nirvana zurück. Rhys-Davids nennt das, was von Persönlichkeit zu Persönlichkeit, der individuellen Kette entlang, fortschreitet, ›Charakter‹ oder ›Tätigkeit‹. Da aber ›Charakter‹ keine rein metaphysische Abstraktion ist, sondern die Summe der mentalen Eigenschaften und moralischen Neigungen eines Menschen, würde es uns nicht helfen, das zu zerstreuen, was Rhys-Davids ›den verzweifelten Notbehelf eines Mysteriums‹ nennt (*Buddhism*, S. 106), wenn wir die Lebensschwingung als Individualität betrachteten und jede einzelne aus der Serie ihrer Geburten als eine getrennte Persönlichkeit? Das vollkommene Individuum, buddhistisch gesprochen, ist ein Buddha, der eine seltene Blüte der Menschheit ist, ohne die mindeste übernatürliche Beimischung. Und da unzählige Generationen (›vier Asankheyyas und hunderttausend Kreisläufe‹, Fausboll und Rhys-Davids, *Buddhist Birth Stories*, S. 13) erforderlich sind, um einen Menschen zu einem Buddha zu entwickeln, und der eiserne Wille, einer zu werden, durch alle aufeinanderfolgenden Geburten läuft, wie soll man das nennen, was einen solchen Willen hat und so beharrlich ist? Charakter? Es ist die Individualität: Eine in jeder Geburt nur teilweise manifestierte Individualität, aber aufgebaut von den Fragmenten aller Geburten.«

33 Die Quelle von Manas ist Mahat, der »Universalgeist«. Manas ist der Verstand im Menschen. Manas wird auch *Kshetrajna* genannt, »verkörperter Geist«, denn nach unserer Philosophie sind es die *Manasa-Putras*, die »Söhne des Universalgeistes«, die den *denkenden* Menschen, »Manu«, erschufen oder, richtiger, hervorbrachten, indem sie in der Menschheit der *dritten* Rasse unserer Runde inkarnierten.

Manas ist darum das wirkliche, inkarnierende, dauernde, *spirituelle Ego*, die Individualität, und unsere verschiedenen zahllosen Persönlichkeiten sind nur ihre äußeren Masken.

34 Auf diesen Verfehlungen wurde das grausame und unlogische Dogma von den gefallenen Engeln aufgebaut. Dies wird im 2. Band der *Geheimlehre* erklärt. Alle unsere »Egos« sind denkende und rationale Wesenheiten (*Manasaputras*), die im vorangegangenen *Lebenszyklus* (*Manvantara*) entweder in menschlichen oder anderen Formen gelebt haben und deren Karma es war, sich im *Menschen* des jetzigen Zeitalters zu verkörpern. In den Mysterien wurde gelehrt, dass, da sie es versäumten, diesem Gesetz zu folgen (oder wie der Hinduismus von den Kumaras und die christliche Legende vom Erzengel Michael sagt, da sie »sich weigerten zu erschaffen«), es also verfehlten, sich zur rechten Zeit zu inkarnieren, die für sie vorbestimmten Körper befleckt wurden (siehe Stanze VIII und IX der *Stanzen des Dzyan*). Daher die ursprüngliche Sünde der geistlosen Formen und die Strafe der »Egos«. Mit dem Fall der rebellischen Engel in die Hölle ist nichts anderes gemeint, als dass diese reinen Geister oder Egos ins Fleisch unreiner Materie eingeschlossen worden sind.

35 »Ich aber sage euch: Wer eine Frau ansieht, ihrer zu begehren, der hat schon mit ihr die Ehe gebrochen in seinem Herzen.« (Matth. 5,28)

36 Ishvara ist das Gesamtbewusstsein der manifestierten Gottheit, Brahma, d. h. das Gesamtbewusstsein der Scharen von Dhyan-Chohans (siehe *Geheimlehre*), und Prajna ist ihre individuelle Weisheit.

37 Taijasi bedeutet das Strahlende infolge seiner Vereinigung mit Buddhi, d. h. Manas, die menschliche Seele, wird erleuchtet durch den Strahl der göttlichen Seele. Deshalb

kann Manas-Taijasi als strahlender Verstand beschrieben werden und als menschliche Vernunft erleuchtet vom Licht des Geistes; und Buddhi-Manas ist die Manifestation des göttlichen plus des menschlichen Intellekts und Selbstbewusstseins.

38 Manche Theosophen haben Einwendungen gegen diese Aussage gemacht. Aber die Worte sind diejenigen des Meisters, und die Bedeutung, die mit dem Wort »unverdient« verbunden ist, ist die oben angegebene. Die wesentliche Idee ist, dass Menschen oft unter den Wirkungen der Taten anderer leiden, die streng genommen nicht zu ihrem Karma gehören. Für dieses Leiden verdienen sie natürlich einen Ausgleich.

39 Das reinkarnierende Ego oder die menschliche Seele, wie er es nannte, der Kausalkörper der Hindus.

40 Die Dauer dieses »Übergangs« hängt vom Grad der Spiritualität ab, die von der verstorbenen Persönlichkeit erreicht wurde. Dieser Übergang vollzieht sich stufenweise, doch sehr rasch für diejenigen, deren Leben geistiger Art gewesen ist; für jene, die eine materialistische Veranlagung hatten, ist der Übergang entsprechend langsamer.

41 »Wechsel der metaphysischen Begriffe« bezieht sich hier nur auf einen Wechsel ihrer übersetzten Entsprechungen von der östlichen Ausdrucksweise. Denn bis heute existierten in der englischen Sprache keine solchen Begriffe. Jeder Theosoph musste seine eigenen Begriffe prägen, um seine Gedanken sinngemäß wiedergeben zu können. Es ist deshalb höchste Zeit, eine definitive Nomenklatur festzulegen.

42 In den Mysterien ist es der Hierophant, der »Vater«, der die Rebe pflanzte. Jedes Symbol hat sieben Schlüssel. Der Enthüller des Pleroma wurde immer »Vater« genannt.

43 Im Original »space« (Hg.)

44 Damit sind sektiererische Brahmanen gemeint. Das Parabrahman der Vedantins ist die Gottheit, die wir anerkennen und an die wir glauben.

45 *Anmerkung des Herausgebers:* »The still small voice«, ein von HPB oft benutztes Zitat aus 1. Kön. 19,12. Hier in der Elberfelder Bibelübersetzung wiedergegeben.

46 Großer schottischer Physiker, in Fachkreisen angesehen als Wissenschaftler vom Format eines Sir Isaac Newton. (Hg.)

47 Gemeint ist der Australier R. Hodgson, Autor des von der S.P.R. veröffentlichten »Hodgson Reports« von 1885 (Hg.).

48 *Anmerkung des Herausgebers:* Frau Blavatsky wurde 1986 von der Society for Psychical Research, London, vollständig rehabilitiert. (*Journal of the S.P.R.*, Vol. 53, No. 803, S. 286-310).

Index

C

D

H

I

J

K

L

S

T

Perlen der Weisheit

Annie Besant **Initiation**
160 Seiten | ISBN 978-3-89427-649-2 | WG 1930 |

Annie Besant **Der geistige Pfad**
180 Seiten | ISBN 978-3-89427-647-8 | WG 1930 |

Annie Besant **Raja-Yoga**
240 Seiten | ISBN 978-3-89427-648-5 | WG 1930 |

Annie Besant **Der Pfad zum Tempel**
200 Seiten | ISBN 978-3-89427-238-8 | WG 1930 |

Annie Besant **Das Gewebe des Schicksals**
132 Seiten | ISBN 978-3-89427-650-8 | WG 1930 |

H.P. Blavatsky **Edelsteine des Orients**
152 Seiten | ISBN 978-3-89427-651-5 | WG 1930 |

Franz Hartmann **TAO – Die Weisheit des Laotse**
180 Seiten | ISBN 978-3-89427-652-2 | WG 1930 |

Einzeln zu beziehen oder im Schuber
Im Schuber: **Perlen der Weisheit** | 7 Bände im Schuber
ISBN 978-3-89427-653-9

Die Stimme der Stille
Annie Besant/Charles W. Leadbeater
(ISBN 978-3-89427-344-6)

Der Kommentarband

Die „Stimme der Stille“ gehört neben „Licht auf den Pfad“ und „Zu Füßen des Meisters“ zu den unsterblichen Klassikern der modernen esoterischen Literatur. Annie Besant und Charles W. Leadbeater haben zu allen drei Werken einen tiefgründigen Kommentar verfasst, der zum Besten zählt, was das spirituelle Schrifttum der Gegenwart zu bieten hat. Die „Stimme der Stille“ enthält in konzentrierter Form die Weisheit der Meister des Ostens. Der Kommentar lässt die Gedanken dieser großen Lehrer in neuer Klarheit transparent werden und vermag so den PFAD zu erhellen.

DIE STIMME DER STILLE

Die Stimme
der Stille
Helena P. Blavatsky
(ISBN 978-3-89427-201-2)

Dieser kostbare kleine Band enthält das Vorwort des Dalai Lama und die Texte der drei Fragmente. Ein ideales Geschenkbändchen, das sich auch als tägliche Meditationshilfe eignet.

LICHT AUF DEN PFAD

Licht auf den Pfad
Charles W. Leadbeater
(ISBN 978-3-89427-638-6)

Der Kommentar

Einer der großen Weisen Asiens schrieb einmal zu Mabel Collins Meisterwerk „Licht auf den Pfad", die Menschheit sei gerade erst im Begriff, die Anfänge der Geistestiefe dieses Buches zu entschlüsseln! Annie Besant und Charles W. Leadbeater haben sich der Herausforderung gestellt und versucht, einen weiteren Schlüssel zum Verständnis von „Licht auf den Pfad" zu erarbeiten. Entstanden ist ein einzigartiges Buch, das wie nur wenige andere die Herausforderungen und die Schwierigkeiten des Geistigen Pfades schildert, aber auch die unbeschreibliche Herrlichkeit, die den geistigen Sucher am Ende des Weges erwartet. Dieser tiefgründige und inspirierende Kommentar ist eines jener Bücher, das den ernsthaft Suchenden ein Leben lang begleiten und ihm Jahr für Jahr neue Einsichten und Erkenntnisse schenken wird. Ein einzigartiges spirituelles Juwel, das wahrhaft esoterisches Wissen vermittelt!

Licht auf den Pfad
Mabel Collins
(ISBN 978-3-89427-206-7)

Dieser Klassiker der theosophischen Literatur zählt mit zum Wertvollsten, was das spirituelle Schrifttum der letzten einhundertfünfzig Jahre hervorgebracht hat. Seine Entstehung verdankt es einem jener großen „Meister“, die hinter dem Schleier der Zeit über der Entwicklung der Menschheit wachen. Eines der ganz besonderen Juwele der esoterischen Tradition, das unverkennbar von der Inspiration der „Meister der Weisheit“ geprägt ist!